FICHTE

現代に生きる
フィヒテ

フィヒテ実践哲学研究

高田 純

TAKADA MAKOTO

行路社

目次

第Ⅵ章　経済的グローバル化への代案――『閉鎖商業国家』の先見性　119

第Ⅶ章　グローバル化における民族の問題――『ドイツ民族へ』の意味　146

第X章　ヘーゲルのフィヒテ実践哲学批判

第XI章　ペスタロッチの教育論とフィヒテの陶冶論　250

凡例

一　欧文原語は〔　〕のなかに示す。

二　引用文中の［　］の部分は本書の著者による補足である。

三　引用文中の、傍点の箇所は原著における強調箇所である。

四　地の文における「　」の部分は基本的に当該思想家の用語を示す。

五　フィヒテ、カント、ヘーゲル、およびその他の思想家からの引用文献の表記法（略記等）は、次頁以降の「引用の出典」に示す。

六　引用のさいには、可能なかぎり邦訳を示すが、引用文の訳文は邦訳に必ずしも従わない。書名についても同様である。

七　各章の「注」は巻末にまとめる。

引用の出典

フィヒテ、カント、ヘーゲル、およびその他の思想家からの引用は、つぎに示す版に依拠し、著作名と訳表題をそれぞれ［ ］内のように、略記する。原著名（略記）のあとに、原文の頁を算用数字で示し、：に続けて邦訳の頁を漢数字で続ける。〈Ebd.〉は前掲頁を意味する。

（一）フィヒテの著作

J. G. Fichtes sämmtliche Werke（Hrsg. v. I. H. Fichte）［SW.］を定本とし、これに収められていない著作は、J. G. Fichte. Gesamtausgabe der Beyerischen Akademie der Wissenschaften［GA.］に基づく。それぞれの巻をローマ数字で、その頁を算用数字で示す（たとえば、SW.VIII.35, GAIII-2.67）。書名訳を以降のように、『 』と表記する。邦訳は『フィヒテ全集』（哲書房）に基づき、その巻を丸数字で示し、つづいて頁を漢数字で示す。書名の表記はSW版に従う。

＊

Zurückforderung der Denkfreiheit von den Fürsten Europens, die sie bisher unterdrückten [DF.], SW.VI［**『思想の自由』**］:『フィヒテ全集』②（『思想の自由回復の要求』）。

Beitrag zur Berichtung der Urtheile des Publicums über die französische Revolution [FR.], SW.VI［**『フランス革命』**］:『フィヒテ全集』②（『フランス革命についての大衆の判断を正すための寄与』）。

Grundlage der gesammten Wissenschaftslehre [WL.], SW.I［**『全知識学』**］:『フィヒテ全集』④（『全知識学の基礎』）。

Einige Vorlesungen über die Bestimmung des Gelehrten [BdG.], SW.VI［**『学者の使命』**］:『フィヒテ全集』㉒（『学者の使命に関する数回の講義』）。

Rezension. Zum ewigen Frieden. Ein philosophischer Entwurf von Immanuel Kant [RzEF.], SW.VII［**『カント**

「永遠平和論」論評』]：『フィヒテ全集』⑥（『カントの「永遠平和のために」論評』）。

Grundlage des Naturrechts nach den Prinzipien der Wissenschaftslehre [NR.], SW.III [『**自然法**』]：『フィヒテ全集』⑥（『自然法の基礎』）。

Das System der Sittenlehre nach den Prinzipien der Wissenschaftslehre [SL.], SW.IV [『**道徳論**』]：『フィヒテ全集』⑨（『道徳論の体系』）。

Wissenschaftslehre nova methodo [WLnm.], FGA.IV-2 [『**新方法による知識学**』]：『フィヒテ全集』⑦（『新たな方法による知識学』）。

Zweite Einleitung in die Wissenschaftslehre [ZEWL.], SW.I [『**知識学第二序論**』]：『フィヒテ全集』⑦（『知識学への第二序論』）。

Bestimmung des Menschen [BM.], SW.II [『**人間の使命**』]：『フィヒテ全集』⑪（『人間の使命』）。

Der geschloßne Handelstaat [GHS.], SW.III [『**閉鎖商業国家**』]：『フィヒテ全集』⑯（『閉鎖商業国家』）。

Die Grundzüge des gegenwärtigen Zeitalters [GzG.], SW.VII [『**現代の根本特徴**』]：『フィヒテ全集』⑮（『現代の根本特徴』）。

Die Anweisung zum seligen Leben, oder auch Religionslehre [AsL.], SW.V [『**幸いな生への教示**』]：『フィヒテ全集』⑮（『幸いなる生への導き』）。

Über Machiavelli [Mc.], SW.VI [『**マキアヴェッリ論**』]：『フィヒテ全集』⑰（『マキアヴェッリについて』）。

Der Patriotimus und sein Gegenteil [PuG.], SW.XI [『**愛国主義とその反対**』]：『フィヒテ全集』⑰（『祖国愛とその反対』）。

Reden an die deutsche Nation [RdN.], SW.VII [『**ドイツ民族へ**』]：『フィヒテ全集』⑰（『ドイツ国民に告ぐ』）。

Die Thatsachen des Bewußtseins (1810) [TB.], SW.II [『**意識の事実**』]：『フィヒテ全集』⑲（『意識の事実（一八一〇年）』）。

Aus dem Entwurf zu einer politischen Schrift [PF.], SW.VII [『**政治論草案**』]：『フィヒテ全集』㉑（『政治的著作の構想からの抜萃』）。

Das System der Sittenlehre (1812) [SSL.], SW.XI [『**道徳論（後期）**』]：『フィヒテ全集』㉑（『道徳論の体系（一八一二

年）』）。

Das System der Rechtslehre (1812) **[RL.]**, SW.X 〔『**法論**』〕：『フィヒテ全集』㉑（『法論の体系（一八一二年）』）。

Die Staatslehre, oder über das Verhältnis des Urstaates zum Vernunftreiche (1813) **[StL.]**, SW.IV 〔『**国家論**』〕：『フィヒテ全集』⑯（『国家論講義』）。

（二）カントの著作

Kants gesammelte Schriften,（hrsg v. der Königlich Preußischen Akademie der Wissenschaften）〔KgS.〕を定本とし、巻をローマ数字で、その頁を算用数字で示す。書名訳を以降のように、〔『　』〕と表記する。邦訳は『カント全集』（岩波書店）に基づき、その巻を丸数字で示し、続いて頁を漢数字で示す。

＊

Kritik der reinen Vernunft **[KrV.]**, KgS.IV 〔『**純粋理性批判**』〕：『カント全集』④⑤⑥（『純粋理性批判』）。B版の頁のみを示す。

Grundlegung zur Metaphysik der Sitten **[Gr.]**, KgS.IV 〔『**基礎づけ**』〕：『カント全集』⑦（『人倫の形而上学の基礎づけ』）。

Kritik der praktischen Vernunft **[KpV.]**, KgS.V 〔『**実践理性批判**』〕：『カント全集』⑦（『実践理性批判』）。

Kritik der Urteilskraft **[UK.]**, KgS.V 〔『**判断力批判**』〕：『カント全集』⑧⑨（『判断力批判』）。

Die Religion innerhalb der grenzen der bloßen Vernunft **[Rlg.]**, KgS.VI 〔『**宗教論**』〕：『カント全集』⑩（『たんなる理性の限界内の宗教』）。

Die Metaphysik der Sitten **[MS.]**, KgS.VI 〔『**道徳形而上学**』〕：『カント全集』⑪（『人倫の形而上学』）。

Anthropologie in pragmatischer Hinsicht **[Anth.]**, KgS.VII 〔『**人間学**』〕：『カント全集』⑮（『実用的見地における人間学』）。

Zum ewigen Frieden **[EF.]**, KgS.VIII 〔『**永遠平和論**』〕：『カント全集』⑭（『永遠平和のために』）。

（三）ヘーゲルの著作

Hegel Werke in zwanzig Bänden〔HzW.〕を定本とし、これに収められていない著作は Hegel Gesammelte Werke, (hrsg. v. der Rheinisch-Westfälischen Akademie der Wissenschaften)〔HGW〕あるいは Philosophische Bibliothek〔PhB.〕に基づく。書名訳を以降のように、〔『 』〕と表記する。邦訳は『ヘーゲル全集』（岩波書店）を基本とし、その巻を丸数字で示し、続いて頁を漢数字で示す。

＊

Differenz des Fichteschen und Schellingschen Systems der Philosophie **[Dif.]**, HzW.II〔**『差異論文』**〕:『理性の復権』（アンヴィエル）。

Glauben und Wissen **[GuW.]**, HzW.II〔**『信と知』**〕:『信仰と知』（岩波書店）。

Über die wissenschaftliche Behandlungsarten des Naturrechts **[WNR.]**, HzW.II〔**『自然法論文』**〕:『近代自然法批判』（世界書院）。

System der Sittlichkeit **[SdS.]**, PhB.144a〔**『人倫の体系』**〕:『人倫の体系』（以文社）。

Fragmente aus Vorlesungsmanuskripten zur Philosophie der Natur und des Geistes [Jenenser Realphilosophie I] **[JGI.]**, HGW.VI〔**『イエナ精神哲学Ⅰ』**〕:『イェーナ体系構想』（法政大学出版局）。

Vorlesungsmanuskript zur Realphilosophie [Jenaer Realphilosophie] **[JGII.]**, HGW.VIII,〔**『イエナ精神哲学Ⅱ』**〕:『イェーナ体系構想』（法政大学出版局）。

Phänomenologie des Geistes **[Phä.]**, PhB114〔**『精神現象学』**〕:『ヘーゲル全集』④⑤（邦訳名『精神の現象学』）。

Philosophische Propädeutik der Wissenschaften **[Prop.〕** HzW.IV〔**『哲学的予備学』**〕:『ヘーゲルの「ギムジナウム論理学」』（梓出版社）。

Grundlinien der Philosophie des Rechts **[Rph.]**, HzW.VII〔**『法哲学』**〕:『ヘーゲル全集』⑨ａｂ（『法の哲学』）。パラグラフ（§）番号のみを記す。〈Zusatz〉（補追）は〔Zu.〕と略記。

Enzyklopädie der philosophischen Wissenschaften im Grundrisse **[Enz.]**, HzW.X〔**『エンチュクロペディー』**〕:『ヘーゲル全集』③（『精神哲学』）。パラグラフ番号のみを記す。〈Zusatz〉（補追）は〔Zu.〕と略記。

Vorlesungen über die Philosophie der Geschichte **[PhG.]**, HzW.XII,〔**『歴史哲学』**〕:『ヘーゲル全集』⑩ａ、ｂ（『歴

史哲学』)。

Vorlesungen über die Geschichte der Philosophie [Gph.], HzW.XX, [『哲学史』]:『ヘーゲル全集』⑫⑬⑭(『哲学史』)。

(四) その他の近世思想家の著作

Hobbes, *Leviathan* [Lev.] については、章(§)を算用数字で示す。邦訳は『リヴァイアサン』(岩波書店、一九九九年改訳)に基づき、その巻と頁を漢数字で示す。

Loche, *Two Treatises of Government* [TG.] については、第二部の節(§)を算用数字で示す。邦訳は『市民政府論』(岩波書店)に基づき、頁を漢数字で示す。邦訳では章は節とされている。

Rousseau, *Contrat Social* [CS.] については、篇と章(§)をそれぞれローマ数字と算用数字で示す。邦訳は『社会契約論』(岩波書店)に基づき、頁を漢数字で示す。

(五) その他の著作

先述の思想家の他の著作、およびその他の思想家の著作については、それぞれ原著と頁を示し、邦訳があるばあいは、その頁を漢数字で示す。

第Ⅰ章　転換期における哲学──フィヒテ実践哲学のアクチュアリティ

第一節　自由と行為の哲学を求めて

一・一　フランス革命とフィヒテ実践哲学

二〇一四年にフィヒテ死後二〇〇年を迎えた。国際的なフィヒテ研究は彼の死後一〇〇年（一九一四年）を機に高揚し（第一次フィヒテ・ルネッサンス）、第二次世界戦後は彼の生誕二〇〇年（一九六二年）を機にアカデミー版『フィヒテ全集』の刊行が開始され（すでに完結）、一九八七年には国際フィヒテ協会が設立された。日本フィヒテ協会はそれに先立つ一九八五年に設立され、邦訳『フィヒテ全集』（哲書房）が一九九五年から刊行され、完結した。このようにフィヒテ研究は新しい段階に入ったが（第二次フィヒテ・ルネッサンス）、さらにこれに続いて今回が第三次フィヒテ・ルネッサンスへの一歩となることが期待される。

フィヒテ研究の新たな展開が望まれるのは、転換期や激動の時代といわれる今日にとって彼の思想が多くの示唆を与えると思われるからでもある。過去の偉大な思想家は自分の時代と向き合って、思索を行なった。その思想がたとえ抽象的に見えるばあいにも、その背景と根底には自分の時代との対決がある。近代の哲学者のなかで時代との対決を最も鮮明にした一人はフィヒテである。彼が生きたのはまさに激動の時期であった。彼の思想形成の前半はフランス革命

（一七八九年開始）の時期であり、その後半は革命後の混迷の時期であった。革命の混乱から登場したナポレオンはヨーロッパ支配を目指し、ドイツを占領した。ルソーは革命前の思想家である。カントは晩年に革命に接したが、基本的には革命前夜の思想家に属すであろう。これに対して、フィヒテは革命とその余波のただなかの思想家である。

ヘーゲルは自由をめぐって、ルソーとフランス革命のドイツ哲学への影響についてつぎのように述べている。「自由の原理はルソーによって高く掲げられ」、「カント哲学はこの原理を自分の根底にすえた」（『哲学史』）。フランスにおいてはこの原理の実現は革命という形態をとったが、ドイツにおいては理論という形態で表明された（『歴史哲学』）。とくにフィヒテは革命の影響を最も強く受け、この革命といかに向き合うかが彼の基本的な問題意識となり、彼の知識学もこの意識によって支えられた。彼の実践哲学の初期と中・後期とのあいだの一定の変化もこの意識に由来する。彼は、フランス革命によって表明される近代的原理をそのまま実現する（近代化）のでもなく、また、革命の挫折への反動から中世へ復帰する（復古）のでもなく、近代的原理がすでにはらむ問題を見抜き、その解決に向かおうとした。近代批判と脱近代の志向はわれわれにも多くの示唆を与えるであろう。

一・二　知識学と行為の哲学

フィヒテの哲学を〈自由の哲学〉、〈行為の哲学〉と性格づけることができる。彼は、哲学者としての道を目指し始めた時期につぎのように述べている。「私はたんに思考したいとは思わない。私は行為したいと思う」。「私にはただ一つの情熱、自分の外へ向けて行為するという情熱がある」[1]。イエナ大学における知識学の講義と同時期の『学者の使命』の講義（一七九四年）においてはつぎのようにいわれる。「行為！　行為！　これこそが、われわれが存在するための目的である」（BdG.345：㉒六四頁）。また、後期の『学者の使命』（一八一一年）においても同様の主張が見られる。「人間は、能動的に働きかけるよう定められている」（SW.XI.184：㉒三七三頁）。フィヒテはたんなる書斎の人間ではなく、行動する思想家である。彼は理性の立場に立つが、逆境をバネに、自由を求めて情熱的に行動しようとした。「人間がどのような哲学を選択するかは、当人がどのような人間であるかにかかっている」（『知識学第一序論』SW.I.434：⑦三七八頁）という言葉は有名であるが、これは、〈自由と行為の哲学〉を目指す彼自身にまさに当てはまる。

知識学は社会的実践と深く関連している。彼は『全知識学』の出版のあとの、ある書簡においてつぎのように述べている。「私の体系は最初の自由の体系である。あの民族［フランス民族］が外的な鎖から人間を解放するように、私の体系は人間を物自体の足かせから解放する」。「この革命について書くこと［一七九三年の『フランス革命』］によって、いわばその報酬としてこの体系［知識学］における最初の合図と予感を与えられた」[2]。彼は知識学を「最初の自由の体系」と見なし、カントにおける「物自体」から自我を解放することを知識学の課題とし、この解放をフランス革命における人民の圧政からの解放になぞらえる。

中・後期のフィヒテの知識学においては存在や絶対者が基本とされ、自我の自由は後景に退くが、これらによって媒介されたものとして捉え直される。また、このことと連動して、実践哲学の分野において共同体（国家）全体も個人の自発的な活動によって支えられたものとして理解される。このように、中・後期のフィヒテにおいても行為の哲学という性格がまったく失われるわけではない。

一・三　実践哲学の諸次元

このように、知識学そのものがすぐれて実践的な性格をもつ。そこでは自我の作用はしばしば〈Handlung〉と呼ばれている。また、自我の作用〔Handlung〕とその産物〔Tat〕が一体のもの、すなわち〈Tathandlung〉（事行）として理解され（WL.96：④九六頁）、このことに基づいて理論と実践との結合が目指される。しかし、知識学における〈Handlung〉は本来の行為ではない。そこでは能動的作用の主体としての自我とその作用の客体として非我との一般的関係が考察されたにすぎない。本来の行為は感性界における意志の作用である。第一に、それは身体をつうじた自然に対する作用である。第二に、それは他の個人や社会に関係する。

このように自我は自然に対して、また社会において現実的な個人として生活する。行為のこれらの二つの側面を明らかにしたことは近代哲学におけるフィヒテの功績である。イギリス経験論は人間の自然に対する関係や身体の役割に注目するが、人間を受動的に理解しており、また個人を原子論的なものと把握したうえで、他人との関係を考察する。カントは実践主体の自然からの独立を強調するため、この主体を形式的なものと見なし、また、他人との関係を度外視するか、理性的、形式的関係としてあらかじめ前提するにとどまる。ヘーゲルはフィヒテの見解を受容して、行為の分析を行なっているが、行為をけっきょく歴史的過程に組み入れ、歴史的必然性を洞察する理論（観照）を高次の立場と見なす。

フィヒテは実践と行為をいくつかの次元に区別している。第一に、知識学において行為主体は実践的自我として捉えられるが、実践的自我は抽象的、形式的なものである。このことは行為主体の原理的考察、〈行為原理論〉の次元で明らかにされる。第二に、本来の行為主体は、感性界において活動する有限な理性的存在者であり、これについての基礎的考察、〈行為基礎論〉が必要になる。第三の次元は行為の自然および他人に対する具体的関係の考察であり、これを応用実践哲学としての〈実践的関係論〉と呼ぶことができるであろう。社会論と本来の倫理学はこの次元に属す。第一の行為原理論が第三の実践的関係論に直接に応用されるのではなく、両者のあいだには第二の行為基礎論が介在する。フィヒテは『自然法』と『道徳論』の序論的部分においてこの考察を行なっているが、それは『全知識学』における考察を補完する役割を果たすとも見なしている。

一・四　実践哲学の諸領域

実践哲学において考察される自然と他人に対する自我の作用は包括的な領域をもつ。自然に対する作用は具体的には、自然を加工する労働において具体的に示される。ロックは所有との関係で労働に注目し、アダム・スミスは経済における労働の意義（富の源泉）を重視するが、フィヒテはより広く労働を人間の実際生活の基礎におく。

フィヒテの倫理学（実質的道徳論）はカントの『道徳形而上学』（徳論）よりも多様な人間関係、社会関係を視野に収め、社会的役割（「職業身分」に応じた）を重視する。また、個人に自分自身に対する義務よりも共同体全体に対する義務を優先させ、社会倫理学の方向を示している。このことは、カントのように社会論と倫理学とを分離することとも、また、ヘーゲルのように、社会論に倫理学を従属させることとも異なる。

フィヒテにとって社会の担い手の形成・陶冶は重要な実践的問題であり、教育論も実践哲学と密接な関係をもつ。この観点から彼は教育家のペスタロッチと親交を結んだ。彼は学者の社会的役割について初期、中期、後期をつうじて一貫して論じている。〈Bildung〉は教育・陶冶のほかに、文化という意味を含み、芸術論も実践哲学と関連する。フィヒテの国家は文化を基礎とする。

さらに、宗教論も実践哲学と関連する。宗教はそれ自体で実践的、道徳的なものではなく、固有性をもつが、実践とのその関係をフィヒテは重視する。中・後期のフィヒテにおいては、絶対者は自我の作用を支えるものであり、自我の作用は神の現象であるといわれるが、自我がこのために自由を失うのではなく、高次の自由を得ると見なされる。

第二節　フィヒテ実践哲学研究の課題

二・一　フィヒテ実践哲学の研究史

フィヒテの哲学はドイツ観念論においてカントとヘーゲルとのあいだで過渡的位置を占めるにすぎないと評価されがちであった。ドイツにおいては一九世紀中ごろからヘーゲル学派が大きな影響をもち、一九世紀後半にはこれに対抗して新カント学派が形成された。これらと比較して、フィヒテ哲学は地味な扱いを受けていたが、一八六二年のフィヒテ生誕一〇〇年を機会にフィヒテ哲学に新たな関心が寄せられるようになった。

最初にアカデミー界のおもな関心は初期フィヒテにおける自我中心の立場と中・後期の知識学における絶対者中心の

立場との関係に向けられた。また、当時注目された生の哲学との関連で、初期の理性主義と中・後期の非合理的傾向との関係も話題となった。中・後期の知識学を宗教に引き付けて解釈する傾向も強まった。これに対して、実践哲学は知識学の応用であり、付随的なものであると見なされがちであった。そのなかでフィヒテの実践哲学の研究に重要な方向を示したのはツェラー〔E. Zeller〕である。彼は、フィヒテの政治哲学の発展段階およびフィヒテ哲学全体におけるその位置を明らかにするという課題を提出した（『政論家としてのフィヒテ』、一八六五年）[3]。

二〇世紀に入り、フィヒテ死後一〇〇年の一九一四年を境にフィヒテ研究は進展し、第一次フィヒテ・ルネッサンスが興隆したが、アカデミックな世界で研究者の関心は依然として知識学に集中した（たとえば、メディックス〔F. Medicus〕が一九〇八〜一二年に編集した『フィヒテ著作集』においては初期の政治論が欠けている）。そのなかでシュトレッカー〔R. Strecker〕はフィヒテの初期から後期までの政治論の形成の過程を展望し、その総合的研究の必要性を明らかにした（『フィヒテ国家哲学の端緒』、一九一六年）。また、彼は初期フィヒテの政治哲学（とくに『フランス革命』への研究者の関心を喚起した（『初期フィヒテ政治論集』、一九一九〜二〇年）。しかし、ツェラーとシュトレッカーが示した研究方向はそのあと十分には受け止められず、政治的、イデオロギー的影響のもとに一面的研究が行なわれることになった[4]。このようにしてフィヒテの知識学の研究と彼の実践哲学の研究とのあいだにはギャップが生じるようになった。フィヒテは哲学界においては『全知識学』の著者として有名であるが、社会一般においてはむしろ『ドイツ民族へ』の著者としての名が高まった。

一九一四年は第一次世界大戦の勃発の年でもあり、フィヒテの民族論へ関心が集中した。またこれと並行して、フィヒテ社会論の社会主義的傾向をめぐる左右の潮流における議論も過熱化した。ワイマール共和制を擁護する論者はとくに初期以来のフィヒテの政治哲学における自由主義的傾向に注目した。これに対して、社会主義者は左翼的な立場からフィヒテにおける民族社会主義を評価した。しかし、ベルクマン〔E. Bergmann〕（『フィヒテと民族社会主義』、一九三七年）らはこれらと対立して、フィヒテをナチズム（民族社会主義）〔Nationalsozialismus〕の先駆者と見なし、とくに『ドイツ民族へ』を利用した[5]。

二・二　フィヒテ実践哲学研究の新動向

ドイツにおいては第二次世界大戦のあとも、戦前のフィヒテ政治論についての研究のイデオロギー的バイアスに対する警戒や反発のため、彼の実践哲学についての研究は、知識学の研究の目覚ましい進展と比較して、立ち遅れたが、ようやく一九六〇年代に入って、これについての冷静な研究が開始された[6]。ヴィルムス〔B. Willms〕はフィヒテの政治哲学の包括的な発展史研究を行なった。彼は道徳論も考察の対象に含めているが、道徳からの法（政治）の区別を重視し、道徳論については簡単に言及するにとどまる。また、彼は、初期フィヒテの政治思想（共和制等）が後期にも継承されると見なすが、初期の思想にすでに潜在する全体主義的傾向が後期の思想において顕在化されると批判する（『全体的自由――フィヒテの政治哲学』一九六六年[7]）。ほぼ同時期にブーア〔M. Buhr〕はフィヒテの知識学とフランス革命との関係を重視し、初期の法論、道徳論についても考察しているが、中・後期のフィヒテの思想への言及は乏しい。彼は中期の『閉鎖商業国家』を引き合いに出し、そこには自由主義から国家主義への「転換」があると指摘するが、その原因については説明してはいない（『革命と哲学――フィヒテ元来の哲学とフランス革命』、一九六五年[8]）。

一九七〇年代にはフェアヴァイエン〔H. Verweyen〕が法（国家）のほかに道徳をも視野に収め、知識学との関連をも考慮し、さらに初期から後期までの社会思想の推移についても考察している。彼はこのように実践哲学についての包括的研究を行なったが、比重を社会哲学におき、道徳の問題を付随的に扱っている（『J・G・フィヒテの社会論における法と道徳』、一九七五年[9]）。

日本においては南原繁が第二次世界大戦前（一九三〇〜四〇年）にフィヒテの政治哲学の包括的で発展史的な研究を行ない、その成果を一九五九年に『フィヒテの政治哲学』（岩波書店）として出版した。南原はフィヒテ政治哲学の民族主義的解釈にも社会主義的解釈にも距離をとる。南原は初期フィヒテの他者論に着目し、道徳論にも言及している。

ただし、南原はフィヒテの政治哲学の初期から後期への変化の説明については基本方向を示すにとどまる。

そのあと国内でフィヒテ実践哲学についての研究書が少ないなかで特筆すべきなのは、福吉勝男『自由の要求と実践哲学――J.F. フィヒテ哲学の研究』(世界書院、一九八八年)である。この著作はブーアに刺激され、知識学と実践哲学に対するフランス革命の影響を重視し、初期から中・後期への実践哲学の変化を知識学の変化との関連で考察している(福吉は実践哲学の変化の理由を、ナポレオンのドイツ占領を機会に強まった人間改造への志向に求めるが、この変化の要因が初期の思想にも内在することは明らかにしていないように思われる)。フィヒテの社会哲学についての最新の包括的研究書は清水満『フィヒテの社会哲学』(九州大学出版会、二〇一三年)である。同著はフィヒテの初期から中・後期までのさまざまな著作を網羅し、倫理学的分野をも視野に入れながら、社会哲学の全体構造と形成史を総合的に明らかにし、またその現代的意味を示している(清水は、初期から後期まで共和制の理念が貫徹していることを強調しているが、初期から後期への社会哲学の変転における不連続面への考察は簡単に済ませている)[10]。

このように日本におけるフィヒテの実践哲学、社会哲学の研究も新しい発展段階を迎えているが。この分野での研究者層は厚くない。フィヒテ研究の主流の視線はやはり知識学に向けられている。最新刊の『フィヒテ知識学の全容』(長澤邦彦・入江幸男編著、晃洋書房、二〇一四年)は日本フィヒテ協会会員の協力によるフィヒテの包括的な入門書であるが、書名のとおり、その多くの部分は知識学(そのさまざまな版)の紹介に当てられ、その他の分野は「知識学の応用」として一括されている。フィヒテ哲学の現代性を明かにするためには、知識と生一般との関係について考察するだけでなく、自然と社会に対する人間の関係についてのフィヒテの包括的な思想をも考慮する必要があるであろう。

二・三　フィヒテ実践哲学研究の問題

これまでのフィヒテ実践哲学研究においては、その進展にもかかわらず、つぎのような問題がまだ十分に解明されていないように思われる。

①まず、フィヒテの実践哲学の初期から中・後期への変化をどのように理解するかという問題が残されている。ルソーとフランス革命によって触発された初期の自由主義的な見解が中・後期に国家中心の権威主義的見解に転化したといわれる。しかし、フィヒテの実践哲学の初期から後期への変化には連続（継承）の面と不連続（断絶）の面とがあることが明らかにされる必要がある。

②フィヒテの政治哲学のモチーフの一つは、人民主権にふさわしい共和制をいかに実現するかである。しかし、彼によれば、人民主権の実現は人民の陶冶の程度に依存する。政治哲学の初期から中・後期への転換もこの陶冶の可能性についての理解の変化と緊密に関連する。

③フィヒテが『閉鎖商業国家』において市場経済の制御と自給自足経済を主張したこともセンセーショナルな話題となった。彼は近代社会の基盤としての市場経済の限界を指摘したが、当時は時代遅れと批判された。しかし、市場経済のグローバル化が進行する現在においてその意味が問い直されてしかるべきであろう。

④フィヒテが『ドイツ民族へ』において民族の役割を強調していることも大きな社会的反響を呼び起こしたが、過剰なイデオロギー的解釈を排除して、彼がどのような文脈で民族を重視したのかを冷静に分析することが必要になっている。グローバル化は文化にも及び、それへの反動としてナショナリズムが強まっており、フィヒテが考察したパトリオティズム（愛国主義）とコスモポリタニズム（世界市民主義）との関係があらためて問われるべきであろう。

第三節　本書の展望

三・一　フィヒテ哲学の形成の段階区分

本書の叙述に先立って、フィヒテの思想の形成と発展の段階区分について説明しておきたい。本書においては一八〇〇年を境に「初期」と「中期」とを区別するが、初期のなかで、イエナ大学への着任（知識学が確立される）よりもまえの時期を「最初期」と呼び、イエナ滞在の時期を「イエナ期」と呼ぶばあいもある。

　フィヒテは一七七九年にイエナ大学を離任するが、一八〇〇年を境にフィヒテの思想の内容にも転換が生じる。一八〇〇～〇九年を「中期」と呼びたい。この時期には知識学にかんしては自我の活動が絶対者によって支えられることが明らかにされ、実践哲学にかんしては個我に対する全体（共同体）の優位性が示される。

　一八一〇年（ベルリン大学教授への着任の年と重なる）から、フィヒテが死去した一八一四年までを「後期」として区分する。この時期には、個別的な自我は有機的全体の分肢であり、根源的な生の自己分裂と自己統合によって生じることが明確にされる。なお、一八〇〇年～一四年を全体として「中・後期」と呼ぶことがある。

三・二　本書の内容構成

　これまで論述してきた第Ⅰ章「転換期における哲学」は本書の導入部分である。これに続いて、第Ⅱ章「実践哲学の基礎づけ」では、フィヒテが知識学の原理に基づいて実践哲学をいかに根拠づけているかを示したい。彼は実践哲学の展開のために、自然と他者へ働きかける行為主体のあり方について考察するが、このことが現代におけるコミュニケーション、言語、身体の問題の検討にとっても啓発的と思われる。

　第Ⅲ章、第Ⅳ章では初期フィヒテの実践哲学の基本性格を明らかにする。第Ⅲ章「人民主権の可能性」では、フィヒテが最初期の『フランス革命』から出発して、初期の社会論の主著、『自然法』をどのように構想したかについて検討する。彼はルソーの社会契約論に触発され、共同意志に基づく国家の設立を目指すが、執行権の行使に対する監視を監督官に求める。このようなフィヒテ独自の構想の意味と背景について考察したい。

　第Ⅳ章「自立と共同の倫理学」では初期の倫理思想の主著、『道徳論』を主題とする。フィヒテは自我の能動性の倫理的側面として自立を強調するが、自我は他我とともに「理性的存在者の共同体」に所属すると見なし、個人と共同体との関係を道徳の基本におく。さらに、フィヒテは行為の構造を分析し、とくに目的とその実現の過程を立ち入って分析しているが、この考察が知識学における理論と実践の関係の再把握にも寄与すると見なしていることを示したい。

第Ⅴ章〜第Ⅷ章では中・後期のフィヒテの実践哲学を主題とする。第Ⅴ章「道徳的共同体と絶対者」では中・後期の道徳論の基本的性格を同時期の知識学との関連で明らかにする。唯一の生の分裂と多様化によってさまざまな個別的自我とそれらのあいだの道徳的関係が成立し、さらに唯一の生の根底に絶対者（神）があると理解されるが、この理解が知識学にも反映されていることに注目したい。

第Ⅵ章「経済的グローバル化への代案」では『閉鎖商業国家』における計画経済の構想について検討する。フィヒテは、市民の福祉の実現のために国内の市場経済を規制し、世界平和を脅かす領土と資源の争奪をめぐる抗争を除去するため、貿易の制限を提唱する。これは、今日の経済的グローバル化の対極にある構想であり、その意味を問い直したい。

第Ⅶ章「グローバル化における民族の問題」では中期フィヒテの『ドイツ民族へ』の戦略的意味を明らかにしたい。この著作では、ドイツの民族的共同性の自覚、そのための教育、それらに基づく統一国家の実現が展望されるが、この展望の時代的背景を分析する。彼はナポレオンによるヨーロッパ支配の打破のためのドイツの特別な役割を重視し、ナポレオン排除の後にドイツとフランスの協力を基礎にしたヨーロッパ共同体を構想する。この構想は、各民族の固有性の尊重に基づく民族間の連合という現代的課題にとっても示唆的である。

第Ⅷ章「陶冶国家と人民主権」では後期の『法論』と『国家論』を中心にし、初期の自然法論、国家論との非連続面と連続面とを明らかにする。中・後期においては国家の絶対性が強調され、人民主権は表面上後退するが、個人の国家への一方的な従属が主張されるのではなく、個人の自由の基盤として国家が位置づけられる。人民主権の実現は人民の陶冶の可能性に依存しており、人民の陶冶が不十分な段階でいかに人民主権の実現の方途を見出すかが後期フィヒテにおいてあらためて問題となる。

第Ⅸ章〜第Ⅺ章では思想史的文脈のなかでフィヒテの実践哲学の基本性格を浮き彫りにしたい。第Ⅸ章「ルソー・カント・フィヒテの国家論」ではフィヒテの国家論に対するルソーの影響をカントに対するそれと比較する。また、フィヒテの実践哲学における個人主義的、自由主義的側面と集団主義的、全体論的側面との関係はルソーの思想に起源をもつことをも指摘したい。

第X章「ヘーゲルのフィヒテ実践哲学批判」では、フィヒテの実践哲学に対するヘーゲルの批判の当否について検討する。ヘーゲルは有機的国家論の立場からフィヒテの国家論を原子論的として批判するが、そのさいに同時に個人の自立を不可欠なものと見なす。しかし、フィヒテも個人の能動性と国家有機体との結合を考慮しており、ヘーゲルの理論との異同についてあらためて検討したい。また、ヘーゲルは行為の構造の分析の点でもフィヒテの分析を密かに継承していること、さらにヘーゲルの承認論もフィヒテの説を踏まえていることを確認したい。

第XI章「ペスタロッチの教育論とフィヒテの陶冶論」では、ペスタロッチの教育論とフィヒテの人間形成論の関係について考察する。フィヒテは、自己活動による能力の発展という点で、ペスタロッチの教育論が彼の自我論と基本的に一致すると見なしつつ、ペスタロッチが民衆教育の主張にとどまり、人民全体に対する民族教育の点で弱点をもつと指摘するが、フィヒテのこのような批判がどこまで適切かを検討したい。

第Ⅱ章　実践哲学の基礎づけ――知識学から実践哲学へ

第一節　フィヒテ実践哲学の地平

一・一　フィヒテ実践哲学の体系的位置

『全知識学』（『全知識学の基礎』第一・二部、一七九四年九月、第三部、一七九五年七月あるいは八月刊行）においては自我の能動性が強調され、その活動はしばしば「行為（作用）〔Handlung〕」と呼ばれる。また、その第三部「実践の学の基礎」においては定言命法、努力、感情、衝動、憧憬等の実践的諸概念が用いられている。しかし、この部門はまだ本来の狭義の実践哲学ではなく、〈Handlung〉もまだ本来の行為を意味しない。そこで示されているのは「一般的実践哲学」（GA.III-2.89：④四八六頁）であり、これに基づいて、本来の実践哲学、「特殊的実践哲学」が展開されることになる。

フィヒテは自分の哲学体系の構造について多くを語ってはいない。イエナ大学における知識学の講義の直前に出版された『知識学の概念』（一七九四年五月）においては「知識学の仮定的区分」に言及され、法論と道徳論は「知識学全体」の「実践的部門」に所属させられている（GA.I.2：④七一頁以下）。しかし、『全知識学』自身の実践的部門あるいは「実践的知識学」（WL.248：④二六一頁）には本来の実践哲学は含まれていない。『知識学の特性綱要』（一七九五年七月あるいは八月――『全知識学』第三部と同期）においては、理論的部門の展開として「特殊的な理論的知識学」が叙述されており（SW.1.332：④三五九頁）、これと並行して、「特殊的な実践的知識学」が構想されていたと思われる。『新方法による知識学』（一七九七年～九九年）においては①「［一般的］知識学」に続いて、②理論哲学（「特殊的な理論的知識学」）、③実践哲学（「特殊的な実践的知識学」）が構想され、③は「本来の倫理学」を意味するとされる（WLnm.263ff.：⑦三五三頁以下）。

『全知識学』の対象となるのは、〈一般的実践哲学〉あるいは〈行為基礎論〉というべきものである。この学と特殊的実践哲学（本来の倫理学）との関係はカントにおける『実践理性批判』（あるいは『道徳形而上学の基礎づけ』）と『道徳形而上学』の関係とは異なる。フィヒテにおいては一般的実践哲学は、本来の実践的、道徳的性格をもたない。[1]『自然法』（一七九六年）と『道徳論』（一七九八年）においては「形式的で空虚な道徳形而上学」に替えて「実質的な道徳学」の確立が目指されるが（NR.54：⑥七三頁／SL.208：⑨二五二頁）、後者は〈実践的関係論〉というべきものである。しかし、一般的倫理学（行為原理論）を直ちに実質的道徳論（実践的関係論）に適用することはできない。そこで、両者を媒介するものとして、〈倫理学基礎論〉あるいは〈行為基礎論〉というべきものが必要となる。『自然法』と『道徳論』の序論的部分においてはこの点についての説明が試みられる[2]（とくに『道徳論』においては本来の道徳論に先立って、実践的自我の概念からの「道徳の原理」の「演繹」、さらに「道徳の原理の適用可能性」の「演繹」が行なわれる）。それは、『全知識学』においては分離されていた理論的自我と実践的自我との関係を表象と意欲との統一として捉えるものである。

一・二　実践的原理とその応用

フィヒテの体系構想によれば、実践哲学は知識学の原理（実践的自我の原理）の応用（適用）である。しかし、実践哲学は知識学の一方的応用なのではない。

第一に、知識学の原理の「応用」としての実践哲学というフィヒテの説明は哲学体系の区分にかんするものにすぎず、理論形成の過程に対応するものではない。一七九四年の『知識学の概念』と『全知識学』の以前にはむしろ実践哲学的著作の出版が先行した。彼の最初の著作は一七九二年の『あらゆる啓示の批判の試み』であり、これはカント実践哲学の強い影響を受けていた。続いて一七九三年にルソーの影響のもとに『思想の自由』と『フランス革命』が刊行された。フィヒテはラインホルトによるカント評価によって刺激されて、一七九二年頃から認識論や学問的体系へ関心を抱いていたが、この問題についての本格的な考察を開始したのは一七九三年の後半であり[3]、その集大成が一七九四年の『全知識学』である。

第二に、知識学は実践哲学に一方的に応用されるのではなく、実践哲学をつうじて吟味され、深化させられもする。たとえば、イエナ期後半には『自然法』と『道徳論』の考察が『新方法による知識学』に反映される。そこには、実践哲学の基本概念である意志（意欲）、目的、諸自我（諸個人）、理性の国（諸自我の共同体）等の概念が組み入れられる。知識学は中期と後期においても更新され続けるが、そのさいにも実践哲学の内容が、より抽象的な次元で反映される。このように、知識学と実践哲学とは相互に関連しながら、展開されていく。

第三に、知識学はさまざまなバージョンをへて展開されていくが、実践哲学の考察においてその根拠づけのために実践的自我の原理の捉え直しが行なわれ、このことが知識学の展開を促進するという面もある。たとえば『自然法』と『道徳論』の基礎論における実践的自我と理論的自我との関係の考察は、『全知識学』の叙述の欠陥を補正するという役割を果した[4]。

イエナ期のフィヒテの実践哲学の主な体系的著作は『自然法』（第一部、一七九六年）と『道徳論』（一七九八年）である。両著作は、『全知識学』における実践的自我の諸原理の応用という位置にあるが、これらの原理が法と道徳に直接に応用されるのではない。『全知識学』における実践自我は純粋自我に属し、まだ本来の実践的な性格をもたないのに対して、『自然法』と『道徳論』において主題となるのは、感性界における身体を備えた本来の行為主体としての自我である。『自然法』と『道徳論』の序論的部分においては、実践的自我の原理を法と道徳に応用するために、行為主体が根拠づけられる。両著作においては行為主体は多くのばあいに「有限な理性的存在者」と表現されるが、それは個別的、経験的自我（個人、人格）を意味する。『自然法』においては、法を自我の概念から説明するための前提として、「絶対的に形式的な自我」（純粋自我）から「ある特定の実質的自我」（個我）がいかに生じるかが考察される（NR.57：⑥七七頁）。この考察は実践哲学基礎論というべきものであり、一般的実践哲学（知識学の実践的部門）と特殊的実践とを媒介する位置にある。

一・三　実践哲学の根本問題――身体と他者の説明

実践哲学の対象となる行為主体は身体をつうじて自然に働きかけ、また他の主体に関係する。しかし、『全知識学』におけるような実践的自我と非我との区別によっては身体や他の人間の位置は明らかにならない。感性界や自然が非我に属することは明瞭であるとしても、身体は自我に属すのか、非我に属すのか、また他人はいずれに属すのかが問題となる。これらの問題が最初に指摘されるのは、『全知識学』と平行して講義された『学者の使命』（一七九四年九月出版）においてである。そこでは実践哲学の基本問題がつぎのように示されている。「哲学が学となり、知識学となりうるのに先立って、哲学がまず回答しなければならない多くの問いがある」。これら問題のなかにはとくにつぎの二つの問いが含まれる。第一の問いは、「いかなる権能によって人間は物体的世界〔Körperwelt〕の或る特定の部分を自分の身体〔Körper〕と呼ぶのか、すなわち、いかにして人間は自分のこのような身体をその自我に帰属させるようになるのか（というのは、やはり身体は自我と正反対のものであるからである）」という問いである（BdG.302：㉒一七頁以下）。第二の問いは、「いかにして人間は自分と同様のもろもろの理性的存在者を自分の外部に想定し、承認するに至るのか（というのは、やはりこのような存在者はその純粋な自己意識においてはけっして直接には与えられていないからである）」という問いである。

これら二つの問題が解明されなければ、実践的関係論としての法論と道徳論を展開することはできない。『自然法』の序論的部分においてはこれらの問題が本格的に考察される。他の理性的存在者についてはつぎのようにいわれる。「哲学に対して提出されながら、私が知るかぎり、哲学がまだどこでも解決していない厄介な問題は、われわれがいかにして感性界の若干の対象には理性を転移し」、「他の対象にはそうしないかである」（NR.80：⑥一〇四頁）。また、身体にかんしてはつぎのような定理が掲げられる。「理性的存在者は自分に物質的な身体（肉体）〔Leib〕を帰し、このことによってこの身体を規定することなしには、現実活動を行なう個人として自分を定立することはできない」（NR.56：⑥七六頁）。

第二節　行為主体と他者関係

二・一　他我の演繹

『学者の使命』においては他我（他の理性的存在者）にかんする根本問題がつぎのように立てられる。「いかにして人間は彼と同様のもろもろの理性的存在者を彼の外部に想定し、承認するに至るのか。というのは、このような存在者は純粋な自己意識［純粋自我］に直接にはまったく与えられていないからである」（BdG.302：㉒一七頁以下）。この問題は、「今まで回答されていない諸問題」に属し、「実践的原理から回答されなければならない」（BdG.304：㉒一九頁）。

フィヒテによれば、他者（他我）の存在は経験によっては説明されえない。経験は、他我についての表象が存在すること（このことは自己中心主義者も否定しない）を示すにすぎない。経験が教えることができるのはせいぜい、「理性的原因の結果と類似の結果」が与えられているということにすぎない（BdG.303：㉒一八頁）。他我の存在が説明されるのは、自我の「実践的諸原理」から出発することによってである。

しかし、『学者の使命』においては、自我が自己一致を外部の存在者に求めるさいに、なぜ他我を想定しなければならないのかについて立ち入った説明はない。この説明は『自然法』において与えられる。そこではつぎのような定理が掲げられる。「有限な理性的存在者は感性界において自由な現実活動を自分自身に帰属させることができるためには、それを他の理性的存在者にも帰属させなければならず、したがって、自分の外部に他の理性的存在者をも想定しなければならない」(NR.30:⑥四三頁)[5]。

『全知識学』における自我は、自分ではないもの、つまり非我から区別されただけの主体の普遍的、形式的なあり方である。そこでは個人としての主体の特質は度外視される。これに対して、実質的な自我としての個我(人格)は他の個我から区別されたものであり、他の個我との関係において存立する。一七九七年の『知識学第二序論』においてはつぎのようにいわれる。「自我性と個人性とはきわめて異なった概念である。……われわれは自我性の概念によって、われわれの外部に、あるすべてのもの[非我]に自分を対立させるのであり、たんにわれわれの外部の諸人格に自分を対立させるのではない」(ZEWL.504:⑦四五七頁)[6]。

二・二　自我と非我との対立と総合

『自然法』の最初の二節においては、『全知識学』における自我と非我との関係が理性的存在者と感性界との関係として、また理論自我と実践自我との関係が表象(直観)と意欲との関係として捉え直される。このような作業は、『全知識学』における考察を補完する意味ももつ。『自然法』においては、理性的存在者と外的客体との一致を可能とするような客体が求められ、それが他の理性的存在者に見出される。この説明はつぎのような段階をたどる。

①理性的存在者は自由な活動を行なう。「有限な理性的存在者は自分に自由な現実活動〔Wirksamkeit〕を帰属させなければ、自分自身を定立することはできない」(NR.17:⑥二八頁)という「第一定理」が掲げられる。理性的存在者の活動の特徴は、自分へ還帰する活動、反省(反照)にある(理性的存在者のこのような自由な活動は、『全知識学』において示された絶対自我の「絶対的活動」――「自我は端的に自分自身を定立する」活動(WL.98:④二五一頁/WL.251:⑥二六五頁)――に対応するであろう)。

②ところで、理性的存在者の活動は外部のものによって制限される。理性的存在者は、「制限されたもの以外へ反省[反照]することはできない」。「したがって、自分へ還帰する活動は……制限された活動でなければならない」(NR.17:⑥

二九頁）。したがって、理性的存在者の意識の対象は一方で自分自身であるが、他方で自分の外部の世界であり、主体はこの世界を直観する。（理性的存在者のこのようなあり方は、『全知識学』において示される、「非我によって規定されたものとして自分を定立する」（WL.126：④一三三頁／WL.246：④二六〇頁）という理論自我のあり方に対応するであろう。）

③しかし、理性的存在者は自由な活動によって自分を客体（それについての直観）に対置し（反定立し）、客体（直観）による制限を廃棄しようとする。「求められた活動を理性的存在者は、それを制限するであろう世界に対して対置することができる」（NR.18：⑥三〇頁）（このような活動は、『全知識学』において、「自我は、自我によって制限されたものとして非我を定立する」（NR.125：⑥一三二頁）といわれるばあいの実践自我の活動を意味するであろう）。自我の自由な活動は客体によって阻止され、制限されるが、この制限はじつは自我が自分に対して定立した制限にほかならない（『全知識学』においても、「自我は自分自身を制限することなしには、非我を定立しない」（WL.251：④二六六頁）といわれた）。直観も自我の作用に基づく。「理性的存在者は、直観するものとして自分を定立することができる」（NR.18：⑥二九頁）（『全知識学』においても、「自我は、直観するものとして自分を定立する」（WL.229：④二四〇頁）といわれた）。客体についての理性的存在者の直観は、自我の「拘束状態における活動」であり、「廃棄された活動、理性的存在者自身によって自発的に放棄された活動」である（NR.19：⑥三〇頁以下）。

④感性界は理性的存在者の自由な活動によって定立されなければならない。「理性的存在者は、自由に現実作用するという自分の能力をこのように定立することによって、自分の外部に感性界を定立する」ということが「第一定理からの結論」とされる（NR.23：⑥三六頁）（このことは、「自我は、非我を定立するものとして自分を定立する」（WL.246：④二六〇頁）という『全知識学』における実践自我の原則の具体化であるといえる）。

直観（認識、表象）は実践自我にとって不可欠である。自我はその活動の対象を表象しなければならない（NR.28：⑥四二頁）。実践自我の作用が捨象されるときに、感性界は理論自我の外部に存在し、自我を制限するものとなる（NR.24：

⑥三七頁)。ただし、実践自我が感性界全体を産出できるのではない。実践自我にとって可能なのは、「素材」としての感性界を変化させることにすぎず、素材そのものは自我から独立に持続する(NR.29:⑥四三頁)。

二・三　自我と非我との総合としての他我

フィヒテは『自然法』においてこれまでの考察を整理し、つぎのような問題を立てる。一方で、理性的存在者は自由な活動をもつことによって客体を定立する。「理性的存在者は……同時に[自由な]活動を自分に帰属させなければ、いかなる客体を定立することもできない」(NR.30:⑥四四頁)。ここでは、理性的存在者の自由な活動が客体(客体についての認識)に先行する。だが他方で、客体は理性的存在者の活動を制限するのであり、理性的存在者の活動に先立ってすでに定立されている。「しかし、理性的存在者は、この活動が向かうべき客体を定立してしまわなければ、いかなる活動をも自分がもつと見なすことはできない。自分自身によって規定されたものとして、そのかぎりで理性的存在者の自由な活動を阻害するものとして、客体を定立することは、先行の時点で定立されていなければならない」(Ebd.)。

ここでは「ある循環」が生じる。すなわち、客体(およびそれについての認識)は理性的存在者の自由な活動を前提とするが、この活動に先立って客体が定立されていなければならず、さらに客体の定立には自我の活動が先行するということになる。「すべての概念把握は理性的存在者の現実活動の定立によって制約されており、また、すべての現実活動は理性的存在者の先行の概念把握によって制約される。したがって、意識のいかなる可能な瞬間もその先行の瞬間によって制約されている」(Ebd.)。

このような「循環」が回避されるのは、理性的存在者の自由な活動と客体の定立とが一つの瞬間に同時に行なわれるばあいである。すなわち、「理性的存在者が、一個同一の不可分の瞬間に活動を自分に帰属させ、かつこの活動になにかを対立させる」(NR.32:⑥四六頁)ばあいである。しかし、理性的存在者が自由な活動を行なうのに対して、客体は理性的存在者のこの活動を制限し、阻害するのであるから、両者のあいだには「完全な矛盾」が生じる。

このような矛盾が解消されるためには、理性的存在者（主体）の活動と一致するような客体が必要になる。このような客体は、「［一方では］その把握のさいに主体の自由な活動が阻害されたものとして定立されるという性格をもつ客体である。しかし、［他方では］この客体はやはり主体の活動であるべきである。主体の活動が絶対的に自由であり、自分自身を規定するという性格をもつべきである」（Ebd.）。したがって、客体による主体の規定と主体による客体の規定との総合が可能となるのは、主体が自己規定するよう客体が主体を規定するばあいである。「主体の自己規定へと規定されたあり方を考えるばあいに、……両者は完全に合一している」（NR.33：⑥四七頁）。このような総合（合一）を可能とするのは他の主体（他我）にほかならない。『全知識学』において実践自我と非我との合一はたんなる要請とされたが、これは今や他我との関係において実現されることになる。このようにして自我論は新しい段階に高められる。

第三節　相互承認の弁証法

三・一　他我による自我の活動の「促し」

自我（自我性）の原理から個我および他我を説明するうえで重要な役割を果たすのは「促し〔Aufforderung〕」である。フィヒテによれば、客体が主体（理性的存在者）を自己規定へ規定することは具体的には、主体が自己規定するよう「促す〔auffordern〕」ことを意味する。主体を自己規定へ規定するような客体は、「主体を行為へもっぱら促すものとして以外は把握されず、把握されえない」（NR.33：⑥四七頁）[(7)]。

主体の自己規定を促す客体は他の理性的存在者にほかならない。このことはつぎのように説明される。主体は外的存在者からの「促し」に呼応して、自己を規定するが、そのさいにまずこの促しを理解しなければならない。外的存在者は、主体がその促しを理解することを前提に、主体に働きかける。主体は目的（目的概念）をもち、その実現のために行為する。外的存在者も、その働きかけを主体が理解することをその活動の目的とするが（NR.37：⑥五三頁）、このような目的をもちうる外的存在者は他の理性的存在者にほかならない。「主体の外部の促しの定立された原因は、……主体が［それを］理解し、概念把握できるという可能性を前提としなければならない」。「したがって、このような原因は」、「それ自身、概念を用いる能力をもつ存在者〔ein der Begriffe fähiges Wesen〕でなければならない」（NR.36：⑥五三頁）。ここでいわれる「概念」は主体の活動の目的についての概念でもある（NR.37：⑥五三頁）。

このように、理性的存在者がもつ自我の原理から、「促し」を媒介にして、他の理性的存在者の概念が「演繹」される。「有限な理性的存在者は感性界において自由な現実活動を自分自身に帰属させることができるためには、それを他の理性的存在者にも帰属させなければならず、したがって、自分の外部に他の理性的存在者をも想定しなければならない」（NR.30：⑥四三頁）という「第二定理」がこのようにして「証明」される。

フィヒテによれば、理性的存在者としての個人は他の個人との関係において存立する。「人間は……もろもろの人間のあいだでのみ一人の人間［個人］となる」。「人間概念はけっして個体の概念ではなく、類の概念である」（NR.39：⑥五四頁以下）。「個人性の概念は相互概念である」（NR.47f.：⑥六五頁）。このようにして、人間が相互人格的、共同的存在であることが自我の原理から説明される。また、フィヒテは自己意識についても、他の個人から区別される個人としてのみ人間は実際に自己意識をもつと述べる。第一に、自己意識は反省（反照）と自己還帰を条件とし（NR.20：⑥三二頁）、この点で表象（理論的自我の産物）を伴うが、根本的には実践的なものである。「実践的自我は根源的自己意識の自我である」（NR.20：⑥三二頁）。第二に、人間の自己意識は他人との関係（とくに他人からの促し）において獲得される。「私は私の外部の理性的存在者の私に対する働きかけ［促し］に従わなければ、自己意識には到達しないであろう」（NR.74：⑥九七頁／Vgl. NR.35：⑥五〇頁）[8]。

三・二　他我の認識と承認

主体（理性的存在者、個我）と他者（他の理性的存在者、他我）とは感性界を共有している。「彼らのすべての活動は或る限界のなかに閉じ込められており、世界を彼らの自由の領域としていわば分かちもつ」（NR.9：⑥一九頁）。他者は主体に自由の余地を与えるために、その外的自由（実質的自由）を内的自由（形式的自由）によって自発的に制限しなければならない。他者は、「自由を実質的（質料的）な点で――その形式的（形相的）自由によって可能な行為の領域を自分自身によって、制限する」（NR.43：⑥五九頁）。

主体の活動と同様に、他者の活動も目的の実現を目指す。したがって、他者が主体の活動を促すことは具体的には、他者が主体の活動に余地を与えることを自分の活動の目的とし、この目的に従って自分の活動を制限することを意味する。「主体の外部の存在者は……その行為をつうじて主体を自由な行為へと促した。したがって、このような存在者は、主体の自由を……前提とする目的の概念に従って自分の自由を制限した」（Ebd.）。

一方で、他者は主体を自由なものとして「認識し」、これに従って自分の自由を制限することによって、主体を自由なものとして実践的に「扱う」。他方で、主体は他者をこのようなものとして自分の外部に想定する。したがって、他者についての主体の認識は、主体についての他者の認識、および主体に対する他者の行為（主体のための他者の自己制限）によって制約される。「主体の外部の存在者についての主体の概念は、主体についてのこの存在者の概念によって制約され、この概念によって規定された［この存在者の］行為によって制約される」（Ebd.）。

しかし、他者が主体を自由なものとして認識し、主体のために自分の自由を制限することはさしあたり「蓋然的［problematisch］」にとどまる。主体に対する他者のこのような認識と行為が「必然的（定言的）［kategorisch］」となるためには、主体も同様に他者を自由なものとして認識し、自分の自由を制限しなければならない。「自由な存在者としての主体について主体の外部の存在者がもつ必然的な認識の完成は、主体の［この存在者についての］認識によって、またこれに従った主体の行為によって制約されている」（NR.43：⑥六〇頁）。すなわち、他者がいかなるばあいにも必ず（必然的に）主体を自由なものとして扱ってくれるのは、主体も他者を自由なものとして扱うばあいである。(9)

このように、主体と他者とは相互に相手を自由なものとして認識し、相手のために自分の行為を制限することによって、自分も相手から自由なものとして扱われる。フィヒテは、一方が他方を自由なものとして「認識し〔erkennen〕」、かつ「扱う〔behandeln〕」ことを、「承認する〔anerkennen〕」ことと呼ぶ。承認は認識と実践との結合である。〈anerkennen〉（承認）は狭義の〈erkennen〉（認識）とは異なって、価値的、実践的性格をもつ。

三・三　承認関係としての法

承認は本質的に相互的である。「一方の個人の他方の個人についての認識は、他方が一方を自由な個人として扱うことによって制約される」。「しかし、「他方による」このような扱いの仕方は、他方にたいする一方の行為の仕方によって制約される」。「両者が相互に承認しなければ、いずれも他方を承認することはできない。また、両者が相互に自由な存在者として扱わなければ、いずれも他方をこのようなものとして扱うことはできない」（NR.44：⑥六九頁以下）。

ところで、フィヒテによれば、主体と他者とのあいだの相互承認（相手の自由のための自由の自己制限）は、それぞれにおける「自己一致あるいは整合性（首尾一貫性）〔Konsequenz〕」（NR.48：⑥六六頁）という「思考の法則」（NR.50：⑥六八頁）あるいは「矛盾律」（NR.86：⑥一一〇頁）から論理必然的に導出されるのであり、道徳的根拠づけを必要としない（NR.50：⑥六八頁）。主体と他者とはそれぞれ相手を承認するときには整合的にふるまうが、相手を承認しないときには不整合にふるまう。他者が主体を理性的なもの（目的）として扱わずに、たんなる感性的なもの（事物、手段）として扱うばあいには、自分の理性性に背反しており、このような行為は不整合である。このばあい主体が他者のこのような行為に対応して他者をたんに感性的なものとして扱ったとしても、この行為は不整合ではない。しかし、主体は「より高次の観点」に立ち、相互承認のための「共同の法則」にまず自分が従うばあいには、他者に対する「優越性」を得る。主体はこのことによって、他者に対する自分の行為が整合的であることを他者に認めさせ、他者が主体を自由なものとして扱い、承認するよう要求することができる（Ebd.）。

自我の原理からの相互承認のこのような導出は法の根拠づけ（法の演繹）のための準備作業をなす。その結論として、

「有限な理性的存在者は自分の外部になお他のもろもろの理性的存在者を想定できるためには、自分自身が彼らと、法関係と呼ばれる関係にあると想定しなければならない」（NR.41：⑥五七頁）という「第三定理」が掲げられる。法は相互承認の関係であるが、それは自我と他我とが相互に相手の外的自由を保障するために、相互に自分の外的自由を制限することを内容とする。「すべての他人が自分と同様に外的に自由でありうるように、自分自身の外的行為を内的自由によって制限する」という条件（NR.9：⑥一九頁／Vgl. NR.52：⑥七一頁）が法である。法によって、「他者を理性的存在者として承認し、権利（法）の可能な主体として承認する」ことが内的に強制される（NR.91：⑥一一六頁）。このように法の関係においては、一方の個人が他方の個人のために自分の自由を相互に制限するのであり、この関係をつうじて自分の外的自由が保障され、承認されるのである。

第四節　コミュニケーションの超越論的根拠づけ

四・一　コミュニケーションと言語

『自然法』においては、法（権利）を根拠づけるために、自我の原理から相互承認の関係が説明される。しかし、その過程で個人と他者とのあいだの根源的関係が考察されており、このことによって同時に実践哲学全体の地平が切り開かれる。フィヒテは『自然法』の執筆の直後の一七九六七年の『論理学・形而上学講義（プラトナー講義）』においてつぎのようにいう。「人間は、もろもろの理性的存在者を自分の外部に想定するという、抵抗できない衝動をもつ」（GA.IV-1.316f.：⑧二〇〇頁）。理性的存在者の自由が実現されるのは他の理性的存在者の「促し」によってであることは「超越論的観点から」考察されなければならない（GA.IV-1.294：⑧一八六頁）。個我は自由な自己活動の実現のために、それを促してくれる他我を必要とすることが「独断的」観点や経験論的観点からではなく、「超越論的観点」から明らかにされる。コミュニケーションの〈超越論的根拠づけ〉というべきこのような見解は『道徳論』においても示される（SL.224：

⑨二七一頁）。

促しをつうじたコミュニケーションについて『自然法』においてはつぎのようにいわれる。「促し」は「伝達〔Mitteilung〕」と不可分のものである。他我が自我の自由な自己活動を促すことは、自我の自己活動の「概念（目的概念）」を自我に「伝達する」ことを含む。他我の促しは「根源的な働きかけ」（NR.74：⑥九七頁）であり、個我と他我とのあいだには、「根源的で必然的な相互作用」（NR.85：⑥一一〇頁）がある。ところで、自我と他我とのこのような「根源的関係」は社会と共同体に根差すものである。しかし、社会と共同体は経験的、独断的に前提されるのではない。フィヒテは自我の原理から出発して、社会と共同体の超越論的基礎づけを試みたといえる。

他人とのコミュニケーションの問題は一九六〇年代以降哲学界においてクローズアップされたが、フィヒテはすでにこの問題を視野に収めていた。また現代哲学においてはコミュニケーションが言語を媒介とすることが重視されるようになったが、フィヒテはコミュニケーションにおける言語の役割に注目しており、この点でも先駆的である。『自然法』に先立つ一七九五年の『言語能力と言語の起源について』においては、自我が他我のなかに自分の理性性を見出そうとする自我の衝動から言語が生じるといわれる。「自分の外部に、理性に適ったものを見出そうという、人間本性に根ざした衝動のなかに、言語を実現するという特殊的な衝動がある」（SW.VIII.309：⑤一〇八頁）。人間は自分の思想（目的）を他人に「伝達する〔mitteilen〕」ために「任意の記号」すなわち言語を発明するに至った（SW.VIII.308：⑤一三七頁）。『論理学・形而上学講義』においては、言語が他我による自我の活動の促しの媒体として位置づけられる。「理性が展開されるのは、ある理性的存在者の働きかけによる自由な活動への促しという誘発に基づいてである」（GA.IV-1.307：⑧一九五頁）。この働きかけは認識の伝達を伴う。「認識は記号をつうじてのみ伝達される」（GA.IV-1.293：⑧一八四頁）。ただし、この記号は「任意の記号」ではなく、「一定の規則」に従った「記号の体系」である（GA.IV-1.196：⑧一八九頁）[10]。

四・二　コミュニケーションと身体

近代思想においては、身体はその作用によって他人の自由な行為を妨害する可能性をもつとして、消極的に理解されがちであったが、現代思想においては人間関係における身体の積極的な役割が注目されるようになった。フィヒテの見解はこの点でも先駆的である。彼は、他我による自我の活動の「促し」が自他の身体を媒介にして行なわれることに留意する。

フィヒテはまず、感性界における自我（理性的存在者）の自由な活動にとって身体が不可欠であることを明らかにする。彼は『学者の使命』における設問（BdG.302：㉒一七頁以下）を踏まえて（Ⅱ-一・三）、『自然法』においては、「理性的存在者は自分に物質的な身体（肉体）〔Leib〕を帰し、このことによってこの身体を規定しなければ、現実活動を行なう個人として自分を定立することはできない」（NR.56：⑥八二頁）という原則を「第四定理」として掲げる。この定理はつぎのように説明される。自我の活動が持続的となるためには、物体的世界（感性界）のなかでその「産物を持続的なものとして定立しなければならない」が（NR.58：⑥七九頁）、このような産物を生み出すことができるのは、物体的世界に対して物質的に働きかける身体の活動である。われわれは「物体〔Körper〕」を定立し、「この物体のなかにわれわれを直接にわれわれの意志による原因として定立するが、この物体こそわれわれの身体〔Leib〕と呼ばれるものである」（NR.61：⑥八二頁）。

ところで、身体は自我の外界に対する働きかけとの関連においてだけでなく、他我に対する関係においても作用する。自我の身体は他我の身体の作用の影響にさらされる。「人格は自分に身体を帰属させることができるためには、その身体を自分の外部の人格の影響を受けるものとして定立しなければならない」ということが「第五定理」とされる（Ebd.）。他我による自我への身体的作用は一面では自我の自由な活動の実現を阻害し、否定的なものとなりうる。しかし、他面では他我による自我の自由な活動の「促し」、自我への「目的概念の伝達」という積極的な働きかけも身体を媒介にする。[11]

フィヒテが自我の能動性を強調し、自然を従属的位置においたことは彼の哲学の問題点として指摘される。しかし、その彼が身体の問題を正面から論じていることは注目に値する。[12] 身体の問題は伝統的にはデカルト以来心身問題として扱われてきたが、多くのばあいに、身体は外部の自然に対して受動的なものと見なされ、また、身体は実践的には個人的なものと見なされた。この傾向は自然主義（実在論、唯物論）においても観念論においても共通の欠陥であった。これに対して、フィヒテは自我が身体を媒介にして、外界に働きかけ、また他我とも関係することを明らかにした。[13] 彼は身体についての経験論的理解も独断的理解をも批判し、これらに自分の超越論的理解を対置する。[14]

すでに言及したように（Ⅱ・二・二）、理性的存在者にとって感性界はその活動の素材であり、理性的存在者は感性界をこのようなものとして定立する（NR.23：⑥三六頁）。このような考察はさらに理性的存在者のあいだの相互関係において捉えられ、感性界は、さまざまな理性的存在者が身体を媒介にして結合する場であると説明される。「身体のさらなる規定と、これによって媒介された感性界の概念は自由な存在者のあいだの必然的な共同から推理されている」（NR.23：⑥三六頁／Vgl. NR.73：⑥九六頁）。身体を媒介にして感性界は共同的世界として相互主観的に根拠づけられ、定立されるといえる（NR.72f.：⑥九五頁）。このような見解は知識学の自我論に新たな内容をもたらす。[15]

四・三　フィヒテの他者論の先駆性

他者や共同体を自我の原理から「演繹する」というフィヒテの試みはいかにも「自我（自己）中心的に〔egoistisch〕」あるいは「独我的に〔soliptisch〕」見える。フィヒテ自身も「ヤコービ宛書簡（一七九七年八月三〇日」において、自分の見解が「有害な実践的な自己中心主義〔Egoisimus〕」であると誤って称されていると述べ（GA.III2.392）、また、同年の『知識学第二序論』においても、自分の体系が「自己中心主義」であると批判されていると述べている（ZEWL.517：⑦四七〇頁）。[16] フィヒテによれば、このような批判は純粋自我（自我性）と個我（人格）との混同に基づく。純粋自我は、個我と他我とに区別される以前の段階の、あるいは自我と他我と関係を度外視した段階の普遍的なものである。純粋自我は個我と他我との区別を潜在的に含むとも解釈できる。[17] イエナ期後半の『新方法による知識学』においては、理性一般（純粋自我）からの個人性（個我）の発生が説明される（Ⅳ‐五・三）。

フィヒテは個人を共同的存在として把握した点で（Ⅱ‐三・一）、近代における先駆者である。[18] 彼は他者と社会を経験的、独断的に前提するのではなく、自我の原理に基づいてこれを超越論的に、批判的に把握しようとした。フィヒテによれば、個人は単独では自由な活動を行なうことができず、他の個人との関係においてのみこのことを行なうことができる。しかし、フィヒテの自我論は独我論であるという理解は彼の死後も長いあいだ克服されなかった。[19] この種の理解が克服されたのは一九八〇年代以降である。[20]

フィヒテの他者論の先駆性は、現代の他者論と比較しても、失われていないといえる。リップスは対象への「感情移入」によって他者の観念が生じると説明し（『心理学原理』、一九〇九年）、フッサールもこれを継承した（『相互主観性の現象学』、一九〇五～三五年）。それは、自我が自分を外部の対象に一方的に「投射する」ことによって、他者が生じると見なすものであり、[21] なお自我中心主義の立場に囚われている。他者の問題はこれとは別に、一九二〇～三〇年代にブーバー（『我と汝』、一九二九年）、レーヴィット（『共同存在の役割における個人』、一九二八年）、ヤスパース（『哲学』、一九三二年）、マルセル（『所有と存在』、一九三五年）、レヴィナス（『全体性と無限』、一九六五年）らによって重視された。[22] しかし、彼らにあっても他者の存在がすでに前提されたうえで、個人とのその関係が論じられている。

四・四　個人主義か集団主義か

フィヒテは自我の原理から出発して、個人と他人の関係を説明し、さらにそこから共同体の考察へ移っていく。フィヒテはこのような考察をつうじて、一方で、個人が根本的に共同的存在であること、他方で共同体が個人の自発性、能動性に基づくことを明らかにしようとした。

近代主流の見解においては原子論的な存在としての諸個人の相互結合（社会契約による）として共同体が説明される

が、この結合は部分的で外的なものにすぎない。カントにおいては理性的存在者としての諸個人の相互結合として共同体が説明されるが、この結合は形式的なものにすぎない。これらに対して、ヘーゲルは個人を有機的共同体の一員と捉え、全体優位の立場をとる。彼によれば、共同体にとって個人の自発性が不可欠であるが、それはけっきょく従属的要素にすぎない。フィヒテは中・後期においては共同体に対する個人の能動的活動について語らなくなるが、共同体が個人の活動からまったく独立したものと見なすのではない。フィヒテは初期にも後期にも、一方で有機体的国家論を採用しながら、他方で契約論を採用している。個人主義と集団主義とのいずれにも偏向しないフィヒテの見解は現代人にとっても示唆を与えてくれる。

個人と共同体との関係については第二次世界大戦後に社会学において新しい議論が生じた[23]。ドイツにおいて一九七〇年代にハバーマスの相互行為論とルーマンの社会システム論とのあいだで議論が生じた[24]。ルーマンによれば、社会システムは有機体的なものであり、個人の自発性を吸収しながら、自分を再生産する（オート・ポイエシス）。この見解はヘーゲルのものと親和的である。ハバーマスはコミュニケーション倫理によってカントの道徳論を修正しようとしたが、一方で他者の存在をあらかじめ前提したうえで、合意による社会の形成を目指す。

アメリカにおいては一九八〇年代にリベラル（自由主義者）あるいはリバタリアン（自由至上主義者）とコミュタリアン（共同体主義者）との論争が激化したが、ここでの対立も原子論と全体論との対立の変形である。リベラル（ロールズら）は近代の古典的な自由主義を継承し、契約論（合意論）の枠組みを維持する。リバタリアンはとくに市場経済における自由競争をつうじた予定調和を前提にして、個人の自由な活動によって社会全体が活性化されると主張した（ハイエクら）。コミュタリアンはこれらの見解を原子論的であると批判し、コミュニティの伝統的価値観の共有することに基づいて個人の自己同一性が確証されると主張した（サンデルら）[25]。しかし、これらの論争においてはそれぞれの側の立場が誇張され、多くのすれ違いが生じ、まだ決着がつけられたとはいえない。

第Ⅲ章　人民主権の可能性――初期フィヒテの社会哲学

第一節　社会哲学の出発

一・一　実践的関心の理論化

フィヒテは実践的、現実的問題への強い関心に基づいて、哲学的思索を開始した。このような関心の発端は『眠れぬ夜の断想』（一七八八年七月）に示される。そこでは、「政治機構や道徳の堕落」、「圧政」（下層人民、農民階層に対する弾圧）に対する批判が表明されている（GA.III-1.104：②四頁）[1]。そのあとフィヒテは一七九〇年にカント哲学の哲学研究を集中的に行ない、この成果がのちのフィヒテの哲学的考察の下地となった[2]。フィヒテは一七九一年にカントに面会し、一七九二年の春にカントの道徳哲学に基づいて『あらゆる啓示の批判の試み』をカントの援助によって出版し、これが彼の処女作となった[3]。これに続いて刊行されたのが一七九三年の『思想の自由』と『フランス革命』である。

フィヒテは一七九二年のなかごろにはラインホルトから刺激を受け、一七九三年にはシュルツェの研究を行ない、哲学体系についての検討を開始する。しかし、知識学についての考察が本格化するのは一七九三年秋以降であり、一七九四年春にかけて知識学の構想が準備され[4]、これを基礎に、赴任したイエナ大学において同年六月から知識学の講義を開始する（『全知識学』の出版は同年九月）。このように一七九二～九三年には、知識学の研究と社会哲学的研究とが平行して進められたが、先行したのは後者である。

フィヒテの実践的、社会的関心はとくにフランス革命によって刺激された。フランス革命は一七八九年に勃発したが、一七九三年には恐怖政治が生じた。政治改革が遅れたドイツにおいては、革命への共鳴者に対する弾圧が強まったが、このようなななかでフィヒテはフランス革命の理念を受け止め、ルソーの自由論、カントの自由論を摂取しながら、ドイツの政治改革の方向を模索する。フィヒテのこのような態度は彼の社会哲学に影響を与えただけではなく、彼の知識学にも刺激を与えた。彼は一七九五年の手紙でフランス革命と知識学との関係についてつぎのように述べている。知識学は「自由の体系」であるが、これは「フランス国民（人民）の助けなしには」、生まれえなかった。「彼らの価値［尊厳と権利］こそが私をいっそう高め、私の体系をまとめるのに必要なエネルギーを私のなかに展開した」。「この革命について［『フランス革命』において］書くことによって、いわばその報酬としてこの体系の最初の合図と予感が与えられた」[5]。

一・二　カント思想の受容と政治論

『思想の自由』（正式名称は『これまで思想の自由を抑圧してきたヨーロッパ諸君主に対する思想の自由の返還要求』）と『フランス革命』（正式名称は『フランス革命についての公衆の判断を正すための寄稿』）は一七九三年前半に匿名で出版された[6]。両著はフランス革命の進行中に執筆された。この時期（一七八二年秋〜一七八三年はじめ）にはフランスでジャコバンの独裁が開始され、反革命勢力の大量殺害、ルイ一六世の処刑が行なわれていた。このような混乱にもかかわらず、フィヒテはフランス革命の人類的意義を明らかにし、これを理論的に基礎づけ直そうとする。そのさいに彼はカント道徳哲学に依拠し、その原理を自分の自我論に引き寄せようとする。

フィヒテによれば、フランス革命は「ルソーの夢」（FR.72：②一〇頁）を実現しようとしたが、カントはルソーによって刺激され、「一つの仕事を完成した」。それは「人間の権利と人間の義務」を根本的に示すことによって、「もう一つのはるかに重要な革命」をもたらした（FR.41：②七七頁）。フィヒテはさらにルソーとカントをも超えて「人間の考え方の全面的な新しい創造」（FR.72：②一一〇頁）をもたらそうとする。この新しい考え方は一年後に『全知識学』において表明されることになる。

フィヒテはカントの道徳的自律＝自己立法論をつぎのように捉え直す。人間にとって重要なことは、「外部からの強制を受けずに」、「自分自身における法則の尺度に従って」、自由に行為することであるが、自分自身に対してこのような行為を命じるのは「良心」である（DF.11：②四一頁）。良心は、「道徳法則」に従った「自由な行為」に対して「命令」を与える（FR.59f.：②九六頁）。このように道徳における良心の役割を強調することはその後のフィヒテにも継承される。[7]

一・三　法の道徳的根拠づけの試み

フィヒテはカントの道徳哲学に基づいて法と国家を根拠づけようとするが、法と国家は道徳法則（およびそれに基づく定言命法）から直接には説明できないと見なす。そこでフィヒテが注目するのが道徳法則による「許容〔Erlaubnis〕」である。道徳法則は行為を定言的に命じるが、それが禁止しないことを「許容」する。法において問題なのは、道徳法則が許容することを行なう（あるいは行なわない）権利である（DF.12：②四一頁以下／FR.60：②九七頁／FR.81：②一二二頁）。このような権利の行使は「選択意思〔Willkür〕」に委ねられる。「市民的立法の範囲は実践理性が選択意思に委ねた範囲のみである」（FR.83：②一二四頁）。のちに『自然法』においては、法が許容法則に基づくことがより明確にされる（Ⅲ‐二・三）。

『思想の自由』においては権利についてつぎのようにいわれる。権利の譲渡は契約によって行なわれるが（DF.13：②四三頁）、人間の権利のなかには、契約によって他人に譲渡できるものと、譲渡できないものとがある。前者は外的な行為に対する権利であるのに対して、後者は「内的な心的態度」に対する権利である。後者の権利を譲渡することは道徳的に許容されず、禁止される（DF.12：②四二頁）。

『フランス革命』において道徳と法・国家の関係について、①良心(道徳)の領域(円圏)、②自然法の領域、③契約一般の領域、さらに、④市民契約の領域が同心円的に配置される(FR.132f.:②一七八頁以下)。①の領域が最も広く、②を含み、また②は③を含み、さらに③は④を含む。これら四つの諸領域は同時に、①を底辺とする諸階層をなし、全体として円錐状の立体構造が構想されているといえる。

①良心の領域においては個人は内面的なあり方をしており、他の個人から孤立している(FR.131:②一七七頁)。②国家や法律が存在しない社会(「第一の社会」)においては個人は「自然法」に従って、他の個人と共存する。自然法は各人の権利と義務の尊重を命令する点で、道徳法則という性格をもつ。「自然状態」はこのような社会に相当する(FR.130:②一七六頁/FR.131:②一七八頁)。ここでの「自然状態」は、ホッブズがいうような「万人の万人に対する戦争」の状態ではない(FR.129:②一七五頁)[8]。また、市民契約(国家)は自然状態(自然法)を廃棄するのではなく、その根底には自然状態が存続する(FR.131:②一七七頁)。③道徳法則によって命令あるいは禁止されずに、許容されることを個人は選択意思に従って行なうことができる。このことにかんして他の個人とのあいで「契約一般」が結ばれる。この領域は「第二の社会」とも呼ばれる(FR.130f.:②一七七頁)。④市民社会、すなわち国家は特別な契約としての「市民契約」に基づいて設立される。この契約は「社会契約」とも呼ばれる(FR.132:②一七八頁)。

一・四　革命の原理と方法の吟味

フランス革命の混乱のなかでフィヒテは、革命に対する民衆の偏見や恐怖心を克服し、革命の意義を明らかにしようとする。彼はフランス革命を「人類の大胆な企て」(DF.5:②三四頁)、「人類にとっての重大事」、「人間の権利と人間の価値〔尊厳〕の偉大なテキスト(織物)の豊かな絵画」(FR.39:②七五頁)であると評価する。

フィヒテはフランス革命の意義を明らかにするとともに、改革を混乱なく進めようとする。彼は、「暴力的な飛躍」によらず、「徐々の緩やかな、だが着実な進歩」によって(DF.5:②三四頁)、国家体制の「合法的で全面的な革命」をめざす（FR.154：二〇二頁）。彼はそのために革命の「正当性」（原理）についての議論（「人民が国家体制を変革する権利をもつかどうか」の問題）と革命の「賢明さ」（方法）についての議論（与えられた条件のもとで「目的のための手段が適切かどうか」の問題）とを区別する（FR.48：②八四頁）。フィヒテによれば、フランス革命は「暴力革命」（DF.5：三四頁）という形態をとり、「恐ろしい見せ物」（DF.6：②三五頁）を示したが、この革命の意義自体はこのことから独立に理解されなければならない。

フィヒテによれば、国家の変革は人間自身の変革と結合することによって、実現される。「国家結合の唯一の究極目的」は「自由のための陶冶」にある（FR.101：②一四三頁）。このような見解は「革命の賢明さ」（FR.101：②一四三頁）の理解にも関係する。人々が自由な国家の担い手となるためには、感性を抑制し、「純粋自我」へ陶冶されなければならない（FR.88：②一二九頁）。ここでの「純粋自我」（FR.117：②一六二頁／FR.171：②二一九頁）への言及は知識学における自我論の萌芽を示している。それはまた、ルソーの思想をカントの思想と結合し、さらにフィヒテ独自の思想へ高めようとするものといえる。ここには知識学と実践哲学との結合の方向性が見られる。

フィヒテが重視するのは、国家において個人が陶冶されることである。「自由のための陶冶〔Bildung〕」は統治よりも高次のものであって、人間にとっての「究極目的」である（FR.89：②一三〇頁）。国家はむしろ人間の「自由のための陶冶」の「手段」である。人民は国家によって十分に陶冶されるならば、「このような国家体制という機械において歯車は一つずつ静止し、除去されるであろう」。「いつか究極目的が達成されるならば、いかなる国家体制もはや必要でなくなるであろう」（FR.102:②一四四頁）。国家はロウソクのように、「照らす分だけ、自分の身を細らせ、夜が明ければ、消えてゆく」（Ebd.）。国家の形成と変革は、その担い手としての人民の形成と陶冶と不可分であるという理解はのちのフィヒテにおいても一貫して保持される。

『思想の自由』においては自由の社会的実現にさいして「思想（思考）の自由〔Denkfreiheit〕」の意義が強調される。それは、自立的に思考する自由（狭義の思考の自由）と、その結果としての思想を他人に表明し、伝達する自由（言論の自由）とを含む（DF.15：②四五頁）[9]。思想の自由は良心の自由（DF.11f.：②四一頁）、意志の自由（DF.14：②四四頁）と結合している。思想の自由はさまざまな自由のなかで中核的なものであり、けっして譲渡できないものである（DF.6：②三五頁／DF.13f.：②四二頁）。このような主張の基礎には、人間の精神の展開は個人によって単独で遂行されるのではなく、諸個人のあいだの相互の「伝達」と「授受」をつうじてもたらされるという基本的理解がある（DF.16：②四七頁）。

思想の自由によって人びとは「価値〔尊厳〕や権利」（DF.7：②三六頁）を自覚するようになる。したがって、国家の合法的変革のためにも思想の自由が必要である。この自由がなければ、人々は抑圧され、悲惨な状態にとどまるか、あるいはそれへの対抗として、暴力革命に走り、「別のさらに大きな悲惨さ」を招くことになる（DF.5：②三四頁）。けっきょく「思想の自由」のみが「国家の福祉を基礎づけ、確固としたものとすることができる」（DF.28：②六一頁）。思想の自由の意義は、フィヒテがイエナ期から後期まで繰り返される「学者の使命」についての講義（一七九四年、一八〇六年、一八一一年）において一貫して確認される。

一・五　社会契約論の継承

フィヒテは、個人の他の個人とのあいだの「社会契約」に基づいて国家が設立されると主張する。『思想の自由』においてはつぎのようにいわれる。「市民社会は、一人の成員に対するすべての成員の契約、あるいはすべての成員に対する一人の成員の契約に基づく」（DF.13：②四三頁）。「執行権」は「若干の成員あるいは一人の成員に委譲されるが、委譲されるのが一人の成員であるばあいは、この者は君主と呼ばれる」（DF.13：②四三頁）。『フランス革命』においてはつぎのようにいわれる。「ある市民社会が適法的な仕方で〔rechtsmäßigerweise〕根拠づけられるのは、その成員のあいだの契約に基づくことによってである」（FR.81：②一二一頁）。「私は万人と一体になったときにはじめて」、「道徳的人格が生じる。したがって、万人の意志によってはじめて国家の意志が生じる」（FR.135：②一八一頁）。フィヒテは「万人の意志」を「共同意志（共通意志）〔der gemeinsame Wille〕」とも呼ぶ（FR.109：②一五三頁）。彼はルソーの「一般意志」に言及しているので（FR.82：②一二四頁）、これを踏まえて「共同意志」を主張していると思われるが、このことについての具体的説明はない。

『フランス革命』においてフィヒテが強調するのは、社会契約は、それが変更できないことをあらかじめ含むべきではないこと、したがって、社会契約に基づいて設立された国家は社会契約の変更によって変更できることである（FR.103：②一四五頁）。このような見解は、「国家には、廃止できないような基本法はなにもなく、社会契約でさえそうである」（CS.Ⅲ.18：一四二頁）というルソーの見解を念頭においたものであろう。

フィヒテは主な統治形態として君主制を想定するが、人民が社会契約によって統治権を委任した君主がこの契約に違反するばあいには、この契約を廃棄し、新たな契約によって別な人物に統治を委任することができると主張する。「いかなる国家体制も変更できないものではない。すべての国家結合の必然的な最終目的に反する悪しき国家は変更されなければならない」（FR.103：②一四五頁）。このようにして、フィヒテは、「国家を変革する人民の権利」、「革命の適法性〔Rechtsmäßigkeit〕」（FR.105：②一四八頁）を擁護する。ただし、国家の変革を暴力革命によってではなく、陶冶の進展に伴って徐々に行なう（FR.111：②一五四頁）ことをフィヒテは目指す。

フィヒテは人民の自己立法を強調する。「実定法がわれわれにとって拘束力をもつのは、われわれ自身が自分にそれを課すことによってのみである」（FR.82：②一二四頁）。「自分が自分で立法した法律（法則）以外のいかなる法律をも認めないという権利こそが、ルソーのあの〈分割することも譲渡することもできない主権〉の根拠である」（FR.84：②一二五頁）。このような見解はルソーの人民主権論を継承しており、またカントの道徳的自己立法＝自律論とも結合する。

第二節　法と国家の根拠づけ――『自然法』の思想

二・一　『自然法』の射程

『自然法』（『知識学の諸原理に従った自然法の基礎』第一部、一七九六年、第二部、一七九七年）においてフィヒテは詳細な社会論（法論、政治論、経済論）を展開している。この著作の理論的枠組は中期の『閉鎖商業国家』（一八〇〇年）においても後期の著作（一八一二年の『法論』）においても維持される。初期の国家論と中・後期の国家論とのあいだには国家と個人との関係の理解にかんして一定の転換があるが、『自然法』における基本的諸概念（社会契約による国家の設立、監督官制、人民による国家変革の権利など）はそのあとも（少なくとも形式的には）維持される（Ⅷ・一・二）。

フィヒテは一七九五～九六年の冬学期に自然法と国家法にかんする講義を行ない、その内容をまとめ、『自然法』（第一部、一七九六年五月）として出版した。カントとの関係で注目すべきことは、『自然法』がカントの『法論』（『道徳形而上学』第一部、一七九七年一月）の前に出版されたことである。カントは法論の講義を長年行なっていたが、『法論』の刊行は遅れた。フィヒテは、カントの『永遠平和論』（一七九五年九月刊行）において部分的に示された法論・国家論の基本に注目したが、それに先行して『自然法』の諸原理を確立していた。彼は、『自然法』に先立つ『カント「永遠平和論」論評』（一七九六年一月）においてこの点についてつぎのようにいう。「評者は自然法についての研究を行なったさいに、今日ではよく知られているカントの諸原理［『永遠平和論』における］からは独立した原理から出発してカントの結論へ……到達し、しかもその証明を見出し、しかもこの結論を、本書の入手のまえに講義［一七九五～九六年］で公にした」（RzEF.429f.：⑥四六二頁／Vgl. NR.12f.：⑥六二頁以下）。

フィヒテはカントの実践哲学を法論、政治論に独自の仕方で適用しようと試みる。カントの『法論』もフィヒテの『自然法』もルソーの強い影響を受けており、両著のあいだには共通点も多いが、『自然法』は基本的にはカントの『法論』から独立に成立し、独自性をもつ（Ⅸ・一・二、参照）[10]。

二・二　法と道徳との区別

『自然法』においては、「知識学の諸原理に従って」、すなわち実践的自我の諸原理の適用として、法と国家が説明される。法は感性界における個我（理性的存在者）の相互承認の関係に基づく（Ⅲ‐三・二）。個我はその身体的活動によって他我の自由な活動を妨害する可能性をもつので、相互の共存のためには自分の自由を制限しなければならないが、このような条件が法であるといわれる（NR.52f.：⑥七一頁以下）。

フィヒテは法を道徳から独立のものと見なす。法を根拠づける実践的自我は広い意味では道徳的性格をもつが、法は狭義の道徳によって根拠づけられない。フィヒテによれば、「法論を道徳法則から導出しようとする」ことは誤りである（NR.10：⑥二〇頁）[11]。「法概念」は「道徳法則にはまったく関係せず、道徳法則なしに演繹される」（NR.54：⑥七五頁）。自我の原理からの法の演繹は「思考法則」（あるいは「理論的整合性」）に従って行なわれるのであり、道徳法則（その定言命法）から独立に行なわれる。〈各人の自由を他者の自由によって制限する〉という命題（規則）は各人にとっての「任意の要請」であり、他者との共存を意欲する人間にのみ「仮言的に」妥当する（NR.89：⑥一一四頁／NR.94：⑥一二一頁）。この命題は道徳的に実践的なものではなく、「技術的に実践的な」ものにすぎない（NR.10：⑥一九頁）[12]。『フランス革命』においても、法法則は道徳法則（定言命法）からは導出できないと主張されていた（Ⅲ‐一・三）。

『自然法』においては法と道徳との関係がつぎのようにも説明される。法法則は「許容法則」に属す（NR.13：⑥二三頁）。道徳法則は、それに従うことを無制約的に（定言的に）命令するが、法法則は命令するのではなく、許容するにすぎない。このような主張においてはカントの『永遠平和論』における許容法則への言及が念頭におかれている（NR.13：⑥二三頁）。すでに『思想の自由』と『フランス革命』においても法・権利は許容法則に基づくと見なされていた（Ⅲ‐一・三）。また『「永遠平和論」論評』においても、カントが許容法則に言及したことが指摘され、道徳法則とその定言命法は自然法の根拠にはならないと述べられていた（RzEF. 四二九：⑥四六一頁）[13]。

フィヒテによれば、法はつぎのような特徴をもつ。第一に、自然（土地や動物など）に対する関係はまだ法的なものではない。自然に対する権利そのものは存在せず、それは他者との関係においてのみ成立する（NR.55：⑥七四頁）。第二に、法は道徳とは異なって、内的行為には関係しない。法においては善意志や良心は問題にならない（Ebd.）。第三に、法は、実際に相互作用におかれた理性的存在者のあいだでのみ成立するのであり、相互にまったく隔てられた人間のあいだ（例えば死者と生者のあいだ）では成立しない（NR.56：⑥七五頁）。

二・三　根源権利の根拠づけ

近代の主流の社会思想と同様に、フィヒテは権利の基本を身体に対する権利と所有に対する権利とに見出すが、自我論に基づいて、このことについて独自の説明を行なう。まず、個別的自我（人格）は身体を用いて感性界に働きかけ、これを変化させるのであり、感性界における第一原因となる。このことに対する権利は「根源権利〔Urrecht〕」と呼ばれる。「根源権利は、感性界においてもっぱら原因であるという人格の絶対的権利である」（NR.113：⑥一四一頁）。根源権利から、感性界に対する人間の活動を媒介する身体を保全する権利（「身体の絶対的自由と不可侵性への権利」）が生じる。つぎに、事物の所有に対する権利（「われわれの自由な影響を感性界全体において持続させる権利」）も根源権利から生じる（NR.123：⑥一五三頁）。「感性界において、私に知られ、私の目的に従属する部分は根源的に私の所有である」（NR.116：⑥一四五頁）。

フィヒテによれば、事物に対する人格の権利は事物に対する人格の関係から直接的に生じるのではなく、他の人格との関係においてのみ生じる。「権利について語ることができるのは、つぎの条件のもとでのみである。それはすなわち、ある人格が……他の個人と関係づけられること、当人と他の個人とのあいだに、たとえ他のとのあいだに現実の社交が定立されていなくても、可能な社交が想像できるという条件である」（NR.111：⑥一三九頁）。ここでは相互承認論に基づいて、権利が説明されるが、このような説明は、他の人格との関係に先立って人格は事物を所有できるというロックの見解とは異なる（TG.§27：三二頁／TG.§28：三三頁）。

ところで、人格は身体を用いた外的行為によって他人の外的行為を妨害する可能性をもっている。各人は、その権利を他人が侵害するばあいには、自分でこれを裁き、自分の権利を侵害しないよう強制しようとする（NR.99f.：⑥一二六頁以下）。各人はこのような「強制権」をもっているが、各人が強制権を任意に行使することは適切ではなく、強制権は第三者に委ねられなければならない（NR.101：⑥一二八頁）。具体的には諸個人は「確定された不変な意志」（NR.103：⑥一三一頁）、「共同意志」（NR.106：⑥一三五頁／NR.150：⑥一八三頁）に基づき、それぞれの力と権利判断を第三者に委譲する（NR101：⑥一二九頁）。このことは現実的には、つぎに見るように、公共体（国家）の設立によって行なわれる。

第三節　社会契約論の展開

三・一　社会契約と共同意志

近代主流の社会思想家と同様にフィヒテも、国家は個人相互の契約に基づいて設立されると見なす。彼は国家を広義の国家としての「公共体（共同体）〔das gemeine Wesen, der Gemeine〕」の段階と、執行権を行使する狭義の国家の段階とに区別する。まず、公共体は「万人の合致した意志」（NR.151：⑥一八四頁）、すなわち「共同（共通）意志〔der gemeinsame Wille〕」（NR.107：⑥一三五頁）、「万人の恒常的、恒存的な意志」（NR.153：⑥一八六頁）に基づいて設立される。フィヒテはルソーにおける「一般意志〔volonté générale〕」と「集合意志（全員の意志）〔volonté du tous〕」との区別に言及し、共同意志を一般意志に対応させている（NR.107：⑥一三五頁）。公共体を設立する共同意志はとくに「根源的共同意志」（NR.170：⑥二〇四頁／NR.174：⑥二百九頁／NR.184：⑥二二〇頁）と呼ばれる。各人は自分の私的意志を共同意志に合致させなければならない。「諸個人の意志がただ一つの概念に総合的に一体化されるときには、彼の意志は公共体の意志と融合して、一つの意志となるが、同様に個々が公共体の力と一つに融合する」（NR.108：⑥一三六頁）。したがって、「国家法論の課題」、「全法哲学」の課題は、「共同意志であること以外には端的に不可能な一つの意志を見出す」ことにある（NR.151：⑥一八四頁）。

フィヒテによれば、公共体は共同意志に基づくが、個人の意志は共同意志と一体なのであるから、個人が共同意志に服従することは、個人が自分自身に服従することを意味する。「私が私によって吟味され、承認された法律に服従するばあいには、私は私の変わりやすい恣意に服従するのでなく、私自身の不変な意志に服従する」。「私は服従しているが、つねに私の意志にのみ服従し続ける」（NR.104：⑥一三一頁）。個人は公共体を設立する（あるいはこれに加入する）ことによって自分の私的意志を共同意志に従属させ、その自由を放棄するが、このことをつうじて真の自由をえる。「このような結合体〔Verbindung〕に参加する者はたとえその自由を放棄するとしても、自分の意志を放棄することによって、自由を維持する」（NR.109：⑥一三八頁）。このような見解はルソーのものに近い（Ⅸ-二・二-（2）、（4）、参照）。

公共体（広義の国家）を設立する市民契約はとくに「根源的契約」（NR.184：⑥二二〇頁）、「国家契約」（NR.178：⑥二一四頁／NR.201：⑥二三九頁）と呼ばれる。個人は国家によってその権利を保障されるために、他の個人との契約によって国家を設立する。「全体はこのように個人と個人との契約をつうじて成立する。また、すべての個人が全体としてのすべての個人と契約することをつうじて全体は完成される」（NR.204：⑥二四二頁）。このことは、同時に、個人が国家という全体と契約すること（垂直的契約）を意味する。「公民的契約は、国家……という真の全体と各個人とが結ぶものである」（NR.207：⑥二四五頁）。このような契約は「服従契約〔Unterwerfungsvertrag〕」と呼ばれる（NR.206f.：⑥二四四頁以下）。このような見解は、服従契約を否定するルソーの見解とは一致しない（Ⅸ-四・一-（2）、（4））。

三・二　社会契約論と国家有機体論

フィヒテは、ルソーから影響を受けた社会契約論を国家有機体論と独自の仕方で結合する。前者は原子論的、個人主義的であるのに対して、後者は集団主義的、全体論的であるという解釈がしばしば見受けられる。しかし、フィヒテは、個人は国家設立の契約によって国家と有機的に融合しながらも、自分の自由と自立性を喪失せずに、維持するとも主張している。

一方でつぎのようにいわれる。「契約をつうじて個人は、有機的に組織された全体の一部となり、したがってこの全体と一つに融合する」（NR.204：⑥二四二頁）。「有機体においては各部分はつねに全体を維持し、また、全体を維持することによって、自分を維持する。市民も国家にたいして同様に関係する」（NR.209：⑥二四七頁以下）。「それぞれの市民は、全体において自分が指定される地位（身分）においてのみ自分自身を維持するのであるから、各人はこのことによってそれぞれの側で全体を維持する。また、全体はそれぞれの部分を各人のこのような地位を維持することによって……自分自身を維持する」（NR.209：⑥二四八頁）。国家は諸個人の「集合体〔compositum〕」ではなく、「全体〔totum〕」である（NR.203：⑥二四〇頁）。「これまでは、国家全体という概念は諸個人の観念的総括によって作られてきたにすぎない」が、「自然があらゆる有機的諸力の合一」によって「構成される」ように、国家も「万人の意志の合一」に基づいて設立される（NR.208：⑥二四七頁）。ここでは原子論的な見解が退けられるように見える。

しかし、他方でつぎのようにいわれる。「各人は」、「自分と、自分に属すものとを［国家に］全体的に与えるのではない」。「保護する政治体は……個人に所属するものの諸部分から成立する。万人は政治体に包摂されるが、部分的にそうであるにすぎない」（NR.205：⑥二四三頁）。「個人が国家目的に寄与しない部分にかんしては、個人は完全に自由である。この点で個人は……、自分自身にのみ依存するような自由な人格であり続ける」（NR.206：⑥二四四頁）。「個々人は国家政体という全体に編み込まれているのではなく、……自分自身にのみ依存する自由な人格であり続ける。このような自由こそ、国家権力によって個人に保障されるものであり、そのためにのみ個人は［国家と］契約を結んだのである」（NR.206：⑥二四四頁）。ここでは、個人が国家に対して放棄する部分と、自分に保留する部分とが区別される。前者は、「個人が他の市民の占有に対する自然的な［自然状態における］権利請求」の放棄、すなわち、他人の占有を妨害するような部分の放棄を意味する。このような区別は有機体論の立場とは一致しないであろう。

『自然法』において有機体論が採用されるとすれば、『フランス革命』とのあいだに立場の転換が生じないかという問題が生じる。逆に、『自然法』における基本的立場が原子論的であり、有機体論は外見上のものにすぎないとすれば、『自然法』における立場は『フランス革命』における立場と連続することになる。しかし、『フランス革命』と『自然法』とのあいだには連続性と非連続性とがあり、いずれかの一面を強調することは適切ではない。[14] 一方で、『自然法』においては国家有機体説は強い本来の意味のものではなく、個人の自立に基づく契約論と結合しており、このかぎりでは『フランス革命』の見解に接続する。しかし、『自然法』においては、共同意志は個人の私的意志に対する優越性をもっており、このことが中期・後期における国家優先の思想に道を開くものとなっている。とくに国家による経済活動の規制の主張のなかに、個人主義的、自由主義的見解とは異なる見解がすでに表明される（Ⅲ・五・三、参照）。

三・三　立法権と執行権

フィヒテによれば、公共体の担い手は人民であり、公共体が実際に機能するのは「公共体の集会」（NR.178：⑥二一三頁）、すなわち「人民集会〔Volksversammlung〕」（NR.348：⑥四〇八頁）においてである。公共体において「基本法〔Fundamentalgesetz〕」、「法律の法律」としての「憲法〔konstitutionnalles Gesetz〕」が制定される（NR.157：⑥一九一頁）。憲法に基づく政治体は「憲制〔Konstitution〕」である（NR.184：⑥二二〇頁）。憲法は公共体の成員の全員一致、「万人の絶対的一致」（NR.164：⑥一九八頁／Vgl. NR.16：⑥二七頁）によって制定される。

ところで、公共体（人民）は直接に権力を行使することはできず、権力の直接的な執行を「権力の管轄者（管理者）〔Verwalter〕」に委任しなければならない（NR.160：⑥一九四頁）。狭義の国家は、公共体（人民）からの執行権の委任によって設立される。公共体は執行権の委任のまえに機能するのであり、執行権の委任のあとには機能しない（NR.176f.：⑥二一二頁）。執行権の委任は人民（公共体）と権力の管轄者（権力者）とのあいだの「委任契約」（NR.165：⑥一九九頁）に基づく。この契約はのちには「服従契約」（NR.206：⑥二四四頁）となる。具体的には人民集会において権力の管轄者が選出されるが、この選出は多数決に基づく（NR.164：⑥一九八頁／NR.178：⑥二一三頁以下）。

　権力の管轄者は具体的には執行権の管轄者であり、しばしば「執政官〔Magistratsperson〕」（NR.162：⑥一九六頁／NR.172：⑥二〇七頁／NR.175：⑥二一〇頁）、「執行者〔Exector〕」（NR.175：⑥二一〇頁／NR.177：⑥二一二頁）といい替えられる。ここで、権力の管轄者が立法権をもつかどうかが問題となる。フィヒテは立法（立法権）についてあまり語っていないが、これにかんする彼の見解はつぎのように整理できるであろう。まず、公共体（人民集会）は「基本法」としての憲法を制定する点で立法権をもつ。しかし、人民が個別的な諸法律を直接に立法するのではない。これらを立法するのは権力の管轄者である。したがって、執行権の管轄者は立法権の管轄者でもあることになる。憲法にかんしては立法権は「形式的には」公共体（人民）に属すが、個別的な法律にかんしては「実質的には」執行権の管轄者に属す。「法律の形式、その効力が維持されるのは、個人がまさにこれこれの特定の〔個別的な〕法律のためにではなく、この国家との一体化のために法律〔憲法〕を承諾するためにである」。これに対して、「権力の管轄者」は、「理性と国家の状態によってそれ〔法律〕に与えられた実質を与える」。「市民的立法において立法権と執行権とはまったく不可分である」（NR.16：⑥二七頁）。このような見解はロックやルソーには見られず、ホッブズの見解に近い（Ⅸ-三・一、参照）。

　フィヒテは立法権（具体的には個別的立法の権利）と執行権とを分離せず、しかも執行権のなかに裁判権（司法権）を含ませる。彼はとくにカントを念頭において、三権分立をつぎのように批判する。「諸権力の区別〔三権分立〕については多くのことが語られてきた。立法権は執行権から分離されなければならないといわれてきた」（NR.160：⑥一九四頁）。しかし、「立法権と執行権との分離は実行不可能と思われる」（NR.16：⑥二七頁）[15]。

　フィヒテは「代表制〔Repräsentation〕」について語っているが（NR.159：⑥一九三頁／NR.164：⑥一九八頁）、このばあいに「代表者〔Repräsentant〕」は議会の代議士や議員ではなく、人民によって委任される権力の管轄者である。この点についてつぎのようにいわれる。「公共体によって公権力の執行を委任された人物はそれを受諾し、この権力の行使について公共体という法廷に責任をもたなければならない。そうでなければ、彼らは代表者でないであろう」（NR.164：

⑥一九七頁以下)。したがって、フィヒテがいう〈Repräsentation〉(代表制)はロックやカントにおける〈Repräsentation〉(代議制)とは異なる(Ⅸ-三・二)。[16] 公共体(人民)が権力の管轄者を選出し、権力の管轄者が公共体に責任をもつような国制は、その形態の相違(君主制、貴族制、民主制)にかかわらず、すべて「代表制」である。代表者はその人物の点で承認されるか、その氏素姓の点でそうであるかであり、後者の点で世襲の貴族や君主も代表者となりうるといわれる(NR.159f.:⑥一九三頁以下/NR.162f.:⑥一九六頁以下)。

三・四　人民集会と民主制の評価

フィヒテによれば、公共体の設立およびその変更は人民集会で行なわれ、公共体による権力の管轄者への委任およびその解任も人民集会で行なわれる。しかし、両段階において人民のあいだの合意の形態に相違がある。まず、公共体の設立と憲法の制定は全員一致(NR.178:⑥二一四頁)、「絶対的一致」(NR.184:⑥二二〇頁)に基づく。ただし、実際には、各人が国家への所属を表明すれば、他人とのあいだの同意によって国家を設立したと見なされる。[17] 憲法の改定も同様に、人民集会における全員一致によって実現される(Ebd.)。つぎに、公共体による執行権の委任(権力者の選出)およびその解消(権力者の解任)のためには、人民集会における「多数決」(「相対的一致」)があればよい(NR.178:⑥二一四頁/NR.184:⑥二二〇頁)。ただし、施政官の選出と解任の判断は単純であるので、多数決は全員一致(「絶対的一致」)に近づくとされる(NR.179f.:⑥二一五頁以下)。

フィヒテは「統治体制」(NR.163:⑥一九七頁)あるいは「統治形態」(NR.286:⑥三三六頁)を「単独支配制〔Monokratie〕」(あるいは君主制)、貴族制、民主制に区別する。[18] 公共体(人民)は執行権を特定の人物あるいは集団に委任するが、この委任の形態はさまざまであり、それをめぐって統治形態の相違が生じる。終身大統領を選出するばあい(NR.162:⑥一九六頁)、世襲の貴族や君主に委任するばあいもある(NR.163:⑥一九七頁)。つぎのようにさえいわれる。「執行権は終身委託される方が得策であり、それどころかはほとんど必要でさえある」(NR.180f.:⑥二一六頁)。元首を選出せずに、世襲制に委ねることも「推奨に値いする」（NR.288：⑥二三八頁／Vgl. NR.163：⑥一九七頁）。フィヒテは、人民が陶冶されないかぎり、「適法的な（正当な）〔rechtmäßig〕君主制」（NR.162：⑥一九五頁）が適切であると見なす。

フィヒテによれば、「どのような種類の特定の国家がよりよい統治体制であるかは法論の問題ではなく、政策〔Politik〕の問題である」（NR.163：⑥一九七頁／Vgl. NR.287：⑥二三七頁）。単独支配（君主制）も貴族制も適法的でありうる（NR.287：⑥二三六頁）。これに対して、「言葉の真の意味での民主制」すなわち直接民主制においては「公共体が執行権を手中にする」（NR.158：⑥一九一頁）ので、それは「不法な（不当な）〔rechtswidrig〕体制」（NR.158：⑥一九三頁）である（NR.160：⑥一九四頁）。民主制は、「存在しうる体制のなかで最も不安定なものであろう」（NR.158：⑥一九二頁）。ただし、フィヒテは別な個所では「不法な」民主制と「適法的な」民主制とを区別している。前者は代表制を含まないのに対して、後者は代表者に執行権を委任するが（NR.162：⑥一九六頁／Vgl. NR.287：⑥二三七頁）、この体制の具体的あり方への言及はない。

フィヒテは「共和制」についても言及しているが、その性格は必ずしも明確にされてはいない。狭義の共和制は君主制と対比されて、公共体が権力の管轄者を選出する制度を意味すると思われる（NR.287f.：⑥二三六頁以下）。つぎのようにいわれる。「執行権を信託される人格」が一人のばあいは「法と法律に適った〔rechts-und gesetzmäßig〕君主制」であり、それが「憲法において組織された政治体」のばあいは「（狭義の）共和制」である（NR.102：⑥一九五頁）。これに対して、公共体によって国家権力を委任される適法的体制が――君主制（単独支配）、貴族制であろうと――広義の共和制と見なされるばあいもある（NR.163：⑥一九七頁）。直接民主制は共和制であることはできないが、適法的な民主制はそうであることができるであろう。

第四節　監督官制と人民主権

四・一　監督官制の導入

フィヒテはルソーの人民主権論を継承しながら、暴力革命を回避するため、それを独自の仕方で変形する。その中核におかれるのが「監督官制〔Ephorat〕」である。フィヒテによれば、公共体は人民集会において権力の管轄者（統治者）に権力を委任するが、そのあとは人民集会は開催されず、公共体は機能しない（NR.172：⑥二〇六頁）。そのため、権力の管轄者が憲法（共同意志）に反した統治を行なうばあいに、人民がこれにいかに対抗するかが問題になる。フィヒテによれば、「人民がある一定の時期に定期的に集合し、施政官に対して国家の管轄（管理）について釈明させる」ことは小さな国家においては可能であるが、大きな国家においては困難である（NR.170：⑥二〇四頁）。[19] そこで、「監督官〔Ephor〕」が人民に代わって、権力者の施策を監視する（NR.171：⑥二〇六頁）。監督官制の導入は『カント「永遠平和論」論評』においても言及されていた（RzEF.433：⑥四六六頁/Vgl. NR.16：⑥二七頁）。

監督官は執行権から独立し、公権力の執行の「監視と評価」を目的とする（NR.160：⑥一九四頁）。監督官は人民集会において多数決によって選出される（NR.181：⑥二一七頁）。監督官は、権力の管轄者が共同意志に従っているかどうかを吟味し、その施策がこれに反するばあいには、告発する。権力の管轄者の行為と監督官の評価とが対立したばあいに、監督官は人民集会を召集し、いずれが正当であるかの判断を人民に委ねる（NR.174：⑥二〇九頁）。

監督官が必要を認めたばあいにのみ、人民集会が開催され、権力の管轄者への信任の是非が問われる。「権利および法律が効力を完全に停止するよりもまえに、それ〔公共体〕は集合する必要はない」（NR.171f.：⑥二〇五頁）。人民が任意に人民集会を開催し、権力の管轄者の解任を決議することは不法である（NR.182：⑥二一八頁）。また、人民集会の開催期間中は執行権は停止される。これは「国権停止〔Staatsinterdict〕」（NR.172：⑥二〇七頁）と呼ばれる。権力の管轄者が国権停止に抵抗することは不法であり、「反乱〔Rebellion〕」である（Ebd.）。

四・二　監督官制と人民集会

人民集会において監督官は原告となり、権力者は被告となる（NR.175:⑥二一一頁）。人民が監督官を正当と判断すれば、国権停止が追認され、権力の管轄者はその統治を変更しなければならず、それを拒否するばあいには、解任される。「その人民の集会によって執行権は実際上でも法の面でも自分の権力を失う」（NR.182：⑥二一八頁）。このばあいに人民集会の決議によって別の権力の管轄者が選出される（NR.176：⑥二一二頁）。逆に人民が監督官の判断に同意しないばあいには、監督官が解任される（NR.174：⑥二一〇九頁）。このように人民は監督官制をつうじて主権を維持する。

フィヒテは「監督官制〔Ephorat〕」を自分に独自なものとして自負している。「監督官制」は「あらゆる国制のなかで最も本質的な構成要素である」（NR.16：⑥二七頁）。統治形態がいかなるもの（君主制、貴族制、民主制）であっても、「代表制」と監督官制とを含む体制が「理性的で正当な国家体制」である（NR.160:⑥一九四頁）。監督官制はルソーの「護民府〔tribunat〕」によって示唆されたものと思われる（Ⅸ‐三・五、（1）、参照）。ルソーによれば、人民集会の開催期間中は政府の執行権は停止され（CS.III.14：一三〇頁）、政府の施策の是非について審議される。そのさいに「護民官〔tribune〕」が「法と立法権の保持者」として、人民と政府とを仲介する（CS.IV.5：一六八頁）。

権力の管轄者の行為が不法であるという監督官の判断を人民集会が正しいと見なすばあいには、権力の管轄者はその権力を失う。これは事実上の革命である。「人民の蜂起〔Aufstand〕は事柄の本性の点でも形式の面でも実質の面でもつねに正当である」（NR.182：⑥二一八頁）。権力者が人民集会の決議に抵抗することこそ不当である。監督官によって召集された集会において人民が権力者を解任することは「反乱〔Rebellion〕」ではない。反乱は上位の者に対して行なわれるが、執行権の管轄者は人民より上位にあるのではない。「人民はけっして反乱者〔Rebell〕ではない。というのは、人民は実際上も法の上でも最高の権力であるからである」（Ebd.）[20]。

四・三　人民の主権と陶冶

フィヒテは『フランス革命』においてはルソーの見解を継承し、人民は、共同意志に基づいて国家を変革する権利をもつと見なしていたが、『自然法』においては、監督官制を媒介に間接的な形で人民主権を主張する。フィヒテによれば、人民主権がどこまで貫かれるかは「人民の陶冶の水準に依存する」（NR.288：⑥二三七頁）。また、どのような統治形態がふさわしいかも人民の陶冶の程度に依存する。人民が十分に陶冶されているばあいには、民主制が機能するが、人民の陶冶が不完全であるかぎりは、君主制がベターである。「人民が自分たちの元首を選ぶためには、すでに十分に陶冶されていなければならない」。「人民がこの高い陶冶の水準に到達していないかぎりは、執行権は委譲され、元首の確固とした形式［たとえば君主制］が永続的に導入される方がよい」（Ebd.）。フィヒテはすでに『フランス革命』においても、国家にとって、それを担う人民の陶冶が重要であることを指摘していたが（Ⅲ‐一・四）、彼はのちにもこのテーマを追求しつづける（Ⅷ‐二・一、三・一）。

統治形態についてのフィヒテの結論はつぎのようなものである。人民と、人民が執行権を委任する統治者とが十分に陶冶されるならば、人民主権が実現され、監督官制は不要になる。「執行権にきわめてわずかの仕事しかなくなれば、なくなるほど、執行権が不当である可能性を除去される」。「同様に監督官の権力も行使されなくなるであろう」（NR.186：⑥二二二頁）。なお、『フランス革命』においては、人民が十分に陶冶されるならば、強制装置を伴う国家は不要になり、消滅していくといわれたが（Ⅲ‐一・三）、『自然法』においては国家の消滅には言及されない。

第五節　国家と経済

五・一　所有権と国家

すでに見たように（Ⅲ‐二・三）、人格がその活動によって感性界を自分の目的に従わせることのなかに「根源権利」

がある。事物に対する権利、とくに所有権はこのような根源権利からの派生である。「感性界のなかで私に知られ私の目的に従う部分が根源的に私の財産（所有）である」（NR.116：⑥一四五頁）。[21]

一般には「先占〔Occupation〕」が所有の一つの条件である。無主物は、それを先占する者のものとなる（NR.133：⑥一六一頁）。事物が所有物になるためには、労働による「造形（形態付与）〔Formation, Formierung〕」は必ずしも必要でない。「事物の本来的な造形が行なわれなくても、事物がわれわれの目的に従属しさえすれば、それはやはり造形である」（NR.116：⑥一四六頁）。「造形が所有権を基礎づける」という主張は「誤った前提」に基づく（NR.366：⑥四三一頁）。ここでは、所有の根拠を労働に見出すロックの見解が念頭におかれているといえるであろう。[22]

ところで、一方的な占有は確実ではない。占有は他人からの承認によって「所有」になるのであり（NR.129：⑥一六〇頁）、そのためには契約が必要である（NR.135:⑥一六六頁）。この契約を各人が各人と、また万人と結ぶ（NR.195f.：⑥二三二頁以下）。この契約は「所有（財産）契約〔Eigentumsvertrag〕」と呼ばれる（NR.196:⑥二三三頁）。「所有契約」は、他人の所有への攻撃を差し控えるという「消極的な」契約であるが、他人の所有を第三者の攻撃から保護するという「積極的な」契約はこれから区別され、「保護契約〔Schutzvertrag〕」と呼ばれる（NR.197：⑥二三四頁）。所有は最終的には国家によって保障される（NR.128：⑥一五九頁／NR.197：⑥二三四頁／NR.205：⑥二四三頁）。

なお、フィヒテは土地の所有を認めず、その使用権のみを認めているように思われる。彼はつぎのようにいう。「大地（地球）は感性界における人類の共通の支えである」。「大地は……このような占有の可能な対象ではけっしてない。というのは、大地は実体としては、ある人間の可能な排他的関係に服従することができないからである」（NR.217：⑥二五七頁以下）。「実体」としての土地は所有の対象ではない。土地を変様し、利用することは、「実体の偶有性」に関係するにすぎない（NR.218：⑥二五八頁）。土地を耕作し、そこから生産物を収穫することにのみ権利が認められる。「土地や地面の特定の部分への農民の権利は、この部分において生産物を収穫するためにのみ耕作し、他のすべての部分をこの耕作から排除することにある」（Ebd.）。[23]このように土地については使用権のみが認められる。また、労働によって土地を利用して産出した事物のみが所有となると見なされ、このかぎりでは、労働の産物が所有となるというロックの見解が是認される（NR.219：⑥二五九頁）。

五・二　生活権と労働権の保障——福祉国家論の先駆

フィヒテは権利（法）と労働（経済）との関係に注目する。近代の主流の社会思想においては権利はたんに形式的なものと見なされているが、フィヒテは法・権利の基礎に経済を見出すことによって、権利（法）をさらに実質的なものと捉える。法論へ経済論を編入するこのような見解はヘーゲルに先行する先駆的なものである。

フィヒテは「生活（生存、生きること）」への権利を重視する。彼によれば、権利（所有権を含め）の根底には生活がある（NR.212：⑥二五一頁）。ところで、生活は労働によって維持される。「各人は自分の労働によって生活することができなければならない」（NR.212：⑥二五二頁）。したがって、労働が保障されることによって生活も保障される。国家は各人に労働を保障しなければならない。「これらのすべての労働の目的は、生活できるということである。万人と公共体……とは各人にとって、自分の労働によるこの目的の達成のための保証であり、また、それら自体として、この目的のためのすべての手段であるよう拘束される。これらの手段は各人の完全な権利に属し、国家は各人にこの権利を保護しなければならない」（NR.215：⑥二五四頁）。

ところで、各人が労働することは権利であるとともに義務である。〈働からざる者は食うべからず〉という原則に従って、「無為徒食者〔Müßiggänger〕」は容認されない（NR.214：⑥二五四頁）。各人はいずれかの労働部門に属さなければならず、また、そのことを社会に明らかにしなければならない（NR.214：⑥二五四頁）。各人は、国家の監督のもとでいずれかの労働部門に属し、生計を立てる。万人は、「各人が生活するに必要なだけの労働を自分の領域において行なっているかどうかを監督する権利をもっており、この権利を国家に委ねる」（Ebd.）。

自分の労働によって生活することができない人間（困窮者）は国家によって支援されなければならない。権利は労働に基づいているのであるから、自他のあいだの権利の尊重も、労働が可能であることを前提にしている。労働できない人間が法・権利の社会関係から排除されるならば、法制度は正常に機能できなくなる。「自分の労働によって生活することができない」人間が生じるならば、その人間は「他人の所有を承認するよう、法的に拘束されなくなる」（NR.213：⑥二五二頁）。「この人間によって所有がこのように脅かされることがないようにするためには、全員が……その持ち分をこの人間に与え、彼が生きることができるようにしなければならない」（Ebd.）。

このようにして「支援制度〔Unterstützungsanstalt〕」（NR.215：⑥二五五頁）の必要性が生じる。困窮者は、「支援を受ける絶対的強制権をもつ」（NR.213：⑥二五二頁）。国家の設立のさいに「保護契約」が結ばれるが（Ⅲ－五・一）、そのなかには労働と生活の保障としての社会福祉が含まれる。「保護権力が確立されるのと同様に、市民契約において支援制度が直ちにともに見出される」（NR.215：⑥二五五頁／Vgl. NR.201：⑥二三九頁）。ここでの支援は直接には、労働の能力をもつ人間の支援であるが、広い意味では、労働の能力をもたない（あるいはそれを失った）人間（傷病者、老齢者など）の保護や支援をも含むと理解できるであろう。今日の社会において経済的格差の増大によって個人の生活権が侵害され、多数の人間が法・権利の関係から排除されていることを目にするとき、生活権、労働権、および福祉権についてのフィヒテのこの見解は説得力をもつ。

五・三　国家の経済政策――計画経済の素案

個人は社会的労働全体の一環を担うことによって、生活を維持することができる。労働組織に応じた社会的地位は「職業階層〔Klasse〕」あるいは「職業身分〔Stand〕」と呼ばれる。それは封建的な位階制や世襲制に基づくものではない。フィヒテは「職業階層」を生産者階層、職人階層、商人階層に大別し、それらの社会的な編成と調整をめざす。このような構想はヘーゲルに先行する（Ⅹ－三・四）[24]。

第一の階層は農業、畜産、林業、および鉱業に携わるが、重要なのは農民階層である。この階層に属す人びとは生活の原材料を提供し、狭義の「生産者〔Produzent〕」と呼ばれる（NR.231：⑥一七三頁）。第二の階層は手工業に携わり、この階層に属す人びとは「職人（技術者）〔Künstler〕」と呼ばれる。彼らは、生産者によって提供される粗生産物（原材料）を加工する（NR.232：⑥二七四頁）[25]。職人は自分の技能〔Kunst〕と労働に依存するとともに、生産者〔農民〕が提供する原材料にも依存する（NR.234：⑥二七六頁）。フィヒテによれば、農業が工業の基礎にあり、工業よりも優位にある。「生産者は職人の技術製品なしでも、やっていくことができるが、職人は生産者の産物なしには、やっていけない」（NR.235：⑥二七八頁）。生産者と職人とのあいだでは労働産物の交換が行なわれる。生産者は職人に原材料を提供し、職人は生産者に生産の道具を提供する（NR.234：⑥二七六頁）。生産者と職人とのあいだでのこの交換を媒介するのが「商人〔Kaufmann〕」である（NR.235：⑥二七七頁）。このような交換は契約に従う。

フィヒテは市場経済を前提にするが、商品の交換を市場経済のメカニズムに委ねるのではなく、それを契約に基づいて規制しようとする。ここにフィヒテの計画経済論の特徴の一つがある。彼によれば、粗生産物と製品（工業産物）との交換を国家は「規制する〔regulieren〕」べきである。すなわち、国家は、それぞれの労働（あるいは製品）に対しては、職人が制作の期間中に生活していくため必要とするだけの産物が供給されるように、また逆に生産者の産物に対しては、この割合に応じて生産者が必要とする一定の製品が得られるように、国家は調整し〔einrichten〕なければならない」（NR.234：⑥二七六頁）。フィヒテはこのような「規制〔Regulierung〕」と「調整〔Einrichtung〕」を「計算〔Rechnung〕」という用語によって表現する。〈Rechnung〉という用語は数量的な計算という意味だけでなく、「見込み」、「計画」という意味をもち、のちの『閉鎖商業国家』における計画経済構想にとって重要な意味をもたされる（Ⅵ・三・二）。

国家は生産の社会的規制のために、生産者、職人、商人の数を計算（計量・調整）しなければならない。職人の数の計算は「職人組合〔Zunft〕」に委ねられる（NR.233：⑥二七五頁）。また、国家は粗生産物と工業製品との最高価格を設定することによって価格調整を行なうばあいに、税として国庫に納めさせた生産物（とくに穀類）を、必要に応じて市場に供給する（NR.235：⑥二七八頁）。フィヒテは、各人が自分の労働に基づいて生活する市場経済を想定しながら、各人の労働と生活を保障するために、国家による経済の規制を構想するが、生産の直接の社会的規制よりも商業（流通）の社会的規制を優先させる。

五・四　貨幣論と通貨政策論

フィヒテは貨幣についてつぎのようなユニークな説明を行なっている。貨幣は、労働産物の交換にとって必要な手段である。労働産物と交換すべき必要な他の労働産物が存在しないばあいでも、労働産物を貨幣と交換し、貨幣を獲得することによって、将来、必要な労働産物と交換することが可能になる（NR.238：⑥二八一頁）。このようにして貨幣は「絶対的で純粋な財産」となる（NR.240：⑥二八三頁）。

国内の貨幣の流通量は販売可能な事物（商品）の量を表現する（NR.238：⑥二八一頁）。一つの国の内部では、貨幣量が販売可能量を下回れば、貨幣の価値は増加し、逆に貨幣量が販売可能量を上回れば、貨幣の価値は減少する。したがって、一国の経済にとって貨幣量の多寡は見かけにすぎない（Ebd.）。貨幣量が国家によって任意に増加させられても、経済に損害を与えることはないであろう（NR.239：⑥二八二頁）。フィヒテはここでは、貨幣量が変動しても、それは販売可能量に対応するものに落ち着かざるをえないと見なし、国家による通貨量の規制を重視していないように思われる。

フィヒテによれば、貨幣は事物の「有用性」や「合目的性」の「徴表〔Zeichen〕」（NR.237：⑥二八〇頁）、「想像上の価値」（NR.239：⑥二八二頁）を表示するにすぎず、その素材はそれ自体で価値をもたない。金が「世界に通用する貨幣」（Ebd.）となったのは、素材としての金の価値のためではなく、金が希少である点で、価値の徴表にふさわしいからである。しかし、貨幣の素材は貴金属である必要はない。紙幣は価値徴表を純粋に表示する点で、偽造を防止できれば、一国の内部においては最も適当な貨幣である（Ebd.）。フィヒテはのちに『閉鎖商業国家』においては、国家の経済が自立するためには、世界通貨としての金銀から独立して、独自の紙幣を新たな貨幣とすることを提唱する（Ⅵ‐三・四）。

第六節　国際的経済秩序と世界平和

六・一　貿易の制限と世界平和

フィヒテは国家による「貿易（対外交易）〔der auswärtige Handel〕」の規制を重視する。貿易は、ある民族の経済を他民族に依存させるので、国家は経済的自立の確保のために、これを独占し、規制しなければならない（NR.234：⑥二七七頁）。このような見解はのちの『閉鎖商業国家』において詳細に展開される（Ⅵ・五・三）。

フィヒテは生産物の輸入にかんして、労働（とくに農業）にとって必要な事物と贅沢品とを区別し、贅沢品の輸入を禁止し、あるいは厳しく制限する。「生産者に不可欠であるような製品と、そうでない製品とを区別しなければならない。前者に属するものは農業の道具であり、総じて生産物の生産あるいは発見に必要なものである」。「国家は、なくてもよいもの、とくに貿易によってしかもたらされず、持続的輸入が当てにできないものが、不可欠にならないように、配慮すべきである」（NR.236：⑥二七九頁）。

カントは『永遠平和論』において「商業（交易）〔Handel〕」はそれぞれの利己心をつうじて諸民族を競争と同時に相互結合におくので、けっきょく平和に向かわざるをえず、「商業精神〔Handelgeist〕」は戦争と両立できないと主張し、世界平和にとっての商業（交易）の積極的意義を明らかにした（EF.368：『カント全集』⑭二八八頁）。フィヒテは『カント「永遠平和論」論評』においてカントのこのような主張をつぎのように批判する。交易（とくに貿易）によって、「外国の諸民族や諸大陸の抑圧」が行なわれ、富や資源が「運び去られ」、奪われる（RzEF.435：⑥四六九頁）。『自然法』において世界平和のためにフィヒテはつぎのように主張する。それぞれの民族の内部で経済の規制によって「富が十分に利用され、分配される」ことが重要である。「増加する人口とあらゆる生計部門〔Nahrungszweig〕の開発」によって「諸国家の富が発見され、配分される」ならば、他の民族から資源と富を奪わずに、それぞれが我慢できる「占有の均衡状態」に到達するであろう。このことが永遠平和の経済的基礎をなす（RzEF.435f.：⑥四六八頁以下）。『自然法』においてはこの問題には言及されていないが、『閉鎖商業国家』においてはこの問題が詳細に分析される。

六・二　国際組織と世界平和

フィヒテはカントの『永遠平和論』を、いくつかの留保をつけながら、高く評価する。しかし、『自然法』において示されたフィヒテの国際政治論はカントのものとは若干の点で異なっている。

フィヒテによれば、諸民族は「相互承認」の関係にあるべきであるが（NR.372：⑥四四〇頁）、承認されるのは国家をもつ民族のみである。国家をもたない民族は他の民族に従属するか、それから独立するか、あるいは他の地域に移住するかしなければならない（NR.373：⑥四四一頁）。国家は、その承認を拒否する他の国家に対して実力をもって承認を強制する権利、すなわち「戦争に対する権利」をもち、このような他国を「絶滅する〔austilgen〕権利」さえもつ（NR.372：⑥四四〇頁／NR.376：⑥四四六頁）[26]。この点で国際関係においては承認の闘争が残存する[27]。

国家のあいだの承認は契約に基づくが、それへの違反が行なわれるばあいには、とくに「戦争の権利」が発動される（NR.376：⑥四四六頁）。ただし、それは敵兵を駆逐するためのものであり、敵国の市民を絶滅するためのものではない（NR.377f.：⑥四四七頁）。諸国家が相互の闘争（戦争）を解消するためには、契約や協定を締結しなければならないが（NR.375：⑥四四三頁）、この協定を順守させるために、これへの違反を処罰する恒常的組織が必要になる。この組織は「国際国家（諸民族国家）〔Völkerstaat〕」ではなく、「国際連盟（諸民族同盟）〔Völkerbunde〕」である。前者は諸民族を一つの国家へ統合するが、後者は諸民族の「自発的な連合（結合）〔Verbindung〕」に基づく（NR.380：⑥四四七頁以下）。なお、『カント「永遠平和論」論評』においては、これとは異なって、カントの『永遠平和論』に従って、国際国家が目的であり、国際連盟は、それに至る「中間状況」であると見なされていた（RzEF.433：⑥四六六頁）[28]。

ところで、フィヒテによれば、諸民族の相互関係を一つの民族における諸個人の相互関係との類比で理解すべきではない。一つの民族においては諸個人は国家の設立によってのみ法的関係におかれるが、民族のあいだでは、国際組織がなくても法的関係におかれることができる。それぞれの民族は自国の安全のために国際組織に加入しなければならないわけではない（Ebd.）。国際連盟は、そこにおける協定に違反する国家に軍事的な懲罰を与える権利をもち、「殲滅戦争〔Vernichtungskrieg〕」を行なうことさえできるとされる（NR.381：⑥四五一頁）。ただし、加盟国がこのような処罰を覚悟のうえで協定に違反することはめったにないので、国際連盟が常備軍を備えることはむだであるともいう（NR.382：⑥四五二頁）。フィヒテのこのような見解はカントの平和論とは異なる。カントは戦争を防衛のためだけに認めており、懲罰戦争や殲滅の権利を認めていない（EF.347：『カント全集』⑭二五七頁）。また、彼はそれぞれの国における常備軍の廃止を求めている（EF.345：同⑭二五四頁）。

六・三　国際交流と平和

フィヒテは、国際連盟が実現されるにつれて、永遠平和が徐々にもたらされると展望する。そのあいだに国家相互の戦争や国際連盟による軍事的制裁が生じるとしても、それは過渡的なもの、あるいは永遠平和という究極目的のための手段にすぎない。「この連盟が拡大し、徐々に地上全体を覆うにつれて、永遠平和が立ち現れる」。「自分の事柄において裁判官である諸国家によって戦争が遂行されるばあいには、戦争は正義を勝利させることも、不正を勝利させることも容易にできる。あるいは、たとえ戦争が正常な国際連盟の指揮のもとで行なわれるとしても、それはやはり平和の維持という目的のための手段にすぎない」（NR.382：⑥四五二頁以下）。ここでは、カントから継承される永遠平和論は緩和されて、より現実的な展望がとられているといえる。

フィヒテは、外国を訪問する権利を国際関係における個人の権利（「世界市民的権利」）と見なす。各人は、訪問先の国家と契約を結ばなくても、この国を訪問する権利をもつ。訪問権は、すべての契約に先行する「根源的人権」、「本来の人権」から派生する（NR.383f.：⑥四五四頁）。自分が所属する国家と法的関係（契約）がない国民（国際連盟に未加盟の国家の国民）も他国に対する権利をもつ。このような主張は、カントが『永遠平和論』において他国への訪問の権利を世界市民的権利の基本として重視していること（EF.358：『カント全集』⑯二七四頁）を踏まえたものであろうが、カントのものよりは簡単に済まされている（RzEF.433：⑥四六七頁）。

第Ⅳ章 自立と共同の倫理学――初期フィヒテの道徳論

第一節 道徳論の地平

一・一 道徳論の課題

初期フィヒテの倫理学は『道徳論』（『知識学の原理に従った道徳論の体系』）[1]において示される。『道徳論』は『自然法』（第一巻、一七九六年）と並んで知識学の応用として一七九八年三月に出版された。『道徳論』の出版に先立って、道徳学（倫理学）の講義が一七九六～九九年に四回行なわれた[2]。

『道徳論』は精彩を欠き、思想史上の独自性に乏しいと評価されがちであった。しかし、この著作は、カントの倫理学には見られないいくつかの特徴をもち、のちのドイツのロマン派やヘーゲルに接続する要素をも含む。ヘーゲルはフィヒテの『道徳論』を強く意識し、それに対抗して独自の実践哲学の構築へ向かったといえる（X - 一・一、一・三）[3]。また『道徳論』は良心や自己確信を重視する点で、ロマン派につながる要素も含まれている[4]。このように、『道徳論』はドイツ観念論の実践哲学の展開において重要な位置を占めている。

『道徳論』は知識学における自我論の具体的展開にとっても重要な意味をもつ。『全知識学』における自我（純粋自我）の活動は〈Handlung〉といわれたが、それはまだ本来の行為ではない。本来の行為は、感性界において身体をつうじて内的なものを意識的に実現する自我の作用であるが、『道徳論』においてはこの行為が正面から考察される。『自然法』においても自我の行為が考察されたが、この行為は、他我の行為を妨害せず、それと共存するための外的条件を明らかにするという枠内で考察されるにとどまる。これに対して、道徳においては行為の内面が問題となる。『道徳論』においては内的なものの実現としての行為の過程が分析される。

ところで、このような自我の自由な行為は他我に対する関係によって媒介される。このことはすでに『自然法』において示されていた。『道徳論』においてはさらに、自我は本来的に「理性的存在者の共同体」に所属し、有限な個我として感性界に現象するさいに、他我との相互関係に入ることが明らかにされる。『道徳論』の本来の（狭義）の目的は、感性界における自我の共同体に対する関係、他我に対する関係、および自分自身に対する関係において諸義務の内容を示すことにある。

一・二　自我の自立と自己確信

『道徳論』においては自我の「自立性」が道徳の原理にすえられ、「自我は自分自身を自立的に定立する」という基本命題が掲げられる（SL.38：⑨五三頁）。『全知識学』と『自然法』においては自我の自己活動が重視されたが、『道徳論』においてはさらに、自我の「自己活動への傾向」（SL.29：⑨四二頁）あるいは「自己活動への衝動」（SL.48：⑨六五頁）が「絶対的な自立〔Selbständigkeit〕」へ向かうことが強調される（SL.50f.：⑨六七頁）。

カントによれば、自由は法則（道徳法則）と相互関係にあり、意志の自由と法則とは自己立法（自律）において結合するが、このばあいの法則と自己立法は形式的なものにすぎない。これに対して、フィヒテによれば、自我の自己立法は実質的でなければならず、自我は法則の内容を自分で自分に与えなければならないが、この内容は自立にほかならない(5)。法則の内容が自我の自立性であることによって、意志の実質的規定は自我自身から獲得されるのであり、このことによって実質的な意味での自己立法が可能になる（SL.56：⑨七四頁）。

義務も自我の自立に基づく。行為のそれぞれの場面でなにが具体的義務であるかを自我は自分自身で判断し、それを確信して行為しなければならない。「君の義務についての君の確信と端的に一致するように、行為せよ」ということが「道徳の形式的法則」とされる。この命令は、「それぞれのばあいに、君の義務がなにかを確信するように努めよ」という実質の面と、「君の確信に従って、義務と見なすことを行なえ」という形式の面とを含む（SL.163：⑨二〇〇頁／Vgl. SL.156：⑨一九一頁）。

義務への確信はけっきょく「良心」によって与えられる。「われわれの特定の義務についての意識」（SL.173：⑨二一二頁）は良心である。[6]しかし、フィヒテのこのような見解においては、法則が確信に還元され、義務の内容が任意に判断されるという危険性が生じる。このような傾向はのちのロマン派において顕在化する。[7]フィヒテはこの危険性を回避するために、のちに見るように（Ⅳ‐三・二）、自立は特定の個我に属すのではなく、理性一般に属すと説明する（SL.231：⑨二八〇頁）。

一・三　実質的道徳論をめざして

フィヒテはカントの「形式的で空虚な道徳形而上学」を不満とし、「実質的であるべき道徳論」（SL.131：⑨一六二頁）、あるいは「応用可能な実在的学としての道徳論」（SL.208：⑨二五二頁）の確立をめざす。すでに『自然法』においてもたんに形式的な「道徳形而上学」に替わる「実質的道徳論」が構想されていた（NR.54：⑥七三頁）。『全知識学』において示された実践自我は純粋自我に属しており、感性界で活動するものではない。これに対して、『自然法』と『道徳論』においては、感性界で活動する自我が問題になる。道徳的義務の内容は感性界における事情や関係に応じてさまざまである。『道徳論』の課題は、感性界における行為が遂行すべき諸義務の内容を示すことにある。

カントは『道徳形而上学の基礎づけ』あるいは『実践理性批判』において道徳的原理を示し、『道徳形而上学』（第二部、「徳論」）においてその応用として諸義務を示した。これに対して、フィヒテのばあいには、知識学において示された実践的原理は本来の道徳的性格をもたず、まったく形式的なものであるため、そのまま感性界に適用されて、諸義務が説明されることは不可能である。そこで『道徳論』の第一部ではまず、道徳の原理を実践的自我の概念から「演繹」する作業が行なわれる（「道徳の原理の演繹」）。そこでは感性界における実践的自我の活動は意欲の作用として捉えられ、これが「絶対的自己活動への傾向」に基づき、この傾向がさらに「絶対的自立への傾向」となると説明される。これとの関連で憧憬、欲求、感情、定言命法、当為などが考察される。第二部では、道徳原理が感性界にどのように適用可能であるかが検討される（「道徳の原理の実在性と適用可能性との演繹」）。そこでは行為が目的の実現の活動として捉えられ、それとの関連で意欲（意志）、法則、自立等の概念が説明される。ところで、道徳において問題となるのは行為一般ではなく、特定の場面で特定の行為が遂行すべき具体的義務である。第三部（「道徳の原理の体系的適用」）では諸義務が体系的に叙述され、この部が「本来的意味での道徳論」と呼ばれる。

一・四　フィヒテの『道徳論』とカントの『道徳形而上学』

フィヒテの『道徳論』の出版（一七九八年四月）はカントの『徳論』（『道徳形而上学』の第二部、一七九七年八月）よりも遅いが、フィヒテは一七九六年夏学期に倫理学（道徳学）講義を開始し、これが『道徳論』の基礎になった。『道徳論』はカントの『徳論』から独立に、独自に執筆されたといえる[8]。ただし、結果としてフィヒテの『道徳論』とカントの『徳論』のあいだにはいくつかの共通性がある。第一に、フィヒテにおいては、純粋自我としての実践自我から区別された個我（経験的自我）が行為主体とされるが、カントにおいても、理性的意志から区別され、感性界において作用する「選択意思〔Willkür〕」が行為主体とされている[9]。第二に、フィヒテの『道徳論』と同様に、カントの『徳論』も「諸義務の体系」を示そうとしている（MS.412：『カント全集』⑪二八三頁）。このかぎりでは、フィヒテがいうように、カントの『道徳形而上学』を「形式的で空虚な」もの（SL.131：⑨一六二頁）と見なすことはできない[10]。

しかし、カントとフィヒテのあいだには大きな相違もある。第一の相違は原理の適用の仕方に関係する。カントは、経験的な要素から純化された形式的な道徳原理を経験的素材に外的に適用することによって、諸義務の内容を説明する。彼は経験的素材を道徳法則のもとに秩序づけようとしたといえるが、素材を図式にあてはめる傾向が強い。また、彼は諸義務の分類の大枠を示しているにすぎず、諸義務の内容を体系化することには懐疑的である。[11] これに対して、フィヒテは道徳の原理からその実在性を内在的に「演繹」しようとする。彼は自我の能動性を重視し、素材としての感性界を自我の活動によって変容させ、秩序づけることによって諸義務の内容を示そうとする。

第二に、身体の位置づけにかんしてカントとフィヒテとのあいだに相違がある。カントは、意志の理性的作用が感性と結合するさいの身体の役割に目を向けないが、フィヒテは、目的の実現のための外的自然に対する作用が身体的活動をつうじて行なわれることを重視し、また、他人に対する影響も身体的活動をつうじて生じることをも考慮する。[12]

第二節　行為の構造

二・一　行為論の射程

実質的道徳論は、感性界における実践的自我の活動としての本来の行為を主題とする。このような行為は第一に、身体をつうじて感性界に対して働きかける。[13] 第二に、それは目的の実現を意味する。第三に、それは孤立したものではなく、他人や共同体に関わる。

『道徳論』の第一部と第二部においては、感性界における自我の行為のあり方の基本が示される。これを〈行為基礎論〉と性格づけることができるであろう。広い意味では第三部の第一篇（「われわれの行為の道徳性の形式的条件」）も道徳的行為についての基礎的考察であり、さらにはその第二篇（「道徳法則の実質について」）も行為基礎論から義務論への移行を示しているといえる。なお、行為基礎論において示される行為の過程は非道徳的な行為にも共通する一般的なものである。

カントは理性的要素と感性的要素とを分離し、感性界における行為のあり方を分析しない。ヘーゲルは『精神現象学』において、カントが行為の意義が無視しているのに対して（Phä.435：『ヘーゲル全集』⑤九三三頁／Phä.437：同⑤九三六頁以下）、ロマン派は良心に基づく行為を考察していると見なすが（Phä.447f.：同⑤九五四頁以下）、この良心はフィヒテに由来する（Rph.§140.Zusatz）。また、ヘーゲルは『法哲学』の「道徳」の章において、目的を実現する活動としての行為は道徳においてはじめて問題となると述べているが、このような見解はフィヒテの『道徳論』を念頭においた可能性が高い（Ⅹ-一・四、参照）。『道徳論』における行為の過程についての分析は先駆的なものであり、現代の行為論にも示唆を与える。[14] しかし、これまでの研究においてはこの点が十分に留意されてきたとはいえない。

二・二　行為の推進力としての衝動

フィヒテによれば、行為は、〈衝動―目的―決意―実行〉という過程を含む。『全知識学』のばあいと同様に、『道徳論』において、まず「衝動〔Trieb〕」が行為の推進力と見される。[15] 衝動は「現実的な自己活動の実在的で内面的な説明根拠であり、「本質的で持続するもの」と見なされる（SL.40：⑨五六頁）。衝動が充足されないばあいに、欠如の感情は「憧憬」となり（SL.125：⑨一五四頁）、憧憬の対象が明確に意識されるばあいには、「欲望〔Begirede〕」となる（SL.126 ff.：⑨一五六頁以下）。

フィヒテは自然衝動から純粋衝動を区別する。自然衝動は植物や動物にも見られる（SL.125f.：⑨一五五頁以下）。純粋衝動は自然衝動から独立しており、「自立への衝動」である（SL.149：⑨一八三頁）。純粋衝動は「自由のための自由を求める衝動」（SL.139：⑨一八三頁）、「活動のための活動に向かう衝動」（SL.144：⑨一七七頁）ともいわれる。[16] ただし、自然衝動と純粋衝動は、自我が本来もつ衝動としての「原初衝動〔Urtrieb〕」あるいは「根源的衝動〔der ursprüngliche Trieb〕」の二つの側面にすぎない（SL140f.：⑨一七六頁）。[17] 原初衝動は、自我以外のものによって規定されるという面から見れば、自然衝動となり、自分自身によって規定されるという面からみれば、純粋衝動となる。自然衝動と純粋衝動とは相互に作用し、前者が後者に一致させられる（SL.130：⑨一六一頁）。

道徳的行為を駆動する「道徳衝動」は純粋衝動とは異なって、特定の行為へ向かう衝動である（SL.151：⑨一八五頁）。道徳衝動は純粋衝動と自然衝動との混合（「混合衝動」）である（SL.152：⑨一八六頁）。純粋衝動からは行為の差し控え（不作為）が消極的な形で生じるのみであり、積極的な行為は生じない（SL.147：⑨一八九頁）。道徳的衝動は自然衝動から素材を獲得し、純粋衝動によってこれに秩序を与える（SL.152f.：⑨一八六頁以下）。一方で自然衝動がなければ、道徳的衝動は空虚になり、他方で自然衝動が純粋衝動によって規制されなければ、利己的なものとなる。道徳的衝動はさまざまな自然衝動から内容を獲得するさいに、それらのあいだで「選択」を行ない、それらを秩序づける（SL.161：⑨一九八頁／SL.198：⑨二四一頁）。

自然衝動から独立した純粋衝動は高次の衝動であり、カントにおける「高次の欲求能力」に相当する（KpV.22：『カント全集』⑦一五一頁）。しかし、カントのように、道徳的行為を高次の欲求能力にのみ基づくと見なすことをフィヒテは批判する。「高次の欲求能力にのみ注目するならば、形式的で空虚な道徳形而上学が得られるにすぎない。高次の欲求能力と低次の欲求能力とを総合的に合一することによって、実在的であるべき道徳論が得られる」（SL.131：⑨一六二頁）。

二・三　意欲と目的

『道徳論』の第二部では、行為における「目的」、あるいは「目的概念〔Zweckbegriff〕」の役割が重視される。目的は、衝動を満足させる対象が先取りされて構想されたものである。『自然法』においてもつぎのようにいわれた。「人格は目的概念の構想によってのみ、まさにこの概念に対応する客体の原因となる。人格が自由であることはこのことを意味する」（NR.59：⑥七九頁）。理性的存在者は、「自分の活動によって実現されるべき所産についての概念」、すなわち「目的概念」を構想する（NR.37：⑥五三頁）[18]。『道徳論』においてはより詳細につぎのようにいわれる。「衝動の充足は第一の作用であり、この作用のために目的概念が衝動によって与えられる」（SL.107：⑨一三三頁）。自我は、衝動を充足するために外部へ駆り立てられるが、さらに意欲に基づいて衝動の充足のために外的対象を意識的に変化させる。目的はその内容を衝動から獲得するが、そのさいにこの内容は純粋衝動によって秩序づけられる。

　意欲は衝動から生じるが、衝動が直ちに意欲であるのではない。衝動は、それを充足する対象へ向かうにすぎないが、意欲はその対象についての明確な意識を伴う（SL.158：⑨一九五頁）。この対象は現存するものではなく、行為によってもたらされるべき対象である。認識は現存在の「模像〔Nachbild〕」であるのに対して、目的は、もたらされるべき対象の「原像（先取した像）〔Vorbild〕」である（SL.71：⑨九三頁／SL.86：⑨一一〇頁）。

　ここで問題となるのは目的における表象（認識）と意欲との関係である。表象は『知識学』においても考察されたが（WL.228ff.：④二三八頁以下）、意欲は『自然法』と『道徳論』においてはじめて考察される。目的は一方で衝動に基づき、意欲の対象であるという点で、実践的側面をもつが、他方で対象についての表象である点で、理論的側面をももつ。目的は将来の対象についての表象であるが、現存の対象およびそれについての表象によって制約される。「目的概念それ自身の可能性はわれわれの外部の客体についての認識によって制約されていると思われる」（SL.103：⑨一二九頁）。

　意欲は目的の実現をめざすが、それは表象（認識）によって制限される（SL.20：⑨三一頁以下）。このように目的において表象と意欲とは相互作用する（SL.21：⑨三三頁）。一方で、目的は表象作用の産物であり、意欲の産物ではない（SL.85：⑨一〇八頁／SL.109：⑨一三五頁）。意欲の内容は目的によって与えられるのであり、目的は意欲に先行する。「意欲に先立って活動による目的の概念把握が自由に思考される」。「目的概念はもっぱら表象の産物である」（SL.85：⑨一〇九頁）。しかし、他方でつぎのようにもいわれる。「このことを取り違えて、目的概念の構想は、意欲に先立つある瞬間に行なわれるにちがいないと見なしてはならない」（SL.88：⑨一一二頁）。「意欲を自由なものとして見出すことができるためには、目的概念がなにか前もって構想されているのではなく、目的概念が意欲のなかでまたは意欲と同時に自由によって構想されたものとしてのみ考えられるであろう」（SL.104：⑨一三〇頁）。

ここでは、フィヒテは意欲を狭義と広義とに理解しているように思われる。狭義の意欲は「特定の意志」(SL.158:⑨一九五頁)に基づく「現実的意欲」(SL.85:⑨一〇九頁)であり、目的に従って行為を決意し、行為をつうじて目的を実現する。このばあいには目的は意欲に先行する。しかし、広義には意欲は知性をも伴い、目的構想のさいにも作用するといえるであろう。

二・四 意欲と行為

フィヒテは行為の過程全体についてつぎのようにいう。「[衝動の]充足は決意から開始され、意欲が継続的に定立され続けるのに応じて、継続的に進展し、われわれの目的概念の完全な実現へ至る」(SL.70:⑨九二頁)。

まず意欲については、道徳において問題となるのは意欲一般ではなく、感性界における特定の行為への「現実的な意欲」である(SL.26:⑨四〇頁/SL.85:⑨一〇九頁)。意欲は「決意〔Entschluß〕」によって無規定的な(決定されない)あり方から、規定された(決定された)あり方へ移行する(SL.136:⑨一六八頁/SL.158:⑨一九四頁)。決意は、「動揺した状態から自分をもぎ離して〔loßreißen〕、特定の目的を自分で立てる」ことを意味する(SL.137:⑨一六九頁)。「意欲〔Wollen〕」の能力は「意志〔Wille〕」である(SL.158:⑨一九五頁)。意志は、「いくつかの同様に可能な規定のなかから選択する」のであり、この点で意欲は「選択する能力」をもち、「選択意思〔Willkür〕」という性格を帯びる(SL.159:⑨一九六頁)[19]。行為における選択は具体的には、どのような衝動を目的の内容に取り入れるかにかんする選択となる(SL.161:⑨一九九頁)。道徳において求められるのは、利己的な衝動をではなく、非利己的な衝動を選択することである(SL.161:⑨一九八頁)。

ところで、さきに(Ⅳ-二・三)、目的の構想を行なうのは知性なのか、意志なのかが問題となったが、選択についても同様である。一方で、この選択は知性に基づき、意志に基づくものではないと主張される。「選択のさいには自我には観念的活動[認識]のみが帰される」。ここでは「まだ意欲は生じない」(SL.81:⑨一〇五頁/Vgl. SL.158:⑨一九五頁

／SL.179：⑨二一九頁）。しかし、他方では、選択は意欲に基づくともいわれる。「自我は意欲するかぎり、知性として自分にその意欲の客体を与える」（SL.158f.：⑨一九五頁）。ここでも、意欲が狭義と広義とに理解されていることに注意する必要がある。狭義の意志は、選択のあとの決意の段階に作用する。選択のさいに認識は狭義の意欲に先行するが、広義の意欲は認識と選択の基礎にある。

感性界において目的を実現することは身体の作用をつうじて行なわれる。「私は私の身体によってのみ行為できる」（SL.215f.：⑨二六一頁）。「目的概念は決意へ転化すべきであり、さらに意志の決意は私の身体の一定の変様へ転化すべきである」（SL.11：⑨二〇頁）。自我は身体によって外界へ働きかけるためには、その「道具」としての身体を維持し、また、これにふさわしいものへと身体を形成しなければならない（SL.216：⑨二六二頁）。自我は身体をつうじて感性界におけるすべてのものを加工するのであり、この点で自我は感性界において自由を実現する。このように、感性界における自我の活動における身体の役割を重視することはフィヒテの見解の特徴である。

第三節　共同体の倫理

三・一　承認論の拡充

『自然法』においては、自我（理性的存在者）は他我（他の理性的存在者）から自分を区別することによって、個人となるといわれた。自我は非我を規定すると同時に、非我によって規定されるという矛盾を含むことが示され、このような矛盾を解消するために、自我の自己規定を「促す〔auffordern〕」という仕方で自我を規定するような非我が求められ、このような非我として他我が想定された（Ⅱ‐二・三、三・一）。『道徳論』においてはこのことが「より高次の原理」（SL.218：⑨二六五頁）、すなわち、自我の絶対的自立性という原理から説明される。

まず、絶対的自立性を求める自我にはつぎのような矛盾が内在することが指摘される。一方で、「私は根源的には自由な観念的活動によって私を規定することはできず、私を規定された客体として見出さなければならない」(SL.219：⑨二六七頁)。他方で、「私は自発性による本来的な実在的自己規定を所与のものとして見出すことはできず、私は私にこのような自己規定を自分で与えなければならない」(SL.220：⑨二六七頁)。しかし、ここに再び、自我の自己規定が所与のものであることと、それが自我自身によることとのあいだの矛盾が生じる。この矛盾を解消するためには、自我の自己規定が、この自己規定への「促し」という形で見出されることが必要となる。「私の自己規定が私の関与なしに現存するが、このことが意味しうるのは……、私がこの自己規定へと促されていることにすぎない」(Ebd.)。

自我を自己規定へ「促す」ような外部の存在者は他我にほかならない。「まさに求められた行為［自己規定］についての或る概念［目的］を私に伝達しようと欲するような、すなわち概念の概念をもちうるような私の外部の、ある現実的存在者にこの促しを帰さなければ、私は自己活動へのこのような促しを概念把握することはできない」。「ところで、このような存在者は、自分自身を自我として定立する理性的存在者である」(SL.220f.：⑨二六七頁)。『自然法』においても、他我は自我の自己活動を目的とし、これを促すと見なされたが(NR.36：⑥五一頁)、『道徳論』においては他我から自我への目的の伝達がより明確にされる。他我の存在は「通常の観点」において知覚されるのではなく、「超越論的観点」においてこのように自我の内的原理から推論されるといわれる(SL.224：⑨二七一頁)。

ところで、感性界において自我が他我と関係するばあい、その自由(自立)は他我の自由によって制約される。したがって、自我は一定の所与の制限された領域の内部で行為を「選択」しなければならない(SL.222：⑨二一九頁)。また、自我の自立性と他我の自立性とが両立するためには、自我は他我に行為の選択の余地を与え、自分の自由を制限しなければならない。「私は、いかなる自由な行為にさいしても私を制限し、したがって、他のもろもろの可能な自由な存在者に、彼らの側でも自由に行為できるような可能性に余地を与えるよう余儀なくされる」(SL.223：⑨二七〇頁)[20]。このようにして、自我は他我とのあいだで相互承認の関係に入る[21]。

『自然法』においては相互承認は、それぞれの自我の感性界への働きかけを相互に妨害しないことに基づくとされ、そのための条件が法関係に求められた（Ⅱ・三・三）。『道徳論』においては、目的の実現のために感性界を変様させる活動を妨害しないことが、法的にだけでなく、道徳的にも要求される（SL.230：⑨二七八頁）。ところで、道徳における本来の承認は、たんに自由の相互制限という外的、消極的なものではなく、自立の尊重という内的、積極的なものであろう。このことについて『自然法』においてはつぎのようにいわれた。法において条件とされるのは、理性的存在者が「自分自身の良心の前で私を承認する（これは道徳に属す）ことでも、他人の前で私を承認する（これは国家に属す）ことでもなく」、「（われわれの共同の意識に従って）私をそのような理性的存在者として承認することである」（NR.44：⑥六一頁）。ここでは「承認」について三つの次元が区別されているといえる。承認は法においては自分と他者とのあいだで相互に（両者の「共通の意識に従って」）行なわれ、国家においては権力を背景に第三者の前で（「他人の前で」）行なわれる。これに対して、道徳においては個人の内面において（「良心の前」で）行なわれる。しかし、「良心の前での私の承認」の内容がどのようなものかは『道徳論』においても明らかにされていない。この著作においても承認の主要な形態は法に求められる（SL.292：⑨三四九頁）。

三・二　理性的存在者の共同体の優位

『道徳論』の特徴の一つは、人間の共同的存在を重視する点にある。道徳においては自立が求められるが、これは特定の個人の自立でなく、「理性一般の自立」（SL.231：⑨二八〇頁）である。理性一般は道徳法則として現れ、個人に課されるのであり、個人は道徳法則（理性一般）の「道具〔Werkzeug〕」、「乗り物〔Vehikel〕」である（Ebd.）[22]。自立性への衝動がたんに個人的なものであれば、それは「盲目的、無法則的な衝動」となってしまう（SL.186：⑨二二七頁）。

ところで、理性一般あるいは純粋自我（自我性）を具現するのは「理性的存在者の共同体〔Gemeine der vernüftigen Wesen〕」（SL.254：⑨三〇七頁）である[23]。「理性的存在者の全共同体」が「理性一般の表現」（Ebd.）、「純粋自我の表現」（SL.255：⑨三〇七頁）である。『全知識学』においては自我（純粋自我）は抽象的、形式的なものとして理解されていた。これに対して『道徳論』においては、純粋自我を表現する「理性的存在者の共同体」が感性界へ現象することによって、経験的自我（個我）が発生することが明らかにされる。このような見解は、知識学を基礎とする哲学体系全体にとって重要な意味をもつ。「われわれの道徳論は……われわれの全体系にとってきわめて重要である。というのは、純粋自我からの経験的自我の成立が発生的に示されるからである」（Ebd.）。「理性全体〔理性的存在者の共同体〕にとっては「個々人の」無限に多様な自由と知覚が現存している。すべての個人はこの多様のなかで個々の個人へいわば分かたれる」（SL.228：⑨二七六頁）。

個人が理性一般を表現するためには、「理性的存在者の共同体」の成員としてこの共同体に奉仕しなければならない。個人は「共同体のための行為」のさいに「自分自身を完全に忘却する」（SL.256：⑨三〇九頁）のであり、このことによって「感性界における道徳法則の純粋な表現」となり、「本来的な純粋自我」となる（SL.256：⑨三〇八頁以下）。このようにして、共同体へ寄与することが個人の道徳的義務となる。

個我と他我との関係も理性的存在者の共同体の立場からつぎのように説明される。個我の行為は他我の行為によって限界づけられ、事前決定（予定）されるが、この制約の内部で行為を選択することができる。このように個我の自由な行為は他我のそれと調和する（SL.226ff.：⑨二七四頁以下）。このような見解は中期における見解に接続する（Ⅴ‐二‐二、二・三）。

三・三　確信の伝達と討議共同体

フィヒテは『道徳論』において、各人がその良心において確信に従って行為することを強調する（Ⅳ‐一・二）。しかし、ここでは、良心の確信が恣意的になる危険性が生じる。この危険性を除去するためには、各人は自分の見解を他人に伝達し、このことをつうじて自分の確信の正しさを確証しなければならない。「私は伝達によってはじめて事柄そのものに対する確証（確信）〔Gewissheit〕と自信（確実性）〔Sicherheit〕を得る」（SL.246：⑨二九七頁）。また、道徳共同体は、相互伝達をつうじて形成される「共同の確信（信念）〔Überzeugung〕」（SL.237：⑨二八七頁）に基づく。

共同の確信を形成するさいに重要な役割を果たすのは「議論〔Argumentierung〕」である。各人は自分の確信を他人に伝達し、他人を「説得し（納得させ）〔überzeugen〕」ようとする。しかし、他人もまた同様のことを行なうとするので、「論争〔Streit〕」が生じる（SL.235：⑨二八五頁）。各人の意見の一面性が克服されるのは、対立した意見との討論をつうじてである。論争は、各人の確信を確証しあうための相互作用であり、これを積極的に受け入れる用意のある者のみが、自分の意見を鍛え上げることができる（SL.235f.：⑨二八四頁以下）。そのさいに重要なことは、各人の意見の根拠の妥当性を確証することである。各人は「普遍的な理性法則に従って」「議論する（論拠づける）〔argumentieren〕」が、この議論が個性によって歪曲されることがあるので、論争が生じる。相互の論争をつうじて他人の「同意」の獲得を目指さなければならないが、「万人の一致」は必ずしも必要ではない（SL.245f.：⑨二九六頁以下）。

道徳的共同体は一種の〈討議共同体〉に基づく。[24]〈討議共同体〉のモデルは「学者の公共体（学識ある公衆）〔das gelehrete Publikum〕」あるいは「学者の共和国〔die gelehrete Republik〕」（SL.250：⑨三〇一頁）に求められる。この〈学者共同体〉は、万人から構成される共同体（国家）とは異なって、言論の自由を不可欠とする人間からのみ構成される独自の社会である。「この社会においては、あらゆることを疑い、あらゆることを自由に自立的に探究する……という自由が外的にも実現され、表現されているべきである。それは共同的意識の広場（討議場、法廷）〔Forum〕であり、この前では、すべての可能なものが絶対的で無制限な自由によって探究される」（Ebd.）。〈学者共同体〉は、「思考における絶対的自由と自立」（SL.249：⑨三〇一頁）に基づく点で、「絶対的民主制」といわれる（SL.251：⑨三〇三頁）。

三・四　学者共同体と社会的自由

フィヒテは『思想の自由』以来、言論の自由を社会的自由の主柱と見なしてきた（Ⅲ‐一・四）。彼は『道徳論』においては一方では、国家と教会は学者に対して「寛容」であるべきであり（SL.251：⑨三〇二頁）、学者共同体の成員は教会や国家の「鎖」から解放されなければならないと主張するが（SL.248：⑨二九九頁）、他方では、つぎのようにいう。「国家体制にかんしては私はそれに従わなければならない」。「したがって、それについての私の確信（信念）が、共同体において前提される確信［全体の意見］と対立するばあいには、私の確信を表明してはならない」（SL.247：⑨二九八頁）。言論の自由が〈学者共同体〉という限定された領域でのみ求められるという見解は、言論の自由が現実の共同体（国家と教会）において失われていることの代償に〈学者共同体〉を構想するという消極的側面をもつことは否定できない。

フィヒテは一七九四年の『学者の使命』の講義において、自由な社会の設立にさいしての学者の役割を重視したが、このような見解は初期、中期、後期の全体を基本的に貫いている。彼は中期の一八〇六年に『学者の本質と自由の領域におけるその現象』について講義を行ない、または後期の一八一一年にも『学者の使命』について講義を再び行なっている。一七九四年の講義においては学者と社会全体（民衆階級を含め）との関係にかんして、一方で、学者が社会全体を道徳的に向上させ、人民（民衆）を自由なものに陶冶するという役割をもつことが主張され、他方で、学者は自由なものとして人民に依拠しつつ、彼らに対して働きかける必要性が示された。「学者の仕事の最終目的は人間全体の道徳的向上」にある。「学者は社会に働きかけるが、社会は自由の概念に基づく」。「したがって学者は道徳的手段以外の仕方で社会を扱ってはならない」（BdG.332：㉒四九頁）。『道徳論』においては、万人のあいだの自由な相互伝達が発展すれば、「学識ある公衆と、そうでない公衆との区別は消滅する」（SL.253：⑨三〇四頁）といわれる。

フィヒテによれば、学者による人民の上からの陶冶と人民の下からの陶冶とは相互に関連している。しかし、ドイツにおいては人民の下からの陶冶は遅れているため、学者による上からの陶冶が先行せざるをえない。このような認識に基づいて、学者の役割が重視されるようになる。晩年の『国家論』（一八一三年）においては学者身分（教師身分）の役割がいっそう強調される（Ⅷ‐三・二）。

第四節　道徳的義務の体系

四・一　本来の道徳論としての義務論

道徳論がたんに形式的なものではなく、実在的で現実的なものとなるためには、感性界における人間諸関係、社会諸関係に応じて諸義務が体系的に示されなければならない。『道徳論』の第三部、第三篇においては諸義務が体系化され、これが「狭義の道徳論」（SL.157：⑨一九三頁）、「本来の意味での道徳論」（SL.254：⑨三〇六頁）と呼ばれる。道徳的義務の基本内容は、①自我が目的に従って、感性界を加工すること、②自我の身体をそのための道具として保存し、形成すること、③感性界における他我の自立と自由を保障すること、④自我が理性的存在者の共同に自発的に服従し、同様の成員としての他我の自由を尊重することにある。

カントも『道徳形而上学』の「徳論」において諸義務の体系化を試みているが（Ⅳ-一・四）、フィヒテの見解は、これとは異なる特徴をもつ。カントは人間の自分自身に対する義務を他の人間に対する義務よりも優先させるが[25]、フィヒテは全体に対する義務を他の人間に対する義務よりも優先させ、さらに後者の義務を自分自身に対する義務よりも優先させる。自分に対する義務は「間接的で制約された義務」であるといわれる。個人は道徳法則の手段であるから、個人に課せられた義務は自分自身を直接に対象とするものではなく、道徳法則の実現にとっての手段としての個人を対象とするものであるという点で、間接的な義務と呼ばれる。これに対して、共同体は「理性一般の表現」であるから、共同体（およびその成員として他人）に対する義務は「直接的で無制約な義務」と呼ばれる[26]。

ところで、「無制約な（直接的）義務」と、「制約された（間接的）義務」はそれぞれ「普遍的義務」と「特殊的義務」を含む。「特殊的義務」は、特定の「職業身分・地位〔Stand〕」に委ねられる義務であるが（Ⅳ-四・三）、「普遍的義務」は職分・地位には関係しない。このように義務は「普遍的な無制約な義務」、「特殊的な無制約な義務」、「普遍的な制約された義務」、「特殊的な制約された義務」の四種に大別される（SL.259f.：⑨三一一頁以下）。

四・二　自分自身に対する義務と他人に対する義務

自分に対する一般的義務の基本は、個人が道徳法則の道具にふさわしいように、その生命と身体を保存することにおかれる[27]。個人は感性界との持続的な相互作用におかれながら、道徳法則に従ってこれを支配するであり、そのさいに媒介となる自分の生命と身体を持続させることが必要になる（SL.259f.：⑨三一一頁）。さらに、身体的な健康を基礎に、精神的な発達を促進することも道徳的義務である（SL.262：⑨三一五頁／SL.269：⑨三二三頁）。

共同体全体に対する義務は「無制約な（絶対的）義務」であるが、共同体の維持と発展はその成員の自由な活動によってもたらされるので、他人の自由を保障するという義務もこの義務に含まれる（SL.275：⑨三三〇頁）。個人自身の生命と身体の保存が義務であるように、他人の生命と身体の保存も義務である（SL.277：⑨三三三頁）。自分の生命と身体と同様に他人の生命や身体も道徳法則の道具であるので、他人の生命や身体を自分の目的のための道具として用いてはならない（SL.278：⑨三三三頁）。さらに、他人の身体的健康の配慮のほかに、他人の福祉の配慮も義務である。この義務は他人に対するすべての積極的義務の「規制原理」となるものである（SL.281：⑨三三六頁）。「自分の福祉を配慮するのと同様に、隣人の福祉を配慮せよ」という命令は、「自分自身を愛するように、隣人を愛せ」という命令を意味する（Ebd.）。他人の福祉の配慮は他人への愛の実質を意味する[28]。

正直や誠実も他人に対する無制約な普遍的な義務である。人間の自由な活動は目的をめざすものであり、他人の自由の尊重のためには、他人の目的を理解しなければならない。また、自分の目的が他人によって理解されることも必要である（SL.282f.：⑨三三八頁以下）。このため、自分の目的、およびそれに関係する実践的知見を他人に正しく伝達するという誠実さが求められる（SL.283：⑨三三九頁／SL.290：⑨三四七頁）。誠実さが欠落するならば、他人を自分の目的の道具として扱うことになる（SL.283：⑨三三九頁以下）[29]。ここでも目的が重要な役割を果たす。

他人の財産の保証は法的義務であるだけでなく、道徳的義務でもある。感性界を加工し、支配することは道徳的目的である。感性界において個人の目的に従う部分として社会的に承認されるものは財産となる（SL.292：⑨三四九頁）。しかし、財産をもてない人間もいる。『自然法』において主張されたように（NR.212f.：⑥二五二頁以下）、国家は、すべての人間が自分の労働によって生計を維持できるように保障すべきであるが、これが実現されないばあいには、「慈善〔Wohltun〕」が必要になる（SL.296：⑨三五四頁）。ここでいわれる慈善は「通常の喜捨行為」とは異なり、たんに他人に施しを行なうだけでなく、他人が自分自身の労働によって生計を立てることができるように援助することにある（SL.297：⑨三五五頁）[30]。

四・三　職業倫理と家族倫理

フィヒテによれば、個人が「職業身分・地位〔Stand〕」に応じてそれぞれの役割を果たすことによって、共同体は維持される。『自然法』においては〈Stand〉あるいは〈Klasse〉は労働にかんするものと見なされたが（Ⅲ・五・三）、『道徳論』においては家族における「地位」も考慮される。労働上の「地位」はとくに「職業〔Beruf〕」と呼ばれる（SL.327：⑨三九〇頁）。

職業は自分の自由な意志に基づいて選択されるべきであり、両親の意向や周囲の事情によって決定されるべきではない（SL.272：⑨三二六頁）。ここでは封建社会における身分制度と一線が画されている。身分や地位は序列化されるが、道徳的な点では同等の価値をもち、等しく尊重されなければならない（SL.273：⑨三二七頁）。また、個人が、自分の身分にふさわしく能力を発展させることも自分に対する特殊的義務である（SL.274：⑨三二八頁）。

フィヒテは職業に応じた義務を重視する。彼は『自然法』においては職業身分を生産者（農民）、職人（手工業者）、商人に区分したが（NR.231ff.：⑥二七三頁以下）、『道徳論』においてはこれらの「低次の民衆階層」のほかに学者、聖職者（民衆教育者）、芸術家[31]、および国家官吏という「高次の階層」を加える（SL.364：⑨四三二頁）。高次の階層は共同体全体の「精神」であるのに対して、低次の階層はその「分肢」であり、低次の階層は高次の階層にたいして「恭敬

〔Ehrenbietigkeit〕」をもたなければならないといわれる（SL.363：⑨四三一頁）。

家族においては夫婦の関係と親子の関係のそれぞれに応じて、義務が生じる。夫婦関係においては人類の繁殖のために自然衝動としての性的衝動が満たされるが、それは夫婦の相互の愛に従属させられなければならない（SL.330：⑨三九三頁）。愛は女性（妻）においては「献身的愛」、男性（夫）において「寛大さ」（返愛）という形態をとるが、夫婦のいずれも一方は他方のなかで自分を忘却する（SL.332：⑨三九六頁）。子に対する愛は第一義的に母のものであり、それは「共感〔Mitleid〕」と「慈愛〔Erbarmen〕」という形態をとる。[32] 子に対する父の愛は間接的なものであり、父（夫）の母（妻）に対する愛から派生する（SL.334f.：⑨三九八頁以下）。子に対する両親の義務は子供の保護である。教育の目的は、子供の「自由な力を開発し、陶冶する」ことにあるが、そのさいに子の力を道徳性の実現のための「道具」として用いるようにさせることが重要になる（SL.338f.：⑨四〇二頁以下）。子の基本的義務は「従順〔Gehorsam〕」である。子は行為の道徳性を自分で洞察し、確信することはまだできないので、両親の指示に従わなければならない。成長した子と両親のあいだの道徳的関係は両親の「忠告〔Rat〕」と子の「恭敬〔Ehrerbietigkeit〕」との関係である（SL.342：⑨四〇七頁）

第五節　自我の共同性――『新方法による知識学』

五・一　『道徳論』と『知識学』

フィヒテは『全知識学』の欠陥を意識し、その改善のために努力を重ねた。『全知識学』は原理の点では正しいが、「叙述」あるいは「演繹」の点で欠陥をもつことをフィヒテは認めている。知識学の改善の努力は『自然法』と『道徳論』の基礎的考察のなかにも反映されている。フィヒテは、この点で『自然法』と『道徳論』の最初の章が「はるかに推奨に値する」と述べている。[33]『全知識学』の根本欠陥の一つ結果は、理論的活動と実践的活動とが、異なった部門において考察されていることにあるとされる。たしかに実践的自我のもとで理論的自我とのその結合がめざされているが、それは完成されてはいない。これに対して、『自然法』と『道徳論』においては、目的を媒介にして理論的活動（表象）と実践的活動（意欲）との総合が試みられる。この点について『自然法』においてはつぎのように説明された。自分自身へと還帰する自我の活動は「われわれの外部に前もって定立されている現実活動についての、あるいは目的についての概念を形成することである。その活動は同時に直観の働きに関係しなければならない」。このことによって実践的自我は「自分自身によって定立され、反省のなかで自分によって定立されるべき自我となるであろう」（NR.19f.：⑥三一頁以下）。しかし、このような見解は展開されずにとどまっている。

これに対して『道徳論』においては認識と意欲との関係がつぎのように説明される。①「理性的存在者が自分になんらかの能力を帰属させることができるためには、目的に能力を向けられるなにかを自分の外部に思考しなければならない」（SL.75：⑨九八頁）。②「理性的存在者が自由の能力を自分に帰属させることができるためには、この能力の現実的行使を、あるいは現実的で自由な意欲を自分のなかに見出さなければならない」（SL.83：⑨一〇七頁）。③このことは、つぎのような「定立」と「反定立」との関係として説明される。「理性的存在者が認識をもつのは、自分が活動を制限することによってにほかならない」ということが「定立」とされるのに対して、「理性的存在そのものに自己活動を帰属させることができるのは、認識によってにほかならない」ということが「反定立」とされる（SL.102f.：⑨一二八頁以下）。

両者の対立を解消し、認識と意欲（活動）を「総合する」ことは目的によって媒介される。目的の構想においては、一方で、「認識がなければ、いかなる活動も想定されない」。他方で、「認識にとって活動が前提されていなければ、いかなる認識も想定されない。というのは、すべての認識は、行為においてわれわれが制限されていることの知覚から導出されるからである」（SL.107：⑨一三三頁）。

五・二　知識学における意志の位置づけ

イエナ期後半には『新方法による知識学〔Wissenschaftslehre nova methodo〕』の講義が一七九六〜九九年に三回行なわれた[34]。道徳論（倫理学）の講義は一七九六〜九九年に五回行なわれ、一七九八年に『道徳論』が刊行された。『新方法による知識学』はこれとほぼ同時期のものであり、両者のあいだには多くの点で共通性がある。『全知識学』のばあいとは異なって、『新方法による知識学』においては理論的部門と実践的部門への区別が廃止され、理論的なものと実践的なものとは結合され（WLnm.17：⑦五頁）、意志（意欲）が実践自我の能力として知識学の内部に導入される。「自我が自分自身を、自分自身によって定立されたものとして定立する」ことは、「実践的能力」としての「意志」の作用によるが、意志は、「前もって構想された概念」としての目的によって制約されることによってのみ直観されるといわれる（WLnm.57：⑦六四頁）。

自我の行為は全体として「規定可能なものから規定されたものへの移行」と捉えられる（WLnm.45：⑦四七頁）。規定可能なものは観念的、理論的活動によって示され、規定化は実在的、実践的活動によって示されるが、根本的なのは後者の活動である。具体的にいえば、「規定可能なもの」は、目的の内容として選択されうるものであり、「規定化」は目的の実現である。「目的概念は規定可能なものから規定されたものが出現することにのみ基づく」（WLnm.174：⑦二三〇頁）。

ここで問題となるのは、選択が意志の実在的活動に基づくのか、知性の観念的活動に基づくのかである。『道徳論』においては、目的が知性の作用に基づくのか、意志の作用に基づくのかが問題とされた（Ⅳ－二・三）。『新方法による知識学』においては、「意志と決意は選択に先行する」（WLnm.174：⑦二三〇頁／Vgl. SL.193：⑨二五八頁）、あるいは、選択は「実践的能力の観念的活動」に基づくといわれる（WLnm.57：⑦六五頁）。このばあいに意志は観念的活動をも伴うものとして広義に理解されている。これに対して、狭義の意志は目的を実現するものである。

一方で、選択が意志の作用であるとすれば、選択によって内容を与えられる目的も意志の作用の産物であることになる。「目的概念の思考においては意志と働きが前提されている」（WLnm.194：⑦二五九頁）。しかし、他方で、目的概念が意志に先行するともいわれる。「意志は目的概念の構想に対して依存的関係にある」。「われわれは行為しようと決意し、そのように熟慮する。つまり目的概念を構想し、そして決意する」（WLnm.191：⑦二五五頁）。ここでも、目的と意志との関係について狭義の意志と広義の意志とが区別されるべきであろう（Ⅳ‐二・三、二・五）。広義の意志は目的概念に先行するが、狭義の目的には目的概念が先行するといえる（WLnm.194：⑦二五九頁）。

五・三「理性の国」からの個人の出現

『道徳論』においては、「理性的存在者の共同体」が純粋自我（自我性）の表現であり、個々の理性的存在者はこの共同体に所属し、感性界において個人（経験的自我）として現象するといわれた（Ⅳ‐三・二）。これと類似の見解が『新方法による知識学』においても示されている。知識学の内部で理性的存在者相互の関係、「理性的存在者の国」について考察されることがこの著作の特徴の一つである。

このことについてつぎのようにいわれる。「理性的存在者の国〔Reich der vernünftigen Wesen〕」（WLnm.141：⑦一八三頁）、あるいは「理性の国〔Vernunftreich〕」（WLnm.175:⑦二三二頁）が「最高の規定可能なもの」であり、ここから「規定されたもの」へ移行し、個人（個体）が生じる（WLnm.176：⑦二三二頁）。個我の側から見れば、私（自我）は「理性の国」の一員であるが、この国から私を「つかみ出す〔heraugreifen〕」ことによって、「私自身を個人として産出する」（WLnm.240：⑦三二四頁／Vgl. WLnm.177：⑦二三四頁）。このようにして、「私の個人性は理性の国の全体という集合から出現する〔」WLnm.179：⑦二三七頁）。「理性的存在者として私は理性の国との対比で自分を個人として定立する」（WLnm.246：⑦三三〇頁／Vgl. WLnm.249：⑦三三四頁）。

純粋自我（自我性一般）からの個人性（人格的自我性）の「発生」がこのように説明される（WLnm.240：⑦三二二頁）。ここでは『自然法』における個我相互の関係、『道徳論』における理性的存在者の共同体の思想が知識学の内部に取り込まれる。純粋自我はそれ自体としては抽象的なものであるが、この概念は「理性の集合という概念から構成される」（WLnm.177：⑦二三四頁）。純粋自我は相互人格的構造を潜在させているといえる。[35]「理性の国」は感性界において個我（人格）相互の関係へ具体化される内在的必然性をもつ。

『新方法による知識学』においても、他我は、個我の自由な自己活動を「促す」外部の存在者として「推理」されるといわれるが、この説明はかなり簡単に済まされる（WLnm.177：⑦二三四頁／WLnm.252：⑦三三九頁）。個々の理性的存在者は有限で制限されており、このことから、「行為すべきである」ことが生じる（WLnm.239：⑦三二一頁）。「この私の〈行為すべき〉は感性化であり、目的概念（行為であるもの）と現実的実現（見出されたもの）との合成である」（WLnm.179：⑦二三七頁）。この「べき」（当為）は「促し」として感性化される（Ebd.）。自我の「規定可能」と「促し」とは同一である（Ⅳ - 五・三）。なお、厳密にいえば、この促しは特定の他の理性的存在者（他我）から生じるというよりは、「理性的存在者の国」から生じるというべきであろう。[36]

五・四　知識学の「総合の完成」と英知界

『新方法による知識学』においてはカントが念頭におかれ、「理性的存在者の国」は英知界に属すと見なされ、感性界に対するその関係が考察される。純粋意志およびその表現としての「理性的存在者の国」から「すべての意識は導出されるのであり、また導出されなければならない」（WLnm.145：⑦一四八頁）。「したがって、経験は理性的存在者の国から始まる」。「そして、この英知界に残りすべての経験がはじめて正しく結合する」（WLnm.143：⑦一八五頁）。また、つぎのようにいわれる。『全知識学』においては「われわれのあらゆる意識はその根拠を、つねに真であり続ける我々の思考法則のなかにもっていることを示すことが主要目的であった」のに対して、『新方法による知識学』においては、「われわれは同時に経験界に対する英知界の確固とした基体性を獲得する」（WLnm.150：⑦一九五頁）。理性的存在者の国と感性界との関連を明らかにすることによって、「われわれの総合は完成する」といわれる（WLnm.247：⑦三三一頁）。このことは知識学の展開にとって重要な意味をもつ。

自我は理性的存在者の国から感性界へと個人として現象する。英知界としての理性的存在者の国と感性界とは、カントにおけるように、対立し、分離したままであるのではなく、身体によって媒介されて相互に作用する。さまざまな自我は感性界においてそれぞれの身体をつうじて相互に活動を促しあう。この意味で感性界は理性的存在者の相互作用の場となる。また、諸自我の身体は感性界に属すが、この世界は、諸部分が相互に密接に結合する有機的自然である。このような有機的自然においては「自由に類比したもの」が見出される（WLnm.259：⑦三四七頁）。有機的自然における諸部分の相互作用は「理性的存在者の国」におけるような自由な相互作用ではないが、これと「類比的」である。このような自然は「理性の可能性を生産する」といわれる（WLnm.260：⑦三四八頁）。このような説明はシェリングの自然哲学を意識したものと思われる（Ⅴ‐二・一）。

フィヒテはつぎのように結論づける。「理性的存在者の国は自然をつうじて、逆に自然は理性的存在者の国をつうじて見てとられなければならない」（WLnm.258：⑦三四六頁）。「分節化された身体において二つの世界は相互に作用する」（WLnm.260：⑦三四八頁）。このことの説明によって知識学における「総合」は「完成」されるといわれる（WLnm.260：⑦三四九頁）。このような見解は中・後期にも基本的に維持される（Ⅴ‐二・二、四・三）。

第V章　道徳共同体と絶対者——中・後期フィヒテの倫理学

第一節　中期フィヒテの倫理学

一・一　初期から中・後期へのフィヒテ哲学の移行

フィヒテの思想の発展段階を初期、中期、後期に区分するさいの基準についてあらためて述べておきたい。本書においては一七七九年までを初期、一八〇〇年～一八〇九年を中期、一八一〇～一四年を後期と呼ぶ（I - 三・一）。フィヒテは一七七四年五月にイエナ大学教授に就任するが、無神論の疑いを受けるなどのトラブルによって、一七七九年四月にこの職を辞任し、ベルリンに移住する（一八〇五年に半年間弱エアランゲン大学教授）。そのあと、フランス軍がベルリンに進駐した一時期ベルリンを離れるが（一八〇六～〇七年に八カ月ほどケーニヒスベルク大学教授）、一八一〇年秋に、開設されたベルリン大学の教授に着任し、死去する一八一四年一月まで在職した（一八一一～一二年にベルリン大学学長）。フィヒテの思想の発展段階は外面的にはその任地のこのような区別に対応するが、重要なのは思想内容の変化である。

知識学の発展にかんしては一八一〇年以降に存在（絶対者）が基本とされ、自我がその現象として明確に把握され、この点で中期と後期との区別が見出される。たしかにすでに一八〇四年の知識学において存在（絶対者）のあり方が考

察され、自我を存在の現象と見なす方向（下りの道）が示され、一八〇六年の『幸いな生への教示』においては絶対者の問題が重視される。しかし、一八一〇年までは存在の自我への現象はまだ具体的に叙述されていない[1]。

実践哲学、社会哲学にかんしては事情がやや異なる。イエナ期後半（『道徳論』、『新方法による知識学』）においては共同体優位の見解が示唆される。一八〇四～〇五年の『現代の根本特徴』（出版は一八〇六年）においては類（全体）優位の立場が、一八〇七年～〇八年の講演『ドイツ民族へ』（出版は一八〇八年）においては民族優位の立場が明確にされ、ここには立場の一定の転換が生じる[2]。しかし、全体優位の立場から社会関係およびそこにおける個人の位置について具体的に考察がされるのは一八一〇年代（一八一二年の『法論』、一八一三年の『国家論』）である。この点で中期と後期との区分を一八一〇年に求めることができる。

知識学の展開における中期から後期への移行、実践哲学におけるそれとのあいだには時期の若干のずれがあるが、この移行において知識学と実践哲学とに共通するのは人間の陶冶のモチーフである。初期のフィヒテにおいて、人民を国家の主権者としていかに陶冶するかを考察することが社会哲学の重要な課題である。一八〇四～〇五年の講演『現代の根本特徴』、一八〇六年の『幸いな生への教示』においては利己主義の克服のために絶対者、人類、共同体（国家）への自発的服従が主張される。ナポレオンによるベルリン占領を契機に、類への自発的帰属は民族によって媒介されることが強調されるようになり、『ドイツ民族へ』においては「人類の全面的改造」（RdN.400：⑰一三八頁）のための民族教育が課題とされる。

人間の改造は、人間が自分を絶対者の現象と理解することに基づく。この点でも知識学と実践哲学とは密接に結合している。最晩年の一八一三年秋の講義『知識学入門』の冒頭部分ではこの結合についてつぎのようにいわれる。知識学は「まったく新しい内的な感覚器官を前提にし、これによって新しい世界が与えられる」（SW.IX.4：⑳二一〇頁）。それは「全体的人間の改造（再形成）〔Umbildung des ganzen Menschen〕」、「人類の改造（再創造）〔Umschaffung des Geschlechts〕」を目指す（SW.IX.5：⑳二一二頁）[3]。このようなモチーフは中期フィヒテ以来のものである。

一・二　精神界と無限な意志――『人間の使命』

中・後期のフィヒテの倫理学としてまとまった論稿は一八一二年の『道徳論』のみであるが、中期において倫理学に関連した論稿としては一八〇〇年の『人間の使命』、一八〇六年の『幸いな生への教示』があり、さらに知識学に関連した論稿のなかにも倫理学的要素が含まれている。

中期のフィヒテにおいて倫理学に関係する論稿のなかでまず注目されるのは、中期の最初に属す『人間の使命〔Bestimmung des Menschen〕』である。この著作においては一方で、イエナ期に続いて、個々の自我（有限な理性的存在者）は「絶対的な自立的な活動」を行なうことが確認される（BM.249：⑪四八七頁）[4]。自我は行為の可能性のなかから一つを選択し、「目的概念」を構想し、意志決定を行なう（BM.193ff.：⑪四二二頁以下）。自我はその意志と目的に従って自然を支配する（BM.193：⑪四二二頁）。しかし、他方ではイエナ期とは異なって、つぎのようにいわれる。自我は「無限な意志」（BM.298：⑪五三九頁）としての「唯一の意志〔der Eine Wille〕」（BM.297：⑪五三八頁）の現象である。自我が自由であるのは、この意志への「自由な服従」（BM.299：⑪五四〇頁）によって、あるいは、自我がこの意志をその行為の「究極目的」とすることによってである（BM.303：⑪五四四頁）。このことからつぎのような道徳的見解が生じる。個我に対する無限な意志の作用は個我によって「良心の声」（BM.298f.：⑪五四〇頁以下）として受け止められる。それは「義務の呼び掛け」（BM.303：⑪五四五頁）、「義務への促し」（BM.307：⑪五四九頁）として現れる。自我はこれへの「聴従〔Gehorsam〕」によって、自由を得る（BM.299：⑪五四一頁）。「良心の声は……、われわれが無限なものから出発して、個別的で特殊的な存在者として位置づけられるよう仕向ける光線である」（BM.299f.：⑪五四一頁）。

自我の自由は個人的なものではない。自我は有限な理性的存在者として他の同類の自我と関係し、「一つの道徳的共同体」（BM.306：⑪五四八頁）を形成する。この共同体は「精神界」（BM.297：⑪五三八頁）に属す。そこではさまざまな個別的自我のあいだで「相互認識と相互作用」が行なわれる（BM.301：⑪五四二頁）。しかし、根本的に見れば、諸自我

を媒介し、結合するのは「一つの意志」、「無限な意志」である（BM.297：⑪五三八頁）。それはさまざまな個我のあいだの「精神的紐帯」（BM.298：⑪五三九頁）となる。道徳共同体の法則を立法するのも「一つの意志」であり、個々の自我（自我と他我）の意志やそれらの総体ではない（BM.295：⑪五三六頁）。したがって、無限な意志によって自我と他我が承認され、その結果として自我と他我との相互認識（相互承認）が可能になる（BM.301：⑪五四三頁）[5]。

イエナ期後半の『新方法の知識学』（一七九六―九九年）においては、英知界としての「理性的存在者の共同体」が感性界に現象することによって経験的な諸自我（諸個我）が生じると説明されたが（Ⅳ‐五・三）、『人間の使命』においてはさらに、諸個我を相互に結合する根本的なものが問われ、それが「唯一の意志」、「無限な意志」に求められる。諸個我は、無限な意志が分かたれることによって生じる。「唯一のものにおいてさまざまな自由な存在者は無限な意志によって連関し、またこの唯一のものに従って彼ら自身は同様に無限な意志によって別々なものとして分かれている」（BM.301：⑪五四三頁）。このような理解はそのあと晩年まで維持される。

『人間の使命』の特徴の一つは、道徳を超えるものとして宗教を位置づけることにある。このことはつぎのように説明される。無限な意志の根底にはさらに「永遠の意志」をもつ「世界創造者」（BM.303:⑪五四四頁）、すなわち神がある。神の「永遠の意志」に対する関係は信仰（信念）の関係である。信仰においては「永遠の生」が求められ、超感性界が目指される。ただし、この世界は地上の「彼方」にあるのではなく、地上的生活と人間の純粋な心（良心）のなかに出現する（BM.283：⑪五二二頁／BM.286：⑪五二六頁）。この点で宗教（信仰）は道徳（意志）と密接に関連する。

この著作においては人類の歴史についても言及されている。人間は歴史をつうじて自然を支配し、それに新しい秩序を与えてきた。そのさいに人間の自由によって抗争や無秩序が社会にもたらされたが（BM.268f.：⑪五〇七頁以下）、この否定的経験をつうじてそれぞれの民族の内部で真の国家が設立され（BM.273：⑪五一二頁）、さらに諸民族（諸国家）の「普遍的連合」（BM.273f.：⑪五一二頁）に基づいて、「普遍的平和」（BM.276：⑪五一四頁）の実現が目指されるべきである。このことは地上における目的とされる（BM.278：⑪五一六頁）。このような歴史観はカントの『永遠平和論』（あ

るいは『世界市民的見地における普遍的歴史観』、『判断力批判』、『人間学』など）におけるそれと共通性をもつ。

一・三　自然の決定と意志の自由

『人間の使命』においては自然の決定と意志の自由との二律背反が問題とされるが、それについての考察は錯綜している。フィヒテは一方で、意志の自由と対比して、自然の根源性についての見解を紹介する。この見解によれば、「根本的自然力」が植物の形成力、動物の運動力、さらに人間の思考力をも含む（BM.180：⑪四〇八頁）。また、「自然における普遍的思考」、「宇宙の完全な自己意識」（BM.187：⑪四一四頁）についても語られる。人間の自由も「根源的自然力の概観」という「高次の立場」から捉えられる（BM.197：⑪四二六頁）。このような見解は、つぎに見るように（V‐二‐二）、シェリングの自然哲学を念頭においたものと思われる。これに対して、人間が他のもの（自然）に依存せずに、自分の意志によって自分を作り出すという説が紹介される。意志の自由についての主張はかつてのフィヒテの立場であるが、それが自然の包括性の主張に対抗できないかぎりは、まだ抽象的で無力なものにとどまる[6]。

ここに「自然の体系」と「自由の体系」との二律背反が生じるが、いずれの体系もまだ十分に基礎づけられていない。この二律背反の解決のためにつぎのような方向が示されるにすぎない。「自然のなかで発展する私の高次の生のみが存在する」。「理性を表現し、また保持するというこの自然の唯一可能な意図はすでに地上で成就されており、自然の圏は閉ざされていることになるであろう」（BM.318：⑪五六二頁）。この問題の検討のためには、永遠の意志をもつ絶対者が人間と自然との根底に存在することが明らかにされなければならないが、このことの説明は課題としてもち越される[7]。

第二節　中期フィヒテの知識学と道徳論

二・一　知識学における精神界の位置づけ――シェリングとの論争

イエナ期後半（『道徳論の体系』）には英知界あるいは「精神界」（理性的存在者の国）のあり方が重要になったが、フィヒテの英知界への関心はシェリングへの対抗のなかで強化される。このことがフィヒテのイエナ期から中期への立場の転換に刺激を与えた。

シェリングは『超越論的観念論の体系』（一八〇〇年三月発行）において自然と精神とを並列させつつ、自然のなかに英知的要素を見出し、これによって超越論的哲学を基礎づけようとした。フィヒテはシェリングから同著を受け取ったあと、超越論的哲学と自然哲学とを対立させることに不同意を表明している（「シェリング宛書簡（一八〇〇年一一月一五日）」（GA.III-4.360：『往復書簡』一二二頁））[(8)]。これに対して、シェリングは自然のなかに英知的なものを見出し、本来の自我をその「高次の勢位（ポテンツ）」として理解することによって、超越論的観念論の「実質的証明」を目指す（「フィヒテ宛書簡（一八〇〇年一一月一九日）」（GA.III-4.363：『往復書簡』一二六頁以下））。彼自身は超越論的哲学の立場に立ち、自然哲学がこれを補完すると見なす点で、フィヒテの見解と一致すると考えていた。

フィヒテはシェリングへの返信において超越論的哲学から自然哲学を説明することを批判しつつも、つぎのかぎりでシェリングの見解は正当であると述べる。そのさいに、「高次のポテンツ」は「英知的なものの超越論的体系」において現れるので、超越論的観念論にとって「英知界の体系」の説明が重要になるが、当時のフィヒテにはそれはまだ「欠けている」と打ち明けている。彼は『人間の使命』の第三部においてこれを「きわめて明確に示唆」し、「知識学の新しい叙述」（一八〇一年の『知識学の叙述』）を終えたあとで、まずそれを「仕上げる」つもりであると述べている（「シェリング宛書簡（一八〇〇年一二月二七日）」（GA.III-4.406：『往復書簡』一三五頁））。『新方法による知識学』においてはこの「最高の総合」が「理性的存在者の国」という形態で説明されたが（Ⅳ・五・四）、フィヒテはこれに満足しなかったと思われる。シェリングはこれに対して、「英知的なものの体系」を作り上げるよう、フィヒテに期待を表明している（「フィヒテ宛書簡（一八〇一年三月一五日）」（実際には五月一五日、III-5.36：『往復書簡』一三八頁））。この時点まではフィヒテとシェリングとの対決はまだ決定的ではなかった。

しかし、フィヒテはシェリングの新著『私の哲学体系の叙述』（一八〇一年五月）を受け取ったあとで（「シェリング宛書簡（一八〇一年五月三一日）」（実際には八月七日））、「英知的なものを自然哲学に引き入れ」、「自然から知性を導出する」ことを厳しく批判する（GA.III.5.44：『往復書簡』一四六頁）。ただし、そのさいにも、超越論的観念論を擁護するためには、「最高の総合」としての「精神界の総合」が必要であるが、『知識学』においてはこれが行なわれていないため、「完成には至っていない」ことを認めている（GA.III-5.45：『往復書簡』一四七頁）。このようにフィヒテにおいて「精神界」の説明が知識学の重大な課題となった。「精神界の総合」は「私の新しい叙述」（一八〇一年の『知識学の叙述』）において明らかにされる予定であるとフィヒテは述べ（GA.III-5.45：『往復書簡』一四七頁）、精神界のあり方をつぎのように素描している。精神界においては「分離された個人の実在的根拠」が与えられ、「万人の理念的な紐帯である神」が与えられる（GA.III-5.48：『往復書簡』一五一頁）。「精神界全体の完全に普遍的な意識をそのものとして提示する」ことが知識学の課題である（GA.III-5.48：『往復書簡』一五二頁）[9]。

シェリングはフィヒテのこのような主張を痛烈に批判する（「フィヒテ宛書簡（一八〇一年一〇月三日）」）。彼によれば、フィヒテは自然を理性的存在者のあいだの関係にとっての手段や媒体にすぎないと見なし、自然の固有の位置を否定している（GA.III-5.86f.：『往復書簡』一六五頁以下）[10]。また、フィヒテが『人間の使命』において、道徳を超える位置に宗教をおくことをもシェリングはつぎのように批判している。フィヒテは知のなかに思弁的なものを見出すことができないため、道徳から信仰の領域へ移行せざるをなくなった。「最高の総合」（精神界）という構想は以前のフィヒテにはなかったにもかかわらず、フィヒテは今やこの秩序の根底に神を求めて、宗教へ移行する（GA.III-5.83：『往復書簡』一六〇頁）。

二・二　「理性の国」と絶対者——一八〇一～〇二年の知識学

『新方法による知識学』に続いて、中期のさまざまな版の知識学においても実践的諸概念（意欲、目的、共同体など）が導入される。知識学の分野において自我（知）と絶対者（絶対的存在）との関係をめぐってイエナ期と中・後期のあいだで大きな転換が生じたが、この変化はフィヒテの実践哲学にも重要な影響を及ぼす。イエナ期においては、自我が絶対者についての知に高まる過程（上昇の道）がたどられたが、中期には、自我が絶対者の現象であると見なされ（下降の道）、さらに後期には自我はこのことを知ることによって、絶対知に高まること（上昇の道）が明らかにされる。

まず、一八〇一～〇二年の『知識学の叙述』（講義草稿）においては、絶対者が諸自我の共同体において現象し、この英知界が感性界（自然）を根拠づける方向が示される。英知界は感性界の「超越論的根拠」であり、このことを明らかにすることに「超越論的観念論の全運命」がかかっているといわれる（SW.II.132：⑫四五五頁）。このことは、シェリングが『超越論的観念論の体系』において自然のなかに英知的根拠を見出し、これによって超越論的観念論を基礎づけようとしたことに対する批判を含む。

フィヒテによれば、この英知界は「理性的存在者の国」（SW.II.143：⑫四七二頁）、「諸知性の閉ざされた総体」（SW.II.153：⑫四八六頁）である。この世界において理性的存在者（個別的自我）は他の理性的存在と相互作用を行ない、他の理性的存在者をつうじて自分自身を意識する。「いかなる自由な存在者も同時に自分と同類の他の存在者の意識に到達することなしには、自分自身の意識に到達しない」（SW.II.143：⑫四七二頁）。このような見解は『自然法』以来の見解を継承したものである。さらに「理性的存在者の国」の根本に「絶対的自我」が求められる。（SW.II.147：⑫四七九頁）。絶対的自我は多様な諸自我、「有限な数の」諸自我において現象し、「反復される」といわれる（SW.II.148：⑫四八〇頁）。このような見解はすでに『人間の使命』において示唆されていたものである（V‐一・二）。

『知識学の叙述』においては、絶対的自我が諸自我に多様化され、現象する過程（下降の道）についての詳細な考察はまだ欠けているが、結論として、英知界としての「理性的存在者の国」が感性界としての自然の根拠をなすことが示される。諸自我の「相互作用の閉じた体系において自分を表出する自由」から「自然の閉じた体系」が生じる（SW. II.144：⑫四七五頁）。あるいは、諸自我の体系としての英知界との相互作用によって感性界が生じる（SW.II.144：⑫四七六頁）。ところで、英知界の根拠をなすのは「絶対的存在」（絶対者）であり、絶対的自我は絶対的存在の自己知である（SW.II.147f.：⑫四七九頁以下）。このようにフィヒテは、「理性的存在者の国」の解明によって超越論的哲学を基礎づけるという課題を自分に課する。

二・三 「唯一の自我」と多様な諸自我――一八〇四年の知識学

『一八〇四年の知識学』の第一講義（一八〇四年一～三月）においては自我の五つの立場が区別される。①第一の立場は経験の立場であり、そこでは事実として現象する自我が問題となる。②つぎに自我が現象し、映像化するさいに、法則に従って「諸自我の体系」を形成されるが、法律の立場においては諸自我が分離したまま外的結合へ「高揚する」。これに対して、③道徳の立場においては「唯一の自我〔Ein Ich〕」に対して法則が与えられ、この自我が個別的諸自我へ「下降する」（GA.II-7.233：⑬二三四頁）が、諸自我のあいだの個別的区別は完全に消滅し、諸自我は全体へ一体化される。[11] ④さらに宗教の立場においては諸自我は自立的なものとしての自分を否定し、絶対者へと自分を沈める。⑤より高次の立場は学（知識学）の立場であり、そこでは現象の法則が与えられ、先行のすべての立場が包括される。（GA. II-7.234：⑬二三五頁）。

『一八〇四年の知識学』の第二講義（一八〇四年四～六月）においても類似の見解が見られる。法律（適法性）においては人格の平等と統一が求められる。道徳においては多様な自我の映像に多様性が与えられるとともに、それらが統一される（SW.X.416：⑬五一二頁）。ところで、生活全体（感性的生活、法律、道徳）は「唯一の神の生」の表現であり、宗教がより高次の立場にある（SW.X.419：⑬五一三頁）。しかし、感性的生活、法律、道徳、宗教の全体を総合する原理を与えるのは知識学である。

『一八〇四年の知識学』の第三講義（一八〇四年一一～一二月）の末尾では実践哲学的考察が行なわれる。多様な諸自我はその「閉じた体系」へ、さらに「唯一の自我」へ「高揚する」といわれる（GA.II-7.356：⑬六〇七頁）。このような唯一の自我の意志は「純粋意志」、「万人の意志であるべき意志」（Ebd.）であるが、その根底には「根源的存在」としての絶対者（神）が存在する（GA.II-7.368：⑬六二五頁）。絶対者は多様な諸自我のなかに現象し、自分自身へ還帰する（GA.II-7.367：⑬六二四頁）。ここでは、諸自我から唯一の自我、さらには絶対者への上昇と、後者の前者への現象という下降が示されるが、この考察はまだ抽象的にとどまる。絶対者がそれぞれの自我に現象するばあいには、それぞれの自我が「自分自身を否定し、犠牲にする」ことが必要になる（Ebd.）。そのばあいには「唯一の自我」さえも消失し、絶対者に完全に溶け込む。ここでは宗教の立場が登場するが（GA.II-7.368：⑬六二五頁）、道徳が宗教に解消されるわけではない。[12]

二・四　高次の道徳と宗教——『幸いな生への教示』

フィヒテが中期に道徳と宗教との関連について説明した著作として重要なのは一八〇六年の『幸いな生への教示——宗教論を含め〔Anweisung zum seligen Leben, oder mit Religionslehre〕』である。このなかでフィヒテは生活についての見解を五つのタイプに区別する。このような区分は『一八〇四年の知識学』第二講義におけるもの（V‐二・三）とはやや異なる。①第一のタイプは、感性的享受（幸福衝動）を基礎とする（AsL.466：⑮三三四頁／AsL.499：⑮三七七頁／AsL.516：⑮三九四頁）。[13] ②第二のタイプは、自由と平等という形式的関係を主張するものである。これは法と道徳における律法性の立場である。このような見解はストア派とカントに見られるもので、生活の享受（幸福）に対する無関心を示す（AsL.467：⑮三三五頁／AsL.523：⑮四〇四頁）。

③第三に、フィヒテはこのような低次の道徳に対して高次の道徳を主張する。低次の道徳は現存の生活状態をたんに規制し、「秩序づける」のに対して、高次の道徳は新しい生活の「創造」を目指す（AsL.469：⑮三三七頁）。このような高次の道徳はフィヒテ自身の立場である。④それは「神の本質の現象」としてさらに第四の宗教の立場へ高揚していく

（AsL.470：⑮三三八頁）。ここでは神の「永遠不変の意志」が支配している（AsL.516：⑮三九六頁）。人間は自分の感性的な自己愛を否定し、このような神の意志に従わなければならない。そこにおいて神の愛が生じる（AsL.520：⑮三九九頁）。⑤宗教は絶対的なものへの信仰に基づくが、宗教においては、絶対的なものがいかに多様な有限なものを統一するかは洞察されない。このことを行なうのは第五の立場としての学（知識学）である（AsL.472：⑮三四〇頁）。ところで、このような知を獲得することは高次の道徳においても必要である。宗教と学は観想的であるのに対して、道徳は実践的であり、宗教、学および道徳は結合されなければならない（AsL.743：⑮三四一頁以下）。したがって、道徳は宗教に解消されるのではなく、独自の役割を保持する。

第三節　後期フィヒテの倫理学

三・一　初期の『道徳論』と後期の『道徳論』

フィヒテは一八一二年に知識学の講義（一〜四月）を行なったあと、『法論』の講義（四〜六月）を行ない、続いて『道徳論』の講義（同年六〜八月）[14]を行なった。このことは、イエナ期に『全知識学』の応用として『自然法』と『道徳論』という姉妹作を刊行したことに類似している。

イエナ期の『道徳論』と後期の『道徳論』とのあいだには大きな変化がある。まず、この変化は知識学における自我と絶対者の関係の理解の変化に対応する。イエナ期には自我の絶対的自我（純粋自我）に対する関係の考察が焦点とされ、この関係は自我の内部の関係（あるいは他我に対する関係）と捉えられた。当為もこのような関係から生じると見なされた。これに対して、後期には自我（あるいは他我）に対する絶対者の根源性が強調され、当為もこのような関係において説明される。自我は絶対者の現象であり、絶対者は自我の自己意識（反省）をつうじて自分自身に帰還するとされる。自我の自由な自己活動も絶対者のこのような活動に支えられると捉え直される。

第二に、このような変化に照応して、個我と共同体との関係の理解にも変化が生ずる。イエナ期の『道徳論』と『新方法による知識学』においても、個我は他我とともに共同体の成員であり、このようなものとして活動すると理解されたが、後期の『道徳論』においてはさらに共同体の根底にあるものとして絶対者が求められ、共同体は絶対者の映像の表現であると把握される。

後期の『道徳論』の特徴の一つは、道徳を「事実」に基づくと見なすことにある。この「事実」は経験的事実でも、カントにおける「理性の事実」（道徳法則や当為についての意識の事実）でもなく、「存在」である。したがって、道徳論は「存在論〔Seinslehre〕」に基づく（SSL.4：㉑一八六頁）。ところで、存在の根拠は概念であり（SSL.5：㉑一八八頁）、概念はけっきょく「神の像」である（SSL.4：㉑一八七頁）。概念のこのような用法はこの著作に固有のものであり、認識論的意味とともに存在論的意味をもつが、ヘーゲルのばあいのように存在論的意味を基本としているわけではない。概念の活動的あり方は「生」であり、それは自我およびその意識という形態をとる。自我は概念の現象である（SSL.37：㉑二三〇頁／SSL.44：㉑二四〇頁）。この点で道徳論は「自我の現象論〔Erscheinungslehre〕」（SSL.35：㉑二二八頁）あるいは「自我の現象学〔Phänomenologie〕」（SSL.40：㉑二三五頁）を含む[15]。このような理解は知識学にも「まったく新しい光」を注ぐといわれる（SSL.8：㉑一九二頁）。

三・二　意志の自由と存在

道徳論の本来の領域は意志の活動である。ここで概念（存在）と意志（意欲）との関係が問題となる。まず、根本的な意味で自由なものは概念である。概念は存在の根拠として自己規定を行ない、またこのことをつうじて自分自身を意識することによって、「絶対的な自由な生」となる（SSL.13：㉑一九八頁）。概念の自己意識は自我の意識をつうじて現象する。「概念の生の直接的意識」は自我である（SSL.33：㉑二二五頁）。したがって、自我の自由な活動の根拠は概念である。「自由で自立的な自我が定立されるのは概念の根拠存在をつうじてである」（SSL.22：㉑二一〇頁）。「自我は白分にとってまったくかつ端的に絶対的概念の生に他ならないものとして現象しなければならない」ということが道徳論の「根本定式」として掲げられる（SSL.37：㉑二三〇頁）。

自我は意志の選択をつうじて自己規定の活動を行なう点で、自由である（SSL.21：二〇八頁）。しかし、自我があれこれのことを意欲し、あるいは意欲しないという自由は形式的なものにすぎない。自我の「質的な自由」は概念から得られる（SSL.21：㉑二〇九頁）。個々の自我がもつ意志の自由はけっきょく「概念の自由」（SSL.33：㉑二二五頁）に依存する。自我の自由は概念の「現象のたんなる形式」であり（SSL.34：㉑二二七頁）、「見かけ上の自由」にすぎない（SSL.72：㉑二七七頁）[16]。

一方で、自我の意志の自由は概念によって支えられるが、他方で、概念の自由な活動は意志の自由を必要とする。自我は自由な自己活動を行ない、それ自身で実践的であるが（SSL.7：㉑一九〇頁）。概念が自分を意識の対象とすることと、自由に自己規定することとが一致するためには、自我の意欲を媒介としなければならない。「絶対的な自己規定と概念の総合的な所持との結合が意欲である」（SSL.21：㉑二〇九頁）。

自我の意欲は概念の認識と結合することによって、自由となる。「概念が意欲に至るまで明瞭になっていれさえすれば、自我は直接に意欲するものとして現象するにちがいない」（SSL.50：㉑二四八頁）。フィヒテは道徳的意識と意欲との分離を批判する文脈で、意欲が概念をその内容とすることを強調している[17]。当為や定言命法は、自我が概念を表現するという使命から生じる。それらは、カントが主張するような「空虚でたんに形式的な」ものではない。真の道徳論は概念に基づき、「実在的な道徳論」とならなければならない（SSL.25：㉑二一四頁以下）。

三・三　諸自我の共同体と義務

フィヒテは中期には、絶対者が多様な自我として現象し、諸自我の共同体においてそれらを統一すると見なしたが、後期の『道徳論』においてはこのような見解をさらに展開して、つぎのようにいう。「絶対的に自由な生」（SSL.13：㉑

一九八頁）としての概念は個々の自我（意志）のなかに現象する。概念（生）は多様な諸自我に「分裂する」が、それは共同体において「統一」を回復しなければならない。「意志の形式は、生が個別的世界［諸自我］へ分裂することを……否定し、このような多様性さえも超える統一において概念を表現する」（SSL.79：㉑二八五頁）。諸自我が統一されるためには、それぞれの自我は自分の固有性を否定しなければならない。「［自我の］固有の生が概念の生命に埋没し、消失する」（SSL.82：㉑二八九頁）ばあいには、「唯一の意志〔Ein Wille〕」（SSL.53：㉑二五一頁）、「絶対的意志」（SSL.54：㉑二五二頁）、「概念の意志」（SSL.102：㉑三一五頁）によって統一がもたらされる。この過程は、絶対的意志が「形象性の体系」をつうじて「下降する」過程を意味する（SSL.63：㉑二六四頁）。絶対的意志は「諸自我の共同体〔Gemeinde〕」において現象する。この共同体は「諸自我の総和」という経験的形態をとるが、それは超経験的なものの可視化である（SSL.65：㉑二六七頁以下）。

フィヒテは、存在論と意識論に基づくこれまでの考察を踏まえて、道徳的諸関係の分析へと進むが、「応用道徳論」に相当する部分の叙述（SSL.82：㉑二九〇頁）は、イエナ期の『道徳論』のばあいと比較して、簡単に済まされている。[18]道徳的関係は自我（個別的自我）と共同体との関係、自我と他我との関係を含むが、後者の関係は前者の関係の派生である。それぞれの自我は共同体全体の分肢としてのみ道徳的な役割を果たす（SSL.71：㉑二七五頁）。したがって、厳密にいえば、本来の義務は個人の義務ではなく、「全体の、集合体の義務」であり、その基本内容は、英知的な共同体の秩序を産み出すことにある（SSL.73：㉑二七七頁）。自我自身はその意欲や行為の対象にはならない（SSL.88：㉑二九七頁）。フィヒテが目指すのは「万人の道徳」であり（SSL.102：㉑三一五頁）、人類全体の道徳である。

他人を対象とする道徳は「外部の道徳」と呼ばれる（SSL.83：㉑二九一頁）。ただし、イエナ期の『道徳論』におけるようには、他人に対する義務の具体的内容には言及されてはいない。共同体に対する義務（全体的義務）の意識を形成するためには、自我と他我とのあいだで目的（目的概念）を伝達しあい、高めあうことが必要となり、このような相互陶冶が独自の義務となる（SSL.72f.：㉑二七六頁以下）。本来的義務は共同体全体に対する義務であるが、そのなかで重要なのは職業にかんするものである。ただし、これについての説明はなく、イエナ期の『道徳論』を参照するよう求められる（SSL.102：㉑三一六頁）。

道徳と宗教の関係についてはつぎのようにいわれる。「諸自我の共同体」の根底には「絶対的意志」があるが、これは「超越論的自我」に属し、「神の像」、「神の現象」である（SSL.77：㉑二八三頁）。「唯一の真に自立的なものは、……神の像としての現象自身である。現象がこのようなものであるのは、諸個人の集合体としての現象の統一においてのみある」（SSL.72：㉑二七七頁）。このように神論は道徳論よりも高次の段階に位置する（SSL.25：㉑二一四頁）。道徳論は概念を絶対的なものと見なすにとどまるので、道徳論の枠内では神は知られない（SSL.4：㉑一八七頁）。道徳が直接に目指すのは「道徳的な信念」であるが、それは「啓示」をつうじて明らかになる（SSL.115：㉑三三一頁）。高次の道徳論の課題は、世界を「神の像」として産出することである（SSL.83：㉑二九〇頁）。万人を道徳的に陶冶することは、神の像が現象するための手段である（SSL.84：㉑二九二頁）。ここでは道徳に対する宗教の優位が主張されているように見える。しかし、後期フィヒテの見解全体を考慮するならば（Ⅴ-二・四、四・三）、そのように理解することには慎重でなければならないであろう。

第四節　後期の知識学と倫理学

四・一　「唯一の自我」の分裂と再統一――一八一〇年の『意識の事実』

すでに見たように、中期には絶対者が諸自我へ現象する過程（下降の道）がたどられた。一八〇四年の『知識学』においては知の根拠としての存在について考察され（「真理論」あるいは「存在論」）、知を存在の現象として把握する方向（「現象論」）が示された。しかし、『一八〇四年の知識学』においては現象論そのものは展開されず、存在の内部構造の解明に重点がおかれた（Ⅴ-二・三）。存在の現象の過程が詳細に説明されるのは、後期（一八一〇年以降）になってからである。

後期の知識学のなかで実践的、倫理的側面に言及したものとして注目に値するのは一八一〇年の『意識の事実』（一八一〇～一一年）の講義である。[19]そこにおいてはイエナ期の知識学の理論的枠組みが用いられ、理論的部門と実践的部門とが区別されたうえで、相互に連関させられる。この講義の第二篇においては「実践的能力との関係での意識の事実」が考察されている。また、そこでは自我の身体および他我に対する関係が重要な問題として扱われる。

まず、自我と他我の関係は「唯一の生〔das Eine Leben〕」あるいは「唯一の自我〔das eine Ich〕」の自己分裂から生じると説明される（TB.601：⑲一〇二頁／TB.604：⑲一〇五頁／TB.663：⑲一四二頁）。この過程は、唯一の自我が現象し、下降する過程を示している。唯一の自我が諸自我を産み出すことは「根源的な個体化作用」と呼ばれる（TB.639f.：⑲一四七頁）。厳密にいえば、この個体化は二つの段階を含む。第一の段階は、唯一の生が多数の諸自我へ「分散し」、「多数化」する段階である。これらの諸自我は相互に同質であり、量の面で相互に区別されるにすぎない。第二の段階において諸自我のあいだの質的区別（「内容の区別」）が生じる。唯一の生が一点に「収斂する」ことによって、諸自我は自己閉鎖化し、それらのあいだに相互排除さえ生じる（TB.640：⑲一四七頁）。[20]このように、諸自我相互の関係は唯一の自我の自己分裂と自己統一の過程の所産として捉えられる。

一方で、個我は「唯一の生」の現象であり、このようなものとして自分を意識する。そのさいに個我は自分の固有性を否定し、普遍的なものへ高まらなければならない。「個人は一つのものとしてのみ、または自分の個別性の否定によってのみ思考する」（TB.609：⑲一一一頁）。しかし、他方で、「唯一の生」は「個別的形式において、または個人として自分を意識する」（TB.647：⑲一五五頁）。

四・二　自我、他我および「唯一の自我」

一八一〇年の『意識の事実』においてはさらにつぎのようにいわれる。「唯一の生」は多様な諸自我に分裂し、またこれらを統一するが、この統一の回復は「諸個体の共同体〔Gemeine〕」（TB.610：⑲一一二頁）、「諸自我の体系」（TB.628：⑲一三三頁）において行なわれる。また、唯一の生の多様な自我への現象は「個体の系列」（TB.648：⑲一五七頁）、「世代の継起」（TB.667：⑲一七八頁）をつうじて行なわれ、その場は歴史である。「意識の事実の叙述はこの生の展開の自然史である」（TB.689：⑲二〇四頁）。

根本的に見れば、他我は個我との関係において生じるのではなく、「唯一の生」との関係において生じる。「私が「他の」諸自我を思考する」のではなく、「普遍的で絶対的な思考そのものが、諸自我と、それらの一部である私自身とを思考する」（TB.603：⑲一〇四頁）。他我（多様な自我）の説明に唯物論も観念論も失敗している。一方で、唯物論は他我の存在を経験的に前提し、それを表象するにすぎず、この表象がなぜ生じるかを説明することはできない（TB.625：⑲一二九頁）。他方で、観念論は個人主義の立場に立ち、他人から切り離された個人の意識を問題にするので、「あらゆる個人性を自分のなかに含み、廃棄している生の意識」を説明することはできない。フィヒテの自我論をこの種の観念論に基づくと見なすことは失当である（TB.624：⑲一二九頁）[21]。カントは多様な自我の統一を説明するに至っていない（TB.627：⑲一三一頁）。

諸自我相互の関係は唯一の自我と個我との関係の派生である。後者の関係についてはつぎのようにいわれる。諸自我は相互に承認するよう拘束されている（TB.601：⑲一〇一頁）[22]。この相互承認も、それぞれの自我が「唯一の生」に基づくことによって、可能になる。それぞれの自我は身体をもち、自分の活動によって産物を生じさせる。諸自我のあいだの相互承認はそれぞれの身体とその活動の産物との尊重を含む（TB.651f.：⑲一五九頁／TB.668：⑲一八〇頁）。自我と他我は意識と概念（目的概念）を相互に伝達することによって（TB.638：⑲一四五頁）、相互に普遍的なものへ高まり、「道徳的な連携〔Nexus〕」と「道徳的な関連〔Zusammenhang〕」を産み出す（TB.636f.：⑲一四四頁）[23]。

四・三　諸自我の共同体・感性界・神

自我の他我、身体、感性界に対する関係はイエナ期の『学者の使命』以来のフィヒテの基本的問題であるが（Ⅱ-一・三）、この問題は後期においては「唯一の生」の現象としての英知的共同体を基礎に説明される。一八一〇年の『意識の事実』においてはつぎのようにいわれる。

感性界は唯一の生の自己制限によって産出されるが、この生は「共同的自我」として現象する（TB.615f.：⑲一一八頁以下）。感性界はこの自我の活動に対する抵抗の映像として想像力によって産み出される（TB.589：⑲八七頁／TB.618：⑲一二一頁）。「共同的自我」の感性界に対する関係はより具体的につぎのように説明される。諸自我はそれぞれの身体をつうじて相互に関係するが、そのさいにそれぞれの活動の産物もこの関係を媒介する（TB.629：⑲一三四頁）。それぞれの身体も活動の産物も感性界において現象する。このばあいに感性界は諸自我の活動にとっての素材、また諸自我の相互作用の場として現象する（TB.631：⑲一三六頁）[24]。このように、「生の存在する力」が「自然の存在とその限定との根拠」であり、自然は「高次の内的原理」、すなわち「唯一の生」から「導出」される（TB.635：⑲一四一頁）。

すでにイエナ期においても感性界は、諸自我が身体をつうじて相互に作用する共同の場と見なされ、感性界が相互主観的に根拠づけられたが（Ⅱ-四・二）、後期のフィヒテにおいてはこの根底にさらに「唯一の生」、絶対者がおかれる。一八一〇年の『意識の事実』においては諸自我の共同体、感性界に対する絶対者（神）の関係についてはつぎのようにいわれる。感性界は唯一の自我（あるいはその現象としての諸自我の共同体）に従属するが、この自我の根底には絶対者が存在する（TB.619：⑲一二二頁）。唯一の生は、「万物を像化し、図式化する絶対的能力」をもつが、それは「神の像」となろうと努力する（TB.686：⑲二〇一頁）。このようにして〈絶対者―唯一の自我―諸自我の共同体―身体―感性界〉という系列が確定され、「精神界の総合」に基づいて、知識学が完成される[25]。

『一八一二年の知識学』の末尾では知識学、宗教、道徳の関係についてつぎのように総括的に説明される。「神はその統一において諸自我の共同体を……所与の感性界の無限な秩序づけへと無限に限定し続け、このようにして感性界が絶対者の事実的な像となるようにする」（SW.X.490：⑲四三三頁）。「神の概念においては神の可視性一般の像……のみが表現されることは明らかである。さらに、学においては普遍的な限界可能性の像が表現されているにすぎず、現実的な限界づけ……は叙述されていないことも明らかである。したがって、知識学と絶対者の概念とは、認識を明瞭にするために役立つにすぎないこと、このような明瞭さが得られるやいなや、知識学は再び生へ、また真の生の座としての或る意志へ向かうよう指示しなければならないことは明らかである」。「知識学は道徳へ道を開くものであるべきである。そして、このことが知識学の最高の使命である」（SW.X.491：⑲四三三頁以下）。

第Ⅵ章　経済的グローバル化への代案――『閉鎖商業国家』の先見性

第一節　『閉鎖商業国家』の位置

一・一　『閉鎖商業国家』の主題

フィヒテの著作のなかでとくに中期の『閉鎖商業国家〔Der geschlossene Handelstaat〕』（一八〇〇年）と後期の『ドイツ民族へ〔Reden an deustche Nation〕』（一八〇八年）については評価が分かれる。前者における自給自足経済の提案は時代錯誤であり、計画経済の構想は全体主義的であると批判され、また、後者は民族主義の著作であると警戒される。両者が結合すれば、最悪の民族社会主義（ナチズム）が成立すると糾弾されもする。しかし、フィヒテ自身はこの著作について自負している。息子（SW版の編者のヘルマン・フィヒテ）の証言によれば、この著作は同時代人によって無視されたが、「自分の最善の最も考え抜かれた著作である」とフィヒテが語ったとされる(1)。

『閉鎖商業国家』は多くの点で『自然法』に接続している。それは「法哲学の付録、および将来の政策論の試論としての哲学的構想」という副題をもつが、ここでの「法哲学」は『自然法』（あるいはその改定腹案）を意味する。『自然法』においても経済論が示されているが(Ⅲ・五・二)、主として所有の法的枠組の内部におかれていた。これに対して、『閉鎖商業国家』においては経済論が主題とされる。フィヒテは『自然法』の出版のあと経済的考察を深化させ、その草稿の一部が「国家経済論〔Staatsökonomie〕にかんする草稿」（一八〇〇年）として残されている。[2]
『閉鎖商業国家』は、『自然法』において示された「純粋法学」（GHS.476：⑯一一五頁）あるいは「純粋な国法学」（GHS.397⑯一八頁）の諸原理を経済に適用に適用し、経済的な政策論〔Politik〕として展開する。フィヒテはこのような「政策論」を媒介にして、現存の国家を「理性国家」にしだいに近づけようとする（GHS.397f.：⑯一八頁以下）。[3]彼はこの著作を当時のプロイセンの大蔵大臣のシュトルエンゼーに献呈した（GHS.389ff.：⑯一八頁）。
『閉鎖商業国家』の第一篇では、「哲学——商取引にかんして理性国家においてなにが正当なものか」が、その第二篇では、「現代史——現在の現実諸国家における商取引の状態について」が、その第三篇では、「政策論——現存の国家の商取引が理性によって求められるべき体制はいかにもたらされるか、あるいは商業国家の閉鎖」について論じられる。

一・二　『閉鎖商業国家』は時代遅れか

イギリスにおいてはハチソン、ヒューム、スミスら哲学者が倫理との関係で法とともに経済について論じているが、ドイツにおいては哲学者は経済学に関心をもってこなかった。このなかでフィヒテの『閉鎖商業国家』は特別の位置を占め、のちのヘーゲルの市民社会論（経済論、社会福祉論）に先行するものである。[4]市場経済を規制するポリツァイ（福祉行政）についてのヘーゲルの理論にかんしては研究と再評価が進展しているが、同じく市場経済を規制する『閉鎖商業国家』の経済政策論にかんしてはそうではない。フィヒテのこの著作の低い評価の理由は、ヘーゲルが市場経済の限界を批判しながらも、スミスの市場経済論を踏まえているのに対して、フィヒテはスミス以前の段階での市場経済に対する批判にとどまっているという認識にあると思われる。

しかし、フィヒテは、市場経済がヨーロッパに拡大しつつある時期に、その欠陥をいち早く見抜き、その是正のための提案を行なった。自給自足経済と経済の社会的規制の構想は当時、時代錯誤、全体主義的として批判されたが、今日のグローバル化の負の面を見るとき、フィヒテの提案はむしろ現代的意義を得つつあるように思われる。第一に、経済的グローバル化は新自由主義のもとで市場経済の無秩序な拡大を招き、世界経済を混乱させ、その規制が今日切実な国際的課題になっている。経済的グローバル化は国内外で経済的格差を拡大させ、緊張を高めている。第二に、経済的グローバル化は世界各地の自然資源を浪費し、環境破壊をもたらした。第三に、グローバル化は文化的な画一化をもたらし、各民族、各地域の伝統文化を破壊している。

以下では『閉鎖商業国家』の内容をつぎのような五つの柱に整理し、その今日的意味について考察したい。①フィヒテは権利（法）、政治（国家）と経済の関連に注目した。彼は権利をたんに形式的なものではなく、実質的なものと見なし、生活権を重視し、さらに生活と労働との結合に注目する。②フィヒテによれば、生活と福祉が保障されるためには、経済活動が社会的に計画化され、規制されなければならない。③国際的な経済関係の次元においては貿易の制限と各国の自給自足経済が目指される。貿易の拡大は経済的な競争と対立を激化させ、戦争の原因をもたらすので。世界平和のためには自給経済が必要であるとされる。④経済活動においては各国の自然資源を有効に活用し、それぞれの風土を保全し、さらに国民の科学・技術と教養・文化の発展に依拠することが必要である。⑤人類共通の文化とそれぞれの民族に特有の文化とを結合させることが主張される。

一・三　初期から中期への社会哲学の架橋

『閉鎖商業国家』（一八〇〇年）はフィヒテの中期の最初の著書の一つであり、初期から中期への移行の時期に属す。この著書は『自然法』を直接に継承する。中期フィヒテの社会哲学的著作としては『ドイツ民族へ』（一八〇八年）が有名であり、また、後期の代表的な社会哲学的著作は『法論』（一八一二年）および『国家論』（一八一三年）であるが、これらの著作における経済論も『閉鎖商業国家』に接続する。このようにフィヒテの社会哲学の展開全体のなかで『閉鎖商業国家』は重要な位置を占めている。

表面的に見れば、フィヒテの知識学は初期の自我中心から後期の絶対者中心へ転化し、これに対応して、彼の社会論は個人中心から国家中心へ、また原子論から有機体論へ転化する。しかし、注意深く見れば、社会論の面で『自然法』、『閉鎖商業国家』、その後の中・後期の著作とのあいだには連続面も認められる。『閉鎖商業国家』においては『自然法』においてと同様に（Ⅲ‐三・二）、契約論とともに国家有機体論も採用される。「国家のみが不特定多数の人間を一つの閉鎖的全体へ総合する」といわれると同時に、国家は彼らと「そのすべての市民の名において国家として契約を結ぶ」（GHS.401：⑯二二頁）といわれる。

『自然法』に次ぐイエナ期後半の『道徳論』（一七九八年）、『新方法による知識学』（一七九七～九九年）においては倫理的な面で個人の自立が主張されながら、共同体優位の方向が示されている（Ⅳ‐三・二、五・三）。また、『閉鎖商業国家』（一八〇〇年一一月刊行）より少しまえの『人間の使命』（一八〇〇年三月刊行）においてもつぎのように主張される。「真の国家」は「一つの有機体」であり、個人は「大いなる自己のたんなる構成要素」である（BM.276f.：⑪五一五頁以下）。ただし、国家は「諸協定」に基づいて設立されるともいわれ（BM.273：⑪五一二頁）、契約論がやはり採用されている。のちに見るように（Ⅷ‐一・三）、『現代の根本特徴』（一八〇四年）においては全体優位の傾向がいっそう顕著になり、契約論が放棄されるようにもいわれるが、国家への個人の一方的従属が主張されるわけではない。

第二節　所有、労働および福祉

二・一　自由な活動と所有

フィヒテは権利およびとくに所有権について独自の説明を行ない、その意義を強調している。「所有論はまさに、私の理論からかけ離れた概念が横行している領域である」（GHS.440：⑯七〇頁）。フィヒテは、自分が主張する政策論は彼独自の所有論に立脚するとさえ述べている（Ebd.）。

フィヒテの所有論の特徴はまず、自由な活動を事物に対する権利の根源におくことにある。彼によれば、一般に所有権は「事物に対する排他的な権利」といわれるが（GHS.400：⑯二二二頁）、それは厳密には「自分の行為に対する権利」である（GHS.401：⑯二二三頁）。「自由な活動」への排他的な権利から「対象に対する所有権」が生じる（Ebd.）。自由な活動に対する権利こそが「根源的所有（財産）」であり、事物は「比喩的にまた派生的に」所有となるにすぎない（GHS.441：⑯七二頁）。『自然法』においては、自由な自己活動のために自然をその目的に従属させることから、所有が生まれるといわれたが（NR.116：⑥一四五頁）、『閉鎖商業国家』においてはこのことがいっそう明瞭にされる。

ところで、『自然法』においても明らかにされたように（Ⅲ-二・三）、所有は人格相互の関係、すなわち相互承認において成立するのであり、人格の事物に対する関係から直ちに生じるのではない。所有を成立させる相互人格的関係は具体的には契約である。『自然法』のばあいと同様に（NR.135：⑥一六七頁）、『閉鎖商業国家』においてもつぎのように、所有は契約に基づくと見なされる。契約によって諸個人は他人の行為を妨害しないよう、自分の行為の範囲を制限し、それぞれに領分を分け与えあう。「自由な行為の範囲は……個人のあいだでの万人の万人との契約によって配分され、この配分によって所有が生じる」（GHS.402：⑯二二四頁）。さらにいえば、個人相互の契約は国家によって保障される。実際には、国家が「そのすべての市民の名において」他の人間と契約を結ぶという形態をとる（GHS.401：⑯二二三頁）。

二・二　所有権と国家

近代主流の社会思想は国家の役割を市民の人身と財産の保全に求めるが、フィヒテはこのような国家観を批判する。「所有（財産）は国家から独立に存在し」、「国家がなすべきことは、各人の人身の（人格的）権利と所有権を獲得させ、その保護を行なうこと以上のことではない」（GHS.399：⑯二二一頁）という見解は一面的である。国家は個人の諸権利の実現の手段ではなく、これらの実現の基礎である。市民の人身と所有は国家によってはじめて保証される。「国家の使命は、各人にはじめて自分のものを与え、各人にはじめて所有を獲得させ、そのあとではじめての所有にかんして各人を保護することにある」（GHS.399：⑯二二一頁）。したがって、国家によって「はじめて法的に有効な所有が基礎づけられる」（GHS.401：⑯二二頁）。この点について『自然法』においてはつぎのようにいわれた。「個人は……有機的に組織された全体の一部となり、したがってこの全体と一つに融合する」（NR.204：⑥二四二頁）。「所有契約は……国家という実在的な全体によって保障される」（NR.205：⑥二四三頁）。『閉鎖商業国家』においては所有にかんする国家の優位性が明確にされる。「不特定多数の人間を一つの閉鎖的全体へ……一体化するのは国家のみである」（GHS.40：⑯二二頁）。

個人の所有権は他の個人とのあいだの契約をつうじて保障されるが、この契約を確固としたものとするのは国家である。具体的には、つぎに見るように、各人は労働に従事し、労働の産物を他の個人と交換するさいに契約を結ぶのであり、国家がこの契約を規制する。このように国家において所有は確実に保障されるが、『自然法』においても主張されたように（Ⅲ - 三・二）、所有の根源は個人の自由な活動にある。したがって、所有にかんして個人に対する国家の優位が主張されているのではない。

二・三　快適に生きる権利と労働

『自然法』においては（NR.212：⑥二五一頁）、「生活する（生きる）ことができる」ことが「あらゆる自由な活動の最高で普遍的な目的」であるといわれた（Ⅲ - 五・二）。『閉鎖商業国家』おいてはこの見解がさらに具体化され、人間の行為の基本的目的は、「可能なかぎり快適に生活する〔angenehm leben〕」（GHS.402：⑯二四頁）ことに求められる。「自然が許すかぎり、安楽に〔leicht〕、自由に……人間らしく生活する」ことは「人類（人間性）の権利と使命との不可欠の要求である」（GHS.422：⑯四八頁）。快適な生活は「個人の趣味や嗜好」を含む広義のものであり、たんに「栄養の摂取〔Ernährung〕」という物質的な側面に限定されない（GHS.415：⑯四〇頁）。諸個人の「快適な生活」への権利を保障するため、国家は各人にそれぞれの「分け前」を与える。「すべての人間が可能なかぎり快適に生活できる」ように、国家は各人に「活動範囲を割り当て」、このことによって各人のそれぞれの「分け前」を与える（GHS.402：⑯二四頁）。

ところで、『自然法』においても示されたように（Ⅲ - 五・二）、人間は自分の生活のために労働しなければならない。

人民の福祉は、「労働によって最も人間らしく享受すること」に基づく（GHS.423：⑯四九頁）。「人間らしく生きる権利」、あるいは福祉に対する権利が保証されるためには、労働に対する権利が保障されなければならない（GHS.422：⑯四八頁）。生きる権利（生活権）が「目的に対する権利」であるのに対して、労働に対する権利は「手段に対する権利」であるといえる（GHS.424：⑯五〇頁）。国家が各人に「活動の範囲を割り当て」、「分け前」を与えるために、国家は各人に労働の機会を与えるが、このことは具体的には、つぎに見るように、職業身分の編成によって行なわれる。このようにして国家は個人の生活の現実的基盤である。

第三節　経済の計画化の可能性

三・一　職業身分の編成

『自然法』においても明らかにされたように（Ⅲ - 五・二）、個人は社会的労働のなんらかの部門を担うことによって、その分け前を得て、福祉を実現する。「いかなる人民（国民）〔Volk〕も、自分の福祉を高める権利を欲する」。「このことは、労働部門が分割されることによって可能である」（GHS.424：⑯五〇頁）。「人間の生活にとって重要な労働部門は分割されなければならない。いかなる人民もこのことへの権利をもつ」（Ebd.）。国家は労働部門を分割し（分業）、そこへ個人を配置する。(4)

『自然法』においては「職業階層〔Klasse〕」が基本用語とされ、農業、畜産、鉱業に従事する「生産者」の職業階級、工業に従事する「職人」の職業階級、「商人」の職業階級が区別されたが（NR.231ff.：⑥二七三頁以下）、『閉鎖商業国家』においては労働の部門における地位は「職業身分〔Stand〕」と呼ばれ、これが「生産者〔Produzenten〕」（主として農民）、「職人〔Künstler〕」、および「商人〔Kaufmann〕」に大別される。「自然産物の獲得」を目指す活動は農業のほかに、林業、畜産、水産を含む（GHS.406：⑯二九頁）。(5)職人はその自然産物の「加工」を目指す（GHS.403：⑯二六頁）。『自然法』においても明らかにされたように(Ⅲ-五・三)、この点で生産者が職人よりも優位に立つ(Ebd.)。職人と商人はそれぞれ「職人組合〔Gewerk〕」と「商業組合〔Gild〕」を組織する(GHS.407:⑯三〇頁)。

フィヒの経済論の特徴の一つは、契約という法関係を交換という経済関係に適用し、国家のもとで契約によって交換を規制しようとすることにある(Ⅲ-五・三)。それによれば、農民と職人のあいだで「生産物」(自然産物)と「製品」(加工品)との交換が行なわれ、そのための契約が結ばれる。また職人相互のあいだでは「製品」の交換が行なわれ、そのための契約が結ばれる。しかし、これらの交換は直接に行なわれるのではなく、商人によって仲介される(GHS.405:⑯二八頁)。したがって、農民と商人とのあいだで、また職人と商人とのあいだでそれぞれ契約が締結される(Ebd.)。また、職人は農民とのあいだで、または職人とのあいだでそれぞれ契約を締結する。国家は、農民、職人、商人のあいだの契約が実施されるように「監視する」(GHS.408:⑯三一頁)。国家はこの契約を保障するとともに、これを規制することをつうじて、経済全体を制御する。

三・二　生産と流通の計画化

フィヒテによれば、市民の快適な生活の権利が保障されるためには、経済が計画化され、規制されなければならない。『閉鎖商業国家』においては『自然法』においてよりも頻繁に〈rechnen〉(〈Berechnung〉)という用語が使用される(Ⅲ-五・三)。この言葉は狭くは「計算」を意味するが、元来は「秩序づけ」を意味し、広くは「見込み」、「計画」をも意味する。フィヒテはこれに規制、調整という意味をも与え、「計画的〔planmäßig〕」という用語と併用している(GHS.503:⑯一四九頁)。以下では「計算・調整」をその基本訳としたい。

フィヒテは社会的労働の直接的な計画や規制を目指すのではなく、労働部門への市民の計画的配置、商品交換の規制を重視する。このような見解も『自然法』を継承したものである。フィヒテにおける計画経済の構想について論じる場合には、まずこのことを考慮しなければならない。

フィヒテの構想によれば、国家はまず農民、職人および商人の数を社会の需要に応じて、「計算・調整する」（GHS.409ff.：⑯三二頁以下）。「政府は国民の交換を計算・調整しなければならないが、それと並んで、さまざまな交換の部門に従事する人々の数をも計算・調整しなければならない」（GHS.411：⑯三五頁）。「民族の三つの主要な職業身分が相互に計算・調整され、それぞれの職業身分は一定数の成員に制限され、その結果、それぞれの市民に要求されるべき労働に対して、その国家のすべての生産と製品への応分の分け前が……保障される」（GHS.440：⑯七〇頁）。そのさいに、農業が手工業と商業の基礎にあるので、農業の生産性に応じて、手工業者と商人の数が計算・調整されなければならない（GHS.408f.：⑯三一頁以下）。なお、フィヒテは職人の配置に当たって、職人の資格試験を主張する（GHS.410：⑯三四頁）。

国家による生産の直接的な規制は困難であるが、交易（取引）の規制はより容易である。「政府は……最初の耕作者［農民］や加工者［職人］を直接に観察する［計算する］ことはできない」。「しかし商人は彼らを計算する権能をもっており、これを行なうことができる」。「したがって、政府は商人を媒介にしてこのような観察を行なうことができる」（GHS.413：⑯三七頁）。国家は流通の社会的規制をつうじて経済を規制する。国家が「取引においてもたらすべき商品を人民の必要に対して正確に計算する」（GHS.475：⑯一一四頁）ことが必要である。そのさいに価格調整が重要となる。公正な取引と公定価格の設定が国家の課題となる（GHS.415：⑯四〇頁）。

フィヒテがとくに考慮するのは、交易（取引）をめぐる闘争を緩和することである。購買と販売との関係をめぐって「万人の万人に対する際限ない戦争」が生じる（GHS.457：⑯九二頁）。生産と交易の発達に伴って、この闘争はますます激化する。「労働が継続するあいだ、だれに対してもその現状［福祉］が継続されるという保障は少しもない」（GHS.458：⑯九三頁）。このような競争と抗争を除去あるいは緩和することが国家の課題となる。

三・三　経済的価値論

フィヒテは商品の価値と貨幣について独創的な見解を示している。彼によれば、事物（生産物）の価値の尺度は、「生活する（生きる）可能性」にあるが、これはさらに「自由な活動の可能性」に淵源する（GHS.415：⑯四〇頁）。「生活の可能性」は客観性、普遍的妥当性をもつが、「生活の快適性」は「個人の趣味や嗜好」に基づくため、主観的である（Ebd.）。事物の価値の大きさは、事物によって生活する時間の長さに依存する。

事物の「内的価値」となるのは、生活にとって必須な「栄養〔Ernährung〕」である。これに対して快適性のための価値は「外的価値」にすぎない（GHS.417：⑯四二頁）。実際には主要な食糧としてのパン、およびその原料として穀類（小麦、ライ麦）が「絶対的価値」をもち、他の農産物の価値はそれとの比較において決定される相対的なものである（GHS.416f.：⑯四一頁）。農産物以外の産物（製品）の価値は、その産出のための労働時間（およびこの労働のための修養の時間）を支えるために必須な栄養を与える穀類の価値に基づく（GHS.416：⑯四〇頁以下）。

ところで、穀類の価値は、それが「時間と力と熟練および土地の最小の消費によって容易に獲得される」ことに基づく（GHS.417：⑯四一頁）。すなわち、事物の価値は穀類の価値（「絶対的価値」）に対して相対的であるが、後者の価値自身はそのための労働と土地に依存する。さまざまな事物の快適性（有用性）も同様であり、その尺度は個人の趣味に依存するのではなく、快適な栄養物の獲得のために必要な労働と土地に依存する。すなわち、より多くの快適さをもつ栄養物を獲得するために、より多くの労働や土地が消費される（GHS.417：⑯四一頁以下）[6]。

ここで、労働価値説の評価が問題となる。つぎのようなフィヒテの主張は、スミスの労働価値説を念頭においた批判であるとしばしば解釈されている。「ある有名な著述家によれば」、金銀の価値は「その獲得と製造」のために消費される「時間と労働」に基づく。しかし、事物の価値が評価されるのは、「それの消費した労苦〔Mühe〕」に従ってではなく、「そこから生まれる効用」に従ってである（GHS.454：⑯八八頁）。ここでは労働価値説が否定され、効用価値説が採用されるように見える[7]。しかし、フィヒテの見解は生産物一般の価値を対象にしているのではなく、金属貨幣の素材としての金銀の価値を対象にしている。この見解は、金銀が貨幣とされるのはその有用性のためであり、その価値は、その獲得に必要な労働時間に基づくのではないという限定された文脈におけるものにすぎない。したがって、フィヒテは単純に効用価値説を採用しているのではなく、労働価値説をも考慮している[8]。さらに、彼は、労働時間（およびこの労働のための修養の時間）を支えるために必須な価値に言及しており、この点では「労働力の価値」（労働者にとって必要な生活手段を維持し、生産するのに必要な労働）についてのマルクスの説につながるともいえる。

三・四　貨幣論

フィヒテは『閉鎖商業国家』、第三篇の「政策論」の多くの部分を通貨政策の考察に当てている。彼は『自然法』の見解（Ⅲ・五・四）を継承して、つぎのようにいう。貨幣の素材の金属（金銀など）の価値は人々の「一般的同意」（あるいは「世論」）に依存する。このような価値は「外的な価値」であり、事物の「内的価値」としての有用性とは異なる。また、それは、その生産に必要な労苦の量によって測られるのではない（GHS.455：⑯八八頁以下）。

人間は貨幣によって、自分が必要とする他人の生産物を獲得することができる。貨幣の所持者は自分では労働せずに、他人が労働したものを獲得しようとする。理想的な状態は、「すべての個人に貨幣が平等に配分されている」というあり方である。しかし、実際には、人びとは社会的平均以上の貨幣を所有し、自分の生産物のために自分の労働を減少させ、他人を多く労働させようとするのであり、このような傾向のために不平等が生じる（GHS.457：⑯九一頁）。このような不平等は対立や闘争へ先鋭化される。

貨幣はそもそも事物（商品）の価値の「標章〔Zeichen〕」という性格をもち（GHS.432：⑯五九頁）、その価値は一般的同意に依存し、素材（金や銀など）そのものの価値（内的価値、有用性）からは独立している（GHS.487：⑯二九頁）。むしろ貨幣の価値はそれ自身としてはまったく無でさえある（GHS.434：⑯六二頁）。したがって、新しい貨幣は硬貨である必要はなく、偽造が防止でき、耐久性があれば、紙幣でもよい（GHS.486：⑯一二八頁）。金銀はこの新貨幣と交換可能であるが、逆に後者は前者とは交換可能ではない。金銀はこの新貨幣に置き換えられ、回収されていく（GHS.489：⑯一三二頁）。この点で新貨幣は兌換貨幣ではない[9]。このようなフィヒテの構想は『自然法』においても概略的に示されていたが、金本位制度を打破する点で先駆的なものである。

貨幣の総量は商品の総量を代表する（GHS.434：⑯六二頁）。富は、どれだけの量の貨幣をもつかにではなく、流通する貨幣全体のなかのどれだけの比率を、けっきょくは商品の総量のなかのどれだけの比率をもつかに依存する。このような比率は変動しない（GHS.456：⑯四〇頁）。これに対して金銀の価値は一般的同意に依存するため、しばしば不安定となる（GHS.455：⑯八九頁）。

フィヒテは国内貨幣の導入の意義を強調する。彼は当時、「世界貨幣」とされた金銀に替えて、それぞれの国の内部では独自の貨幣を導入することを提案する（GHS.485：⑯一二六頁）。彼によれば、新貨幣の制定は人民の福祉をもたらし、「国民の真の創造」につながる（GHS.509：⑯一五六頁）。国内の新貨幣が社会的信用を得るためには、公定価格の設定によって物価が安定させられなければならない（GHS.487：⑯一三九頁）。このように、新貨幣の制定と公定価格の設定とが結合することによって、商品の流通の計算・調整が可能となる（GHS.436：⑯六四頁／GHS.488f.：⑯一三一頁）。国内における世界貨幣の廃止、国内貨幣の制定は閉鎖的商業国家のための「決定的手段」である（GHS.392：⑯六〇頁）。ただし、国家が管理する貿易の決済は世界通貨（金銀）を用いざるをえない（GHS.494：⑯一三七頁）。

第四節　閉鎖経済と世界平和

四・一　商業の拡大と平和の破壊の歴史

フィヒテは『閉鎖商業国家』の第二篇「現代史――現在の現実諸国家における商取引の状態について」において中世以後のヨーロッパの経済について独自の分析を行ない、それを商業と交易の無秩序な拡大・展開と特徴づけ、これに対して各国の閉鎖経済を対置する。この分析は独自のものである。

フィヒテによれば、中世には「キリスト教ヨーロッパの諸民族〔Völker〕」は「ゲルマンの森」を起源とし、共通の宗教、慣習をもち、「一つの国（国民）〔Nation〕」を形成していた（GHS.450：⑯八三頁）。そこでは諸民族は政治の面で独立した国家を確立していなかった。これに対応して、経済の面でも諸民族のあいだで自由な交易が行なわれ、ヨーロッパ全体が「一つの統一的な大商業国家〔ein einiger großer Handelstaat〕」となった（GHS.452：⑯八五頁）。

当初は生産や商業は低い発展水準にあったため、経済活動の規制は問題にならなかったが、経済活動の発展とともに、経済的な「無政府状態」（GHS.452：⑯八六頁）の「弊害」が明らかになった（GHS.453：⑯八六頁）。近代には諸民族は独立した国家を形成するようになるが、ヨーロッパ全体の経済的無秩序のもとで、諸国のあいだの対立が激化し、平和を脅かすようになった。貿易をめぐる「普遍的で密かな戦争」が生じ、それが世界における戦争の原因となる。「相互に抗争する商業利益はしばしば戦争の真の原因となる」。「密かな戦争」は市場の拡大と支配、植民地をめぐる「公然たる戦争」、「血なまぐさい戦争」に転化する（GHS.468f.：⑯一〇五頁以下）。ヨーロッパ内部の競争と抗争は海洋にも及び、「海洋の支配」が求められ（GHS.468：⑯一〇六頁）、さらに、ヨーロッパ各国は競って他の大陸（アフリカ、アジア、アメリカ）を植民地とした。ヨーロッパ諸国は「他の大陸を共同的に搾取している」（GHS.393：⑯一二頁）。

フィヒテによれば、当時のヨーロッパ全体においては経済的な無秩序と各国の政治的な統一、独立とが乖離している。それぞれの民族において政治的な統一と独立が実現しつつあるが、経済的には民族の生活は他の民族へ依存し、経済的無秩序におかれている。したがって、つぎのような方向が目指されなければならない。「政治的無政府状態がしだいに廃棄されるのと同様に、交易の無政府状態も廃棄され、または国家が立法と司法部門の点で閉鎖されるのとまさに同様に、商業国家は閉鎖される」（GHS.453：⑯八六頁）。このように政治的な統一と独立は「生産上の独立と自己充足」（GHS.480：⑯一二一頁）と結合する。

四・二　ヨーロッパ商業の展開は直線的か

フィヒテは、ヨーロッパにおいては中世以降「一大商業国家」が形成されたと述べている。これはヨーロッパの統一市場圏を意味するのであろう。はたしてフィヒテのこのような経済史的認識は正確であろうか。

経済史的に見れば、ヨーロッパの商業の発達は一〇～一一世紀以降の都市の興隆とともに始まった。一四世紀には北海およびバルト海沿岸部にハンザ同盟が結成される。北イタリア～南ドイツ～北海およびバルト海沿岸の遠隔地のあいだの商業も活発になった。ヨーロッパの「大商業国家」の成立についてのフィヒテの主張はこのことを念頭においているのかもしれない。しかし、中世以降のヨーロッパにおいて商業の自由をつうじて統一市場圏が形成されたとは必ずしもいえない。商人と手工業者がそれぞれ組織するギルドの内部では経済活動の共同的規制が行なわれていた。

一四～一五世紀には農村において賦役の金納化が進行し、領主の農奴に対する人格的支配が君主と農民との双務的契約の関係に変化した。「ローマ的概念」に従って、契約関係が「近世の君主と近世の皇帝に適用され」、「農奴や家臣の封建領主に対する関係がしだいに家臣とその官庁および彼の裁判官との関係に転化した」（GHS.451：⑯八四頁）というフィヒテの説明は直接的には絶対主義を念頭においていると思われるが、この状態はすでに中世後半に部分的に生じた。

一六世紀にはヨーロッパの経済に大きな変化が生じ、封建制は動揺する。大航海時代を迎え、商業の中心が大西洋沿岸に移った。遠隔地間の商業は衰退し、農村と都市のあいだの地域的な商品交換が活発となった。農村においても手工業が興隆し、都市に対して経済的自立を強めた。職人のあいだでもギルドの規制に対する批判が強まった。このように封建制は再編を余儀なくされ、一六～一七世紀には絶対主義が登場した。政治的な中央集権化が進められるとともに、各民族の経済的自立が目指された。フィヒテは諸民族の政治的自立と近代国家の成立について語っているが[10]、それは具体的には絶対主義を意味するというべきであろう。絶対主義のもとでは重商主義が採用され、国内産業の保護、輸出の振興と輸入の抑制、国内関税の撤廃と対外関税の強化、海運業の振興などが図られた[11]。

しかし、重商主義においては商業の国家的規制が残存していることを重農主義と古典派は批判した。一八世紀にケネーによって提唱された重農主義〔physiocracy〕は、重商主義が輸出向けの工業を偏重し、重い地租によって農業を圧迫したことを批判し、農業の生産性を高めることを重視し、内外の商業の自由化を目指す。重農主義は後者の点ではスミスらの自由経済派（古典派）を準備した。

巨視的に見れば、たしかにフィヒテがいうように、中世以来商業は自然発生的に展開され、全体的な制御がないままに、競争が拡大したといえる。しかし、中世から近代への経済の流れを商業の発展と競争の激化として単線的に描写するのはラフである。彼は商業の自由の拡大という名のもとに重商主義、重農主義、古典派の主張を大ざっぱに一括しているように思われる。

四・三　ドイツ経済の特殊事情と官房学

フィヒテの主張は、神聖ローマ帝国が形骸化し、領邦制が定着したというドイツの特殊な事情を背景にしているように思われる。ドイツにおいては、三二年戦争を経て一七世紀後半には諸地域が政治的に独立し、それぞれの国家（領邦）を形成し、多くの小国への分裂が固定化された（領邦主義）。多くの領邦は絶対主義と重商主義を導入した。

フィヒテの商業国家の構想との関係で注意すべきなのは、ドイツで発展した「官房学〔Kameralistik, Kameralismus, Kameralwissenschaft〕」である。ドイツの多くの領邦においては絶対主義の経済政策のための独自の学問、官房学が確立された。それは狭義の「経済〔Wirtschaft, Ökonomie〕」の学、「福祉政策あるいは内部行政〔Polizei〕」の学、および「財政〔Finanzen, Staatshaushalt〕」の学を含む[12]。官房学は家父長的な恩恵主義の立場から「人民の福祉」、「共同利益」のスローガンのもとで工業を中心に国内産業の発展を図り、重商主義をその経済学的基礎とした。一九世紀にはドイツでも古典派の影響が強まったが、それは従来の官房学と折衷された。

『閉鎖商業国家』における経済政策論と福祉行政論は官房学の見解をフィヒテ独自の立場から改変させたものであるといえる。プロイセンの改革においては重商主義に対する批判が強まり、古典派が主張する自由放任経済や自由貿易が導入されつつあったが、フィヒテの見解はこれを強く意識したと思われる。『閉鎖商業国家』が当時のプロイセンの大蔵大臣のシュトルエンゼー〔Struensee〕に捧げられたことの背景にはこのような事情があるであろう[13]。彼は啓蒙的官僚の代表で、官房学の影響を受けながら、重農主義をも部分的に採用し、自由競争を主張した。彼は、①農業、工業、商業の体系的、調和的発展、②農業の生産性の向上と余剰農産物の産出、③工業の振興とギルドの規制、④官営経済の振興、関税の整理、⑤交易の自由、⑥公債の整理を目指した。①は官房学の伝統を踏まえたものであるが、フィヒテの見解と共通性をもつ。②と③は重農主義の政策を採用したものであり、フィヒテの主張と類似している。⑤は重農主義あるいは古典派の影響によるものであり、フィヒテの見解とは対立する。シュトルエンゼーは紙幣の発行にかんして動揺した態度をとった(14)。

第五節　風土と文化に基づく生産

五・一　自然の制約と有効利用——自然循環と経済的閉鎖

フィヒテは自然を人間の活動のための素材や手段と見なしている。彼は『道徳論』においては、「感性界におけるすべてのもの」は自我の自立性の実現のための「手段」であると述べている(SL.229：⑨二七七頁)。このことは「人間中心主義的に」(今日の環境倫理学においていわれる意味での)見えるかもしれない。たしかに彼は一般に人間の自由な自己活動を重視するが、その自然的制約を軽視してはいない。ただし、彼は『閉鎖商業国家』においてはつぎのようにいう。「人間は自然がとにかく許すかぎりで」、「自然を支配することによって」、「快適に、自由に生活する」ことができる(GHS.422：⑯四八頁)。人間による自然に対する働きかけは具体的には労働による自然の加工という形態をとるが、まず労働は任意にではなく、「自然自身のこれまで知られた法則」(GHS.423：⑯四九頁)に従うことによって、行なわれる。また、民族の次元で見れば、それぞれの民族における労働はそれぞれの「風土〔Klima〕」によって制約される(GHS.472：⑯一一〇頁／GHS.478：⑯一一八頁)。このような見解は人間中心主義的なものではないであろう。

フィヒテによれば、それぞれの民族の福祉は自然的条件と人間の労働(技術)と「文化」(広義の)に依存している。「それぞれの民族は、自分が居住する風土の産物と、ともに生活する同胞市民の技術〔Kunst〕とに満足すべきである」(GHS.478：⑯一一七頁)。「いかなる人間も、自分の居住の風土、自分が属す民族の文化〔Kultur〕から生じる福祉を上回るような福祉に対しては請求権をもたない」(GHS.472：⑯一一〇頁)。「市民は労働によって」、「自然と人間の技術とによる恩恵(便宜)が……産出するすべてのものに対する請求権を獲得する」(GHS.477：⑯一一七頁)。それぞれの民族は国内における自然資源と労働産物に満足すべきであり、外国から資源や製品を輸入すべきではない。それらが必需品となっているばあいは、科学・技術によってそれらの「代用品」を開発すべきである(GHS.478f.：⑯一一八頁)。必需品と奢侈品との扱いとの区別は『自然法』でも言及されていた(NR.236：⑥二七九頁)。各国の科学・技術や文化が発展すれば、他国から資源や産物を獲得する必要はなくなる。それぞれの民族が自分の「自然的境界」を超えて、「資源(原材料)の占有」を目指して、「征服欲」を強めることによって、民族(国家)のあいだの「戦争状態」を生じさせる(GHS.481：⑯一二二頁／GHS.483：⑯一二五頁)[15]。

フィヒテによれば、それぞれの民族は科学(学問)・技術(技芸)、文化を発展させ、自然を有効に利用するよう工夫しなければならない。そのさいに重要なのはそれぞれの民族の内部における物質循環である。現代の環境論においては「物質の流れ〔material flow〕」を一方的、「開放的」なものから、循環的、「閉鎖的な」ものへ転換することが求められている。従来の経済活動においては一つの社会が外部の自然からエネルギーを取り入れ、これを消費し、廃棄物を自然へ放出してきたため、環境への負荷を増大させ、環境破壊を生じさせた。今日の課題は、このような物質の一方的な流れに替えて、それぞれの社会の内部で物資やエネルギーを循環させることである。このことは、生産、流通(交易)、消費をそれぞれの社会の内部に閉鎖化し、物資を循環させることを意味する。このように、物質の流れの閉鎖化は経済活動の閉鎖化と結合する。外国の物資の自国への流入と自国の物資の外国への流出とを抑制し、自国の物資を有効に利用するというフィヒテの閉鎖経済の構想は、現代のこのような議論を先取りする側面をもつ。

五・二　共同財産としての自然の保全

フィヒテは自然と自然資源の占有と利用はいかにあるべきかについても言及している。「われわれの理論によれば、土地の［私的な］所有はまったく生じない」（GHS.442:⑯七三頁）。基本的には地上におけるものは「人類の共同財産（共同占有）〔Gemeinbesitz〕」である（GHS.480：⑯一二〇頁）。「大地は主のものである。目的に従ってそれを耕作し、利用する能力のみが人間のものである」（GHS.442：⑯七二頁）。このことは、人間は土地の所有権をもつのではなく、その使用の権利のみをもつと理解することができるであろう。『自然法』においても同様の見解が示されていた（Ⅲ‐五・一）。ここでは、土地の所有と、土地およびその付随物の加工によって獲得したものの所有とが区別され、私的所有は後者のばあいにのみ認められる。ただし、フィヒテはカントのように土地の「根源的共有（原始共産）」（MS.251：『カント全集』⑪七四頁）には言及していない。

これまでは、商業の自由のもとで諸個人は貨幣をつうじて相互に結合し、全体的富から分け前を獲得すると見なされてきた（GHS.477：⑯一一七頁）。しかし、このことは無秩序に行なわれ、その結果、抗争と戦争を引き起こし、自然の破壊と自然資源の浪費をもたらした。フィヒテはこのような状態に対して新しい国際経済秩序を対置する。「地球全表面における善いものと美しいものにかんするわれわれの分け前」を獲得すること、「労働と技芸的感覚」によって「人類の共同財産に寄与する」ことがその原則とされる（GHS.480：⑯一二〇頁）。

それぞれの民族は科学・技術によって自然的事物を有効に利用し、それを変様させ、自然に新たな意味を与える。この点で、「善いもの」（有益なもの）のほかに、「美しいもの」、およびそれについての「技芸的感覚」について語られる。フィヒテが人間の活動の自然的限界、自然資源の有限性と有効活用を明らかにしていることは今日の環境論議を先取りするものであり、注目に値する。

五・三　閉鎖経済と世界平和

フィヒテよれば、貿易の制限は環境保全と世界平和のためにも必要である。カントは『永遠平和論』において、国際的な交易の拡大が平和の基礎になると見なしたが（EF.368：『カント全集』⑭二八八頁）、フィヒテはこの著作への論評（一七九五年）のなかで、商業の発展はむしろ外国の民族や他の大陸を抑圧することにつながると批判した（Ⅲ・六・一）。このような見解は『閉鎖経済国家』においてさらに具体的に展開される。

フィヒテは平和にとっての「自然的な境界（国境）」の意義を重視する。彼によれば、それぞれの民族の国境は歴史的には自然条件（河川や山岳等）に依存しているが、他の地域から自然資源を獲得するために、この自然的境界を越えて領土を拡張するならば、平和は脅かされる。平和のためには各国は自然的境界の内部にとどまって、閉鎖経済を行なわなければならない（GHS.483：⑯二二四頁以下）。たしかに、これまで、どこに各国の自然的境界が引かれるべきかをめぐって抗争が生じてきた。しかし、自然的境界が画定されれば、領土をめぐる「戦争の根拠」は廃棄される（GHS.482：⑯二二四頁）。各国が閉鎖経済を導入すれば、自然的境界は確定されていく。経済閉鎖を行なう国は他国を支配する意図をもたず、そのため他国から攻撃される危険性もほとんどなくなる。また、常備軍の維持や戦争の準備のために多大な財政負担を行なう必要もなくなる（Ebd.）。

しかし、フィヒテの見解には曖昧さが残っている。彼は一方で、それぞれの民族は交易を閉鎖し、自然的境界にとどまるべきであると述べながら、他方で、民族はその経済力によって他の地域を「占領」することができ、これらの地域を自国へ「融合した」あとで、閉鎖によって国境を画定すると述べる（GHS.502f.：⑯一四八頁以下）。このような主張はプロイセンの経済進出と経済支配（バルト海沿岸やポーランドのシュレジエン地方などへの）を正当化するものと受け取られかねない[16]。

五・四　民族文化と普遍的文化

フィヒテは民族的な文化（教養）と人類の普遍的な文化との関係についてつぎのようにいう。民族のあいだの交渉（とくに「旅行と交易」）をつうじて「確固とした民族的な教養・文化〔Nationalbildung〕」が「全面的で純粋に人間的な教養」へ「移行し」、これと「融合する」であろうという見解があるが、その実現は困難である（GHS.512：⑯一五九頁）。このような「人間的教養」はそれぞれの民族的教養を真の基礎としてはいないため、「いたるところをも故郷としながら」、「どこをも故郷としない」という矛盾に陥る（Ebd.）。民族を超える純粋な教養（文化）は学問（科学）のみである。「地勢と民族のすべての区別をまったく廃棄して、もっぱら人間にのみ属し、市民には属さないようなものは学問以外にはない」（GHS.512：⑯一五九頁以下）。このような見解は『ドイツ民族へ』の関連論稿（『愛国主義とその反対』）においても継承される（Ⅶ - 五・四）。

フィヒテが問題にする「人間的教養」あるいは普遍的文化は広くは啓蒙主義を、直接的にはカントを念頭においたものであろう。カントは『永遠平和論』において、民族のあいだの交流（とくに旅行と交易）が世界平和をもたらすと展望している（EF.357f.：『カント全集』⑭二七四頁以下／EF.367f：同⑭二八七頁以下）。カントは諸民族のあいだの文化的交流による文化の普遍的発展について直接には言及していないが、彼が世界市民的な文化の形成を理想としていたことはたしかである[17]。

フィヒテは『カント「永遠平和論」論評』においては、交易と人的交流の拡大に基づく世界平和の確立についてのカントの構想を楽観的であると批判しながらも、文化的交流の意義を高く評価していた。諸国家は「外部の諸民族と諸大陸の文化をつうじて」、「もはや交易によって利益を獲得することがなくなり、……その結果、強奪欲の最後の報償がやはり消滅していくような地点へ到達するに違いない」（RzEF.435：⑥四六九頁）。しかし、フィヒテによれば、それぞれの民族は固有の文化をもつのであり、それらのあいだの交流によって相互の相違が消滅するのではない。フィヒテは『閉鎖商業国家』においては世界市民的文化の成立に対しては懐疑的、批判的なように見える。しかし、彼は世界市民的文化の可能性をまったく否定しているのではないであろう。文化における民族的要素と国際的な要素との関係はのちに『ドイツ民族へ』において主題化される。

フィヒテは『自然法』においてはカントのように、外国への訪問（旅行）の権利を主張していたが（NR.384f.：⑥四五五頁）、『閉鎖商業国家』においては旅行を制限しようとする。旅行は各国の富と金銀（国際貨幣）を外国に持ち出し、またそれらを外国から持ち込むことになり、経済閉鎖の原則に反するというのがその理由である。旅行は国家の文化や科学・技術の発展のためのもの（学者、科学者、芸術家、技術者）に限定されるべきであるといわれる（GHS.506：⑯一五三頁／GHS.512f.：⑯一六〇頁）。

第六節　閉鎖商業国家は社会主義的か

六・一　経済の社会的制御と社会主義

『閉鎖商業国家』の経済論が社会主義的かどうかをめぐってさまざまな議論が行なわれてきた。この著作が社会主義的であると見なされる主な理由は、そこでは経済生活における平等が強調され、経済の無秩序な展開が批判され、経済の社会的な計画化と制御が主張されるためであろう。

フィヒテは生存権の保障と市民の実質的平等のために市場経済の社会的制御を目指す。市場経済を「盲目的な威力」に委ね、人間の生活がそれに従属することは人間の自由に背反する。このような構想はたしかにイギリスのオーウェン、フランスのサン・シモン、フーリエにおける社会主義に先行するものであり、ドイツにおける社会主義の先駆ともいわれうる。今日の分類に従えば、フィヒテの構想は広義の市場社会主義に属すであろう。

フィヒテは私有財産と商品経済を前提にしたうえで、その規制を構想する。狭義の社会主義経済は、マルクス主義において典型的であるように、生産手段（土地、工場や農場など）の国家所有や共同所有に基づくとされるが、フィヒテの見解はこれとは異なる。フィヒテが構想した経済社会は、独立した小生産者（とくに独立農民と手工業者）のあいだの自発的結合と共同管理に基づき、この共同管理は、社会契約によって設立される国家に委ねられる。

フィヒテのこのような構想には当時のドイツの経済状態による制約が反映している。ドイツにおいては、領邦によって事情は異なるが（西部地域では市場経済が比較的発達していたが、東プロイセンではユンカーの大土地所有制が支配していた）、全体としては半封建的状態が根強く残存していた。そのなかでフィヒテは反封建的立場に立ち、大地主（土地貴族）による零細農民の支配を批判し、小規模な自営農民を擁護する（GHS.441：⑯七一頁）。重農主義も同様に農業を経済の基礎におくが、大土地所有に対しては、フィヒテとは異なった態度をとる。つぎに、工業にかんしてはフィヒテは手工業者（自立した職人）を基礎にしており、前近代的要素を残している。彼は近代の機械制工業における経営者と労働者の関係には注意を向けていない。[18] 彼は、当時のドイツの独立した農民、独立した手工業者という小ブルジョアジーを経済の担い手として構想し、国家による上からの規制によって経済的な自由と平等を実現しようとしたといえる。[19] フィヒテの主張はプロイセンにおけるシュタイン、ハルデンベルクらによる改革に先行している。

フィヒテの経済論の特徴の一つは、生産と流通の社会的な調整を法的な契約に基づいて行なおうとする点にある。生産物の交換は契約に従って行なわれ、これを国家が保障するといわれる。このような構想は、貨幣を媒介にした商品交換がこの契約から独立しないように、国家はこれを法的に規制する。それは、経済活動を法によって社会的に規制する点で、〈法的社会主義〉という性格をもつといえるであろう。[20]〈国家→法的契約→商品交換→経済活動〉というフィヒテの構想は一面では、当時のドイツにおける市場経済の未発達に制約されているといえるが、それは他面では、当時導入されつつあった自由経済がもたらす弊害に対する洞察に基づき、先見的であるともいえる。

六・二　フランス革命の経済的平等論

ヘーゲルは国家による経済の指導や管理の形態として価格調整、生産手段の調達と実施、労働の斡旋などを主張しており（Rph. §235, §236）、この点でフィヒテの見解と共通性をもつだけでなく、これよりも詳細になっている。しかし、ヘーゲルの経済論を社会主義的と見なす論者はほとんどいない。フィヒテの経済論が社会主義と見なされる基本理由の一つは経済的平等の主張であろう。フィヒテは法のもとでの形式的平等だけではなく、経済における実質的平等を主張する。これに対して、ヘーゲルは平等を形式的で、空虚なものとして厳しく批判している（Enz. §539）。

フランス革命においてジャコバンは急進的な小ブルジョアジー（自営農民や自立的職人など）の要求を背景に革命独裁によって経済の社会的規制と経済的平等をもたらそうとしたが、『閉鎖商業国家』の構想はこれと一定の共通性をもち、その影響を受けていると解釈できる。しかし、ドイツにおいては市場経済と自立的生産者の形成は遅れており、フィヒテの提案は現実から乖離し、ユートピア的性格をもたざるをえなかった。

『閉鎖商業国家』の平等主義的傾向は基本的にはルソーの思想の継承によって生じたものであろう。[21] ルソーの平等思想はフランス革命の時期においてはロビスピエール、サン＝ジュストらのジャコバンによって継承されたが、それに先立って、ランゲ、モレリ、マブリらの共産主義思想へと展開され、フランス革命期においてはエーベルやバブーフの共産主義思想へ先鋭化された。ジャコバンは土地貴族にも、新興ブルジョアジーにも、急進的な共産主義にも対抗して、自立的な農民や職人（小ブルジョアジー）の利益を背景に、平等のための経済の国家的規制を主張した。農業の保護と穀類の最高価格の設定がその典型である。フィヒテはジャコバンのこのような主張の影響を受けたとも考えられるが、バブーフらの共産主義からの影響は考えにくい。[22]

六・三　ロマン派経済学との関係

『閉鎖商業国家』の経済論はのちのドイツ・ロマン派経済学に道を開いたといわれることがある。『閉鎖商業国家』は、出版のあとに賛否両論を呼び起こしたが、ドイツ・ロマン派経済学の先駆者のなかで、バーダー〔F. X. Baader〕がそれを肯定的に評価した。これに対して、ミューラー〔A. Müller〕はスミスの説に従って、この著作を厳しく批判した。

バーダーはロマン派やシェリングの影響を受け、有機体論を主張し、これを社会にも適用する。彼はドイツにおけるスミスの最初の本格的な批判者でもある。彼は無制限な自由競争、国家の経済に対する消極的関与を批判し、『閉鎖商業国家』を高く評価する（「ツンフト廃止に反対する自然法的根拠にかんする公衆の判断を正すという一論について」、一八〇一年）。バーダーは、①国内産業としての農業・手工業・商業の均衡的発展、②国内通商の促進による国内循環の活性化、③政府による経済に対する積極的な干渉、④職業団体の保護、⑤対外貿易の制限、国内産業の独立（国内循環の外国循環への依存の批判）を主張している。[23] これらは『閉鎖商業国家』の見解を継承したものであり、シュトルエンゼーの見解とも関連する（Ⅵ - 四・三）。

バーダーとは対照的に、ミューラーは当初はスミスの経済論に基づいて、『閉鎖商業国家』を経済についての素人議論であるとこきおろした（「『閉鎖商業国家』と題されたフィヒテ氏の哲学構想」、一八〇一年）。ミューラーによれば、交換の拡大は必然的であり、国際貿易の発展も必要であって、閉鎖経済は非理性的である。また、国内的にも国際的にも手形や為替が通貨にとって替わっていくので、国際通貨の替りに国内通貨を流通させるというフィヒテの構想は無意味である。さらに、フィヒテにおいては資本の概念が欠如している。資本の蓄積と投下がなければ経済的な発展はありえない。[24]

しかし、のちにミューラーはロマン派との交流をつうじて有機体論的な構想を抱くようになった。彼は『国家論綱要』（一八〇九年）においてはスミスの経済論に対して批判的になり、つぎの点でフィヒテと共通の見解に到達する（ただし、ミューラーはフィヒテには言及していない）。①経済諸部門（農業・手工業・商業）の均衡、②農業の重視、③聖職者身分、貴族身分（土地所有者）、市民身分（商工業者）のあいだの調和、④職業団体の存続、⑤通貨改革、⑥国家による経済への介入、⑦対外貿易の制限。なお、ミューラーは国家による経済の規制をフィヒテよりも緩やかなものと見なし、貿易の制限についてもフィヒテのような「絶対的な閉鎖」は主張しない。ミューラーは中世の社会秩序と精神文化の継承を主張し、宗教（カトリック）、土地貴族の擁護、徒弟制度を保存し、保守的立場に立っており、この点でもフ

ィヒテとは異なる。(25)

六・四　『閉鎖商業国家』の社会主義的解釈をめぐって

『閉鎖商業国家』の出版直後には、経済の計画化と統制は国民を監獄におくものであるという批判が出された。しかし、一九世紀中ごろには、『ドイツ民族へ』との関連で、その社会主義的傾向を肯定する論者が登場した。アーレンス〔H. Ahrens〕は同著のなかに「民族的社会主義〔Nationalsozialismus〕」を見て取った（『法と国家の哲学』、一八五二年）。一八六二年にフィヒテ生誕一〇〇年を迎え、フィヒテの再検討の機運が高まるなかで、トライチュケ〔H. v. Treitschke〕は自由主義の立場からフィヒテの社会論の社会主義的傾向を批判した（『フィヒテの民族思想』）。ラサール〔F. Lassalle〕はこれとは反対に社会民主主義の立場からその社会主義的傾向を評価した（『フィヒテの哲学とドイツ民族精神の意味』）。ツェラー〔E. Zeller〕はフィヒテの政治哲学的著作の整理と編集を行ない、フィヒテの政治哲学に人々の関心を向けさせることに寄与したが、そのなかで自由主義的立場から、『閉鎖商業国家』は「国家の監督」を強調する点で専制的であると批判した（『政論家としてのフィヒテ』、一八六五年）。しかし、一九世紀末にシュナイダー〔R. Schneider〕は、フィヒテの政治哲学が「社会主義の最初の意識的運動」を示していると評価した（「社会的政論家としてのフィヒテ」、一八九四年）。

二〇世紀に入り、フィヒテ死後一〇〇年の一九一四年を機会にフィヒテ・ルネッサンスが興隆したが、同年には第一次世界大戦が勃発し、ドイツの民族（国民）に対する関心が高まり、『閉鎖商業国家』を『ドイツ民族へ』と関連させる傾向が左右で強まった。社会主義者のアイスナー〔K. Eisner〕はフィヒテの思想を「社会主義的民族国家」の方向で受容しようとした（『フィヒテ――死後一〇〇年の追憶』）。また、同じく社会主義者のアドラー〔M. Adler〕はフィヒテをドイツにおける「最初の社会主義者」と見なした（『方向案内人――社会主義的精神史研究』、一九一四年）。ヒットラーの政権掌握によってワイマール体制は崩壊するが、ベルクマン〔E. Bergmann〕はフィヒテの見解を「民族社会主義

〔Nationalsozialismus〕」に引き寄せて解釈し、ナチスのイデオロギーの理論化の基礎を形成した（『フィヒテと民族社会主義』、一九三三年）。これは排外的人種主義（とくに反ユダヤ主義）の立場に立つものであり（Ⅶ‐五・三、参照）、左翼的立場からの民族主義と社会主義との結合と対立した。

六・五　経済的社会主義と文化的社会主義

新カント派に属すリッカート（リッケルト）〔H. Rickert〕は『フィヒテの社会主義の哲学的基礎』（一九二一〜二三年）において、『閉鎖商業国家』の見解を「経済社会主義」と特徴づけたうえで、個人の自由と社会主義とがいかに一致するかを問題にする。彼によれば、個人は倫理的に自律的であるだけではなく、文化的でもある。文化は感性と理性を媒介する。文化においては個人は孤立的ではなく、社会的である。このようにしてフィヒテにおいて文化を媒介に個人の自由と社会主義とは対立せず、結合すると説明される。マリアンネ・ウェーバー（マックス・ウェーバーの妻）は新カント派に属しながら、リッカートとはやや異なり、『フィヒテの社会主義とマルクス理論に対するその関係』（一九二三年）において、社会主義的経済論は本来理想的性格をもつはずであるが、『閉鎖商業国家』においてはこのような性格があいまいにされていることを批判する。

日本においては南原繁がリッカートの影響のもとに『閉鎖商業国家』における社会主義の文化的性格を強調した。南原はマルクス主義の経済的社会主義にもナチスの民族的社会主義にも距離をとり、また、新カント派の倫理的社会主義にも不満をもち、「文化的社会主義」をフィヒテの政治哲学のなかに見出す[26]。

フィヒテの社会主義へのこれらの倫理的、文化的アプローチはつぎのような認識に基づくと思われる。第一に、人間の社会生活の基礎を経済に求めることは経験論的、唯物論的であり、フィヒテの観念論とは一致しない。第二に、経済の国家的規制は自我の自由というフィヒテの基本的見解と一致しない。

しかし、これらの解釈には混乱が見られる。第一に、フィヒテの経済政策論の規範性はまず法的なものであり（Ⅵ‐六・

一)、直ちに倫理的なものではない。彼によれば、労働産物の交換は契約に基づき、これを国家が規制する（ただし、フィヒテの経済論は生活権の保障を目指しており、広義には人格の倫理的尊厳の尊重を基礎にしており、この点では倫理的性格をもつといえる)。第二に、フィヒテにおいては自我はそもそも原子論的なものではなく、相互人格的なものであり、それが経済においては各人の生活権の保障のための社会的規制という形態をとる。自我の自由から経済の社会的規制への移行はこの点で内在的必然性をもつのであり、この移行の説明のために「文化（陶冶）」を介在させる必要はない。[27] たしかに、個人の自由と共同体への所属とを結合するうえで、文化は重要な役割を果たすとフィヒテは見なすが、彼の自我論が原子論的ではないことの根拠を自我の文化的あり方に求めるのは適切ではない。

第Ⅶ章　グローバル化における民族の問題――『ドイツ民族へ』の意味

第一節　『ドイツ民族へ』の背景と戦略

一・一　『ドイツ民族へ』は民族主義的か

『ドイツ民族へ（ドイツ民族への呼びかけ）』は、一八〇七年一二月〜一八〇八年三月に行なった一四回の講話をまとめて、一八〇八年四月に刊行したものである。ナポレオンはドイツ西部を勢力下におき、一八〇六年八月に神聖ローマ帝国を解体させた。同年一〇月にナポレオン軍はイエナとアウアーシュテットにおいてプロイセン軍に勝利し、ベルリンに進駐した。フィヒテはその直前にプロイセン政府とともにケーニヒスベルクへ避難するが、ケーニヒスベルクもフランス軍によって占領されたため、一八〇七年八月にベルリン戻り、一二月からベルリンの名士を聴衆としてドイツ民族に向けての講話を行なった。講話の内容は、ケーニヒスベルクに避難した時期に準備された。[1] ナポレオン軍の占領下でのこれらの講話は危険なものであり、フィヒテは銃殺も覚悟したと述べている。[2] 彼はナポレオンに対する直接の批判を避けながら、講話を続け、その内容が検閲をへて出版に至った。一八一三年秋からプロイセンによるナポレオンに対する反撃は本格化し、ナポレオンは一八一三年末にフランスへ撤退し、一八一四年三月に反フランス連合国がパリを占拠し、ナポレオンは失脚するが、フィヒテはその直前の一八一四年一月に急逝する（Ⅷ・四・五）。

ドイツにおいては『ドイツ民族へ』は『全知識学』以上にポピュラーであり、大きな社会的影響を与えたが、その評価は大きく分かれる。『ドイツ民族へ』はつぎのように「民族〔Nation〕」と「民族教育〔Nationalerziehung〕」を強調する点で、典型的なナショナリズムの書であるかのように見える。すなわち、同書においては第一に、ドイツ民族の卓越性が主張され、第二に、個人に対する民族、祖国の優越性がうたわれ、第三に、教育の目的が民族への自発的献身のための「全面的人間改造」に求められる。

ここで問題なのは、なぜフィヒテがナショナルな事柄を重視したかである。ヨーロッパでは一八世紀になって、それぞれの民族が社会的、文化的統一を自覚し、政治的な独立を主張するようになった。しかし、ドイツにおいては中世以来さまざまな領邦〔Land〕が分裂し、統一した文化的、民族的意識は希薄であり、一時期を例外として、ドイツ全体の統一国家は形成されなかった（名目上は九六二年以来神聖ローマ帝国が存在したが）。このため、ドイツはしばしばヨーロッパ諸外国のあいだの対立に巻き込まれ、ナポレオンの支配に対しても結束して抵抗することができなかった。フィヒテは、ヨーロッパにおけるドイツの特殊な歴史的、地勢学的位置を分析し、そこからドイツが果たすべき役割を戦略的に明らかにしようとする。彼によれば、ドイツ民族の結束と政治的独立の達成はさらにヨーロッパにおける諸民族の平和と連帯とに密接に関連している。

一・二　ドイツにおける民族・人民・国家

»Reden an die deutsche Nation« は多くのばあいに『ドイツ国民に告ぐ』と訳されているが、本書でこれをあえて『ドイツ民族への呼びかけ』と訳す理由について述べたい。まず、〈Reden〉は〈Rede〉の複数であり、「連続講話（講演）」を意味する。これらの講話はドイツの〈Nation〉に向けて「呼びかける〔Stimmen wenden. zurufen〕」（RdN.450：⑰二二三頁／RdN.482：⑰二五四頁）という性格をもつので、「呼びかけ」と意訳することにしたい。(3)(4) 問題は〈Nation〉であり、これをいかに訳すかは、この著作の基本性格をいかに理解するかに深く関係する。「国民」は狭くは国家の成員（公民）

という政治的意味をもつが、「民族」は文化的、エスニックな意味をもち、血統、生活様式、文化、言語慣習などを伝統的共有する集団を意味する[5]（なお、広義の「国」は郷土という意味も含み、またその住民が広義の「国民」と呼ばれることもあり、このばあいには「国民」は「民族」とも重なる[6]）。

ドイツ語では〈Nation〉の意味は、①国家、②狭義の国民（①の国家の成員の集合）、③郷土（生まれ育った地域、あるいは広義の「国」）、④郷土の住民（広義の国民）、⑤民族（共通の歴史的起源、文化をもつ人びとの集合）に大別される。これに対して、〈Volk〉は①人民（人びとの全体）、②下層人民、民衆、庶民、③国民（国家の成員の集合）、④地域の住民（広義の国民）、⑤民族に大別される[7]。このように、〈Nation〉と〈Volk〉はいずれも、「国民」（狭義の）および「民族」という意味をもつので、両者を機械的に訳し分けることは困難である[8]。

フィヒテの著作においては多くのばあいに〈Nation〉は政治的意味での（狭義の）「国民」をではなく、文化的、エスニックな意味の「民族」を指し、〈Volk〉とほぼ同義に理解されている（〈national〉も〈Volk〉の形容詞の代用として用いられることが多い。〈Nationalcharakter〉の基本的意味は政治的でなく、文化的である）。フィヒテによれば、ドイツの歴史においては文化的な意味の民族と政治的な意味の国民（国家の成員）とが一致しなかった。ドイツ民族は多くの政治組織、領邦に分かれており、ドイツ人においては領邦（「特殊的国家」）の成員（狭義の国民）と、「ドイツ民族という共通の祖国全体」の成員とが分離していた（RdN.392：⑰一五四頁／RdN.396：⑰一五九頁）。

フィヒテは、ドイツ民族の文化的統一の自覚を基礎に政治的統一を実現する戦略を構想する。彼はそのために民族教育を重視する。彼が講話において呼びかける相手はまず直接には「ドイツ民族」であって、ドイツの国家的統一を今後目指すべき政治的意味での「ドイツ国民」（将来の「ドイツ国民」）ではない。この点についてつぎのようにいわれる。講話は「ドイツ人」、「ドイツ民族」に向けたものであり（RdN.266：⑰一二頁）、「ドイツ人であることの共通の根本特徴」（RdN.267：⑰一三頁）をもつ人びと、「ドイツ語が届く範囲にある」（RdN.481：⑰二五三頁）人びとが「ドイツ民族」である。ドイツの統一は政治的な意味では「生じるべきであり、生じなければならない」が、文化的な意味では「すでに生じており、完成しており、現に存在している」（RdN.267.：⑰二三頁）[9]。

フィヒテが「民族」を表現するために多くのばあいに、〈Volk〉ではなく、〈Nation〉という用語を使用することの背景にはさらにつぎのような事情がある（XI‐三・五、参照）。〈Volk〉はしばしば、上層階級から区別された「民衆（庶民）」という意味に理解される。ペスタロッチは民衆のための教育、「民衆教育〔Volkserziehung〕」を主張したが、フィヒテはこれを不十分と見なし、ドイツ人全体を対象にし、民族的内容をもつ「民族教育〔Nationalerziehung〕」を主張する（RdN.277：⑰二四頁）。

一・三　『ドイツ民族へ』の戦略と戦術

『ドイツ民族へ』の目的は、ドイツ民族の危機を明らかにし、ドイツ民族の存続のための「確実な手段」を示すことにある。「われわれの状況、われわれになお残された力、われわれを救済する手段を明確に洞察する」必要がある（RdN.268：⑰一四頁）が、「ドイツ民族の生存を維持するための唯一の手段」は「教育制度の全面的改革」（RdN.274：⑰二一頁）、「ドイツ固有の民族教育〔eingentümlich deutsche Nationalerziehung〕」（RdN.277：⑰二四頁）にほかならない。ドイツ民族の救済の手段は「時代の性格とドイツ人の民族性格（民族性）〔Nationalcharkter〕から必然的に生じる」（RdN.280：⑰二八頁）。フィヒテは、①中世以降のヨーロッパにおけるドイツの特殊な位置の歴史的分析に基づき、②ナポレオンの支配に対抗するドイツの戦略と戦術を提案し、③ナポレオンの支配に替わるヨーロッパ統合の将来を展望するなかで、④ドイツの政治的統一を構想し、⑤その前提としてドイツ民族の文化的固有性を確認し、そのための民族教育を主張する。

ところで、このようにナショナルな事柄が重視されることは『ドイツ民族へ』に特有のことである。フィヒテは初期においてだけでなく、中期においてもナショナルな事柄を強調していない。『ドイツ民族へ』のまえの『現代の根本特徴』（一八〇六年に出版）においては、ゲルマン民族が中世以来のヨーロッパの中心となったと主張されてはいるが（GzG.193f.：

⑮一九四頁)、主語は基本的に人類あるいはヨーロッパとされており、ドイツ民族は強調されていない。ナポレオンによるベルリン占領を機会にフィヒテの社会哲学に立場の一定の転換が生じたといえる。

ナショナルな事柄の理解にかんしてフィヒテの思想の展開には連続面と不連続面とがある。一方で、フィヒテは一八〇六~〇八年に突然ナショナルな事柄を強調し始めたのではない。一八〇〇年の『閉鎖商業国家』においては、商業の閉鎖によって、それぞれの「民族性格」、すなわち民族の「特殊的な生活、制度、慣習」が真に形成されるのであり(GHS.509:⑰一五六頁)、民族の文化からまったく独立に「純粋な人間的な文化・教養」が存在するわけではないといわれていた(GHS.512:⑰一五九頁)。他方で、後期の『国家論』(一八一三年)はナポレオンに対するドイツの反撃が本格化したさなかの講義をまとめたものであるが、そこでもドイツ民族に対する愛国心が声高に叫ばれてはおらず、ナポレオンの巧妙な戦略に対して、冷静沈着に対抗すべきであると主張されている(Ⅷ・四・四)。

このような流れのなかで『ドイツ民族へ』においては民族的なものと人類的なもの、国際的なものとの結合が主張されている。民族は個人を人類(人間性)と媒介するものであり、ドイツ民族は人類性を体現し、他のヨーロッパ諸国と連帯すべきであると説かれる。

一・四 グローバル化の時代における『ドイツ民族へ』

『ドイツ民族へ』は、ドイツにおいてナショナリズムを鼓舞するものとして受け取られ、ナチスによって利用された。そのため、第二次世界大戦のあとのドイツにおいてはこの著作について正面から論じることは避けられ、その落ち着いた研究は東西ドイツの統一のあとにようやく可能となった(10)。

しかし、今日グローバルの時代のなかで『ドイツ民族へ』を読み直してみると、そこには新鮮な問題提起が認められる。第二次世界大戦後にはそれぞれの民族が植民地支配を脱却して、自決権を獲得し、自立的な国家を確立することが目指された。多民族国家を形成していたいくつかの国においては内部の民族間の対立が激化し、それぞれの民族が政治的独立を求めるようになり、混乱が続いている〈その典型例は旧ソビエト連邦やユーゴスラビア連邦である。近年、スコットランドのイギリスからの独立、カタロニアのスペインからの独立の運動なども高まっている〉。しかし、民族連合の解体のあとに生まれたそれぞれの〈民族国家〉も内部に少数民族を抱え、入れ子構造をもつことが明らかになり、一つの民族が一つの国家を形成するという〈原則〉の限界が露呈した。フィヒテは民族の統一国家のあり方にかんして示唆を与えてくれると思われる。

二〇世紀末からアメリカの主導のもとで進行している経済的グローバル化は経済格差を増大させた。さらに、それは交通・通信手段の発達とあいまって、それぞれの民族や地域の文化を破壊し、文化の画一化を生じさせている。これに対する反動としてそれぞれの国や地域においてその文化的、社会的独自性を強調する運動が過激化し、政治的緊張が高まっている。グローバル化のなかで民族や地域の文化をいかに維持するかについてもフィヒテの見解は啓発的と思われる。

フィヒテが最終的に目指すドイツの統一国家は諸地域の連合として地域の政治と文化の多様性を基礎としたものである。彼はこの考え方を国際関係にも適用して、世界の単一国家（「国際国家〔Völkerstaat〕」）よりも、国家間の連合（「国家連合〔Völkerbund〕」）を目指す。一九九二年にはヨーロッパ連合（EU）が結成されたが、フィヒテの構想はこれに先行するものである。

第二節　ナポレオンとの闘争の世界史的意義

二・一　ドイツの特殊的位置

『ドイツ民族へ』においてフィヒテは、ナポレオンの支配におかれた当時のドイツの切迫した状況を直接の背景として、ドイツ民族の使命について戦略的に語りかけている。『ドイツ民族へ』は、「われわれの状況、われわれになお残された力、われわれを救済する手段を明確に洞察する」ことを目的とする（RdN.268：⑰一四頁）。このような手段は「時代の性格とドイツ人の民族特性（国民性）〔Nationaleingentümlichkeit〕から必然的に生じる」ので、これについての考察が必要になる（RdN.280：⑰二八頁）。

フィヒテはドイツ人の統一を求めるが、ドイツにおいては国家の政治的統一には時間がかかることを考慮して、まず文化の面での統一を確認すること、そのための民族教育を実施することを目指す。彼は中世以来のドイツの歴史を回顧してつぎのようにいう。「ドイツにおいては国家と民族〔Nation〕とは相互に分離してきた」。一方で政治的な面では、「特殊なドイツの諸領邦、諸侯国〔Reiche, Fustentümer〕」が存在してきた。各人は、「生まれ育った国家［領邦］の市民」であった。他方で文化的、社会的な面では民族特性は「万人の心のなかに生きる法」、「多くの慣習や制度」という形で現れていた。「ドイツ語が及ぶかぎりの地域に生まれたいかなる人間も」「ドイツ民族という共通の祖国全体〔das ganze gemeinsame Vaterland deutscher Nation〕の市民」であった（RdN.392：⑰一五四頁）。当初は領邦国家と民族との分離は障害とはならず、ドイツ人は領邦国家を超えて自由に交流していたが、近隣諸国がさきに民族の統一と政治的独立とを確立し、ドイツに干渉してきたために、この分離はドイツの弱点となった(11)。

中世と近代においてヨーロッパの矛盾はドイツに集中し、ドイツはさながら「全キリスト教ヨーロッパ全体の縮図」という性格をもつことになった。ドイツにおいては長いあいだ小国分裂（領邦制）のため統一国家が不在であり、内部の宗教的対立も原因となって、他国の介入と支配を招くことになった。ドイツはヨーロッパ各国のあいだの「力の均衡」の政策に巻き込まれ、ヨーロッパにおける抗争の主要な場とされた。「外国は、宗教対立によって生じたドイツにおける心情の分裂を利用し、このようなキリスト教ヨーロッパ全体の縮図［ドイツ］から内的統一を奪い、それをバラバラの独立した諸部分へ分離させた」。「もっぱらこのような人為的な強制手段によって新旧両大陸の対立のなんらかの地域におけるすべての葛藤はドイツ諸種族［諸領邦］のあいだの葛藤となってしまった」。「ドイツの事情とは無縁な諸国において、「力の」均衡の変化が生じるたびに、ドイツ諸国はヨーロッパの秤の分銅として付け加えられざるをえなかった」

（RdN.464：⑰二三三頁）[12]。

ドイツがおかれたこのような特殊な歴史的位置のために、つぎにみるように、ナポレオンの支配からのドイツ民族の解放は同時にヨーロッパ全体の平和の実現のための世界史的意義をもつことになる。このことに基づいて、『ドイツ民族へ』の独自の戦略が提示される。それは、ドイツにおける民族教育の実現によって、ドイツ民族の文化的な伝統と共通性を確認し、政治的独立と国家統一を実現し、ヨーロッパにおける諸民族のあいだの平和的秩序を確立しようという戦略である（〈民族教育→文化的統一→政治的統一→ヨーロッパの平和〉）。

二・二　〈フランス・スタンダード〉に対する批判

フィヒテは、ドイツの征服者としてのナポレオンを批判するだけでなく、ドイツ人のフランスへの追随をつぎのように厳しく非難する。ドイツにおいてはナポレオンの支配のかなり以前からフランスをモデルやスタンダードとする傾向が強まっていた。「外国語かぶれ」（RdN.337：⑰七七頁）が横行し、「外国の眼鏡」（RdN.268：⑰一五頁）で物事を見る風潮が強まっているが、このことは「ドイツ全民族の根本疫病」（RdN.336：⑰九〇頁）である[13]。ドイツにおけるこのような傾向が、ナポレオンによる支配を容易にする要因の一つになっていた。

フィヒテはしばしばナポレオンよるヨーロッパ支配の野望をローマ帝国の拡張と二重写しにしている。ナポレオンは「力の均衡」（パワーポリティック）の政策に替えて、「普遍的君主制〔Universalmorachie〕」をヨーロッパ全体において実現しようとする（このばあいの「普遍的君主制」はローマ帝国をモデルにしたものである）。「いったいどの種の民族がなんらかの新しい普遍的君主制のため世界を支配する民族であるのか」（RdN.468：⑰二三七頁／Vgl. RdN.466：⑰一九九頁）。ドイツ民族はかつてローマ帝国と戦い、中部ヨーロッパにおけるその支配を阻止したが、フィヒテの時代には「現代の世界征服者」としてのナポレオンとの闘争の最前線に立たされている。かつてはいわば〈ローマ・スタンダード〉の強制による〈ミニ・グローバル化〉が行なわれたが、フィヒテの時代にはナポレオンの主導のもとに、〈フランス・

スタンダード〉への追随が進行しているとフィヒテは見なしているといえるであろう。

フィヒテはドイツがヨーロッパにおいてはたすべき使命についてつぎのようにいう。ドイツ人の祖先は、「ローマによる迫りくる世界支配に勇敢に抵抗した」(RdN.388：⑰一五〇頁)。「新しい世界全体が今日あるのは彼らの頑強な抵抗のおかげである」(RdN.390：⑰一五一頁)。「精神世界からの視野や自立性をしっかり考慮することができる民族〔Volk〕は、「ローマ軍のように、外部の支配欲の道具として用いられる民族にたしかに勝利する」(RdN.391：⑰一五二頁)。ドイツ人は今やナポレオンの侵略と支配にさらされ、そのためヨーロッパ全体において新しい歴史的役割がドイツ人にとって生じている。

フィヒテはナポレオンに対するドイツの闘争をアピールするが、それは単純なフランス敵視に基づくものではない。彼の戦略は、ナポレオンによるヨーロッパ統合(ヨーロッパにおける「普遍的君主制」の確立)の野望に対抗して、諸民族の対等な連合によるヨーロッパ統合(「キリスト教ヨーロッパ共同体」)を目指すことにある。ドイツとフランスとはかつてともにフランク王国を形成した経験をもっており、ナポレオン支配を排除したあとで、両国の人民が新しいヨーロッパの平和秩序の確立のために率先して協力をすることをフィヒテは展望する。

二・三　ナポレオンの覇権主義と市場支配

政治的近代化の条件は一般に、民族の国家的統一と市民の自由および権利の保障とにある。しかし、ドイツにはこれら二つの条件が欠けている。そのため、「外国人〔ナポレオン〕」が、「以前には祖国をもっていなかったドイツ諸国にはじめて統一をもたらした」、「人格そのものの他の人格への隷属を廃止した」という評価が当時生まれた(RdN.477：⑰二〇七頁)。ナポレオンはある意味で、フランス革命において示された近代的諸原理をヨーロッパに拡大した。フィヒテは最初期には(とくに『フランス革命』において)これらの原理に共鳴していたが、『ドイツ民族へ』においてはナポレオンによるこれらの押しつけに強く反対するに至る。

フィヒテは経済にかんして、『閉鎖商業国家』の見解を継承してつぎのようにいう。「国内的自立と商業上の独立」がドイツ人のために、またヨーロッパ全体のために必要である。交易の拡大は各国の経済的自立を損なう（RdN.466：⑰二三六頁）。ナポレオンも「海洋の自由」、「世界通商」を奨励するが、それらは略奪欲を助長し、争いと緊張を増大させ、平和を脅かす（RdN.465：⑰二三五頁以下）。ドイツの豊かな国土とドイツ人の勤勉がドイツの文化的生活に必要な富をもたらすのであり、外国との交易に依存する必要はない（RdN.466：⑰二三六頁）。

『閉鎖商業国家』の見解は人びとによって拒否された。しかし、『ドイツ民族へ』の講話の当時では、交易の制限が不名誉にも、「外国の力」によって余儀なくされている。「およそ一〇年前に［一七九六年の『自然法』において］、だれもその後に生じることを見通すことはできなかった時期に、ドイツ人に対して世界貿易から独立し、商業国家として自分を閉鎖するという勧告が出された。この提案はわれわれの慣習と、とくに貨幣の物神崇拝と対立するものであったので、激しく敵視され、拒否された」。「それ以来われわれは外国の権力によって強制されて不名誉にも、……当時われわれが自由をもって名誉なことに、なしに済ませると請け合ったもの［貿易の制限］がやはり、なしに済まされないということを学んでいる」（RdN.466：⑰二三六頁）。

このことは一八〇六年のナポレオンによる大陸封鎖を念頭においたものであろう。それは、フィヒテがいうヨーロッパ大陸各国の経済の閉鎖ではなく、フランスによる経済支配、ミニ・グローバル化を意図したものである。ナポレオンはヨーロッパにおいてその軍事的、政治的支配を拡大するとともにフランス主導の一大市場圏を形成しようとし、イギリス経済を封じ込めるための勅令を出したが、この措置はかえって大陸諸国に矛盾を生み出した(14)。

二・四　ナポレオン批判

『ドイツ民族へ』の準備稿として重要なのは『マキアヴェッリ論』（一八〇七年六月執筆）である。フィヒテはそこで第一に、人間生活にとっての国家の役割を確認する。国家は「強制装置」であるが（Mc.421：⑰四八二頁）、国内における抗争と対外的な戦争に替えて内外における平和をもたらすことが国家の目的である（Mc.421：⑰四八二頁）。第二に、政治におけるリアリズムの必要をマキアヴェッリから学びとる。フランス革命において示された「人権、万人の自由と基本的平等の教え」は「あらゆる社会秩序や永遠で不動の基礎」ではあるが、このことの確認のみによっては新しい国家の設立や管理は不可能である（Mc.428：⑰四九〇頁）。「一貫性と徹底した思慮深さ」（Mc.407：⑰四六四頁）を伴う「統治術」が必要になる（Mc.428：⑰四九〇頁）。第三に、フィヒテはイタリアにおける小国の分裂をドイツの状態と二重写しにしながら、国家統一の方途を模索する（Mc.409f.：⑰四六六頁）。マキアヴェッリは共和制を理想としながら、国家の統一のために君主制に期待するが（Mc.411：⑰四六八頁）、フィヒテもこれに同意する。第四に、フィヒテはさらにそのために君主の責任を問題とする。君主は人民と信頼関係を保持しなければならず（Mc.421：⑰四八二頁以下）、法律に従って統治に責任をもたなければならない（Mc.427：⑰四八九頁）。そのさいに大臣の役割が重要となる。フィヒテは敵の国に対して「すでに敗者であるような心情」（負け犬根性）を抱くことを批判するが、そのばあいにプロイセンにおける皇帝の優柔不断に対する批判と啓蒙的な大臣への激励の意味を込めていると思われる（Ⅷ - 四・五、参照）。さらにいえば、このような批判はナポレオンにも向けられるであろう。[15]

フィヒテは『名なき者』（一八〇七年春執筆と想定）において、名指しを避けながら、ナポレオンは「簒奪者〔Usurpator〕」にすぎないと批判する。フィヒテによれば、ナポレオンは革命政府の権力を奪い取り、フランスを共和国から「最悪の専制」へ変質させた（SW.VII.514：⑰三四〇頁）。また、彼は自分の兄弟を属国の君主に任命し、ヨーロッパ支配をも目指した。世襲制に基づく君主は人民との相互の「信用、信頼」に支えられ（SW.VII.513f.：⑰三三九頁）、また、良心をもつことによって（SW.VII.514：⑰三四〇頁）、支配の正統性を維持するが、ナポレオンのような簒奪者はまったく支配の正統性をもたない。

第三節　民族と国家

三・一　人間の生の根源としての民族

フィヒテは『ドイツ民族へ』においてドイツ民族の固有性を強調する。まず、彼によれば、「民族〔Volk, Nation〕」は「共通の言語と思考様式」（RdN.460：⑰二三〇頁）をもち、これを伝統的に継承する集団として他の集団から区別される。「民族〔Volk〕」は、「言語器官が同一の外的影響を受けながら、共同生活を営み、たえず意志疎通を図りながら、言語を形成していく」人びとの集団である（RdN.315：⑰六七頁）。さらに民族は人間の生活と人間形成の基盤である。「民族〔Volk〕」は、各人が「由来する源泉、彼が形成・陶冶される条件、彼の現存の状態が高まっていく目的」である（RdN.381：⑰一四一頁）。民族の自立と自由が損なわれれば、個人の自立の自由も不可能となる。「高貴な人間がその現実活動の永遠の持続を信頼することは……民族の永遠の持続への希望に基づく」（RdN.382：⑰一四一頁）。民族にはつぎのように形而上学的意味をさえ与えられる。民族は「根源的で神的な生命から直接に流出したもの」であり（RdN.381：⑰一四二頁）、「民族と祖国」は「地上の永遠の担い手、担保」である（RdN.383：⑰一四五頁）。

フィヒテは民族の自然的要素（血縁、地縁）よりも文化的要素（とくに言語）を重視する。彼によれば、民族の伝統の維持にとって、民族の居住地が変化するかどうかは大きな問題ではない。また、他民族が住む地域に進出した民族は他民族と混合し、それらの文化や言語の影響を受ける（ドイツにおいてもスラブ人との混合が生じた）。また、血統（その純粋性）を基準にして、ある民族の卓越性について語ることは適切ではない（RdN.313：⑰六五頁）。

フィヒテは、ゲルマン民族の文化的伝統をドイツ人が正統に継承してきたことを、とくにフランス人との対比をつうじて強調する。彼の解釈によれば、フランス人はもともとゲルマン民族に属し、ドイツ人とともにフランク王国を形成したが、ラテン化して、ゲルマン的要素を失うようになった。フランス人がもともとゲルマン民族であり、それがラテン化したというフィヒテの理解は不正確であるが、彼はあくまでもこのような前提から出発する[16]。

フィヒテはドイツ人を「原民族〔Urvolk〕」（RdN.359：⑰一一七頁／RdN.381：⑰一四二頁）、「根源的民族〔ursprünglicher Volk〕」（RdN.385：⑰一四七頁／RdN.392：⑰一五四頁）、「根幹民族〔Stammvolk〕）」（RdN.313：⑰五四頁／RdN.356：⑰一一三頁）と呼ぶ。「原民族」という用語は強い民族主義的響きをもつが、フィヒテはそれをつぎのような意味に理解している。第一に、ヨーロッパの中世を主導してきたのはゲルマン民族であり、それは「われわれの最後の共通の祖先」（RdN.388：⑰一五〇頁）、「大多数のヨーロッパ民族の祖（幹）〔Stamm〕」（RdN.456：⑰二二四頁）である。[17] 第二に、ドイツ人はゲルマン民族の正統な継承者であり、ドイツ人が本来の民族と呼ばれるにふさわしい。「今日まで自分を民〔Volk〕そのもの、ドイツ人と呼ぶ民族〔Nation〕において根源的なものは明らかにされている」（RdN.374：⑰一三四頁）。[18] 「ドイツ人のみが真に民族〔Volk〕をもち」、「自分の民族〔Nation〕に対して愛を示すことができる」（RdN.378：⑰一三八頁）。第三に、ドイツ人がゲルマン民族の正統な継承者であるという主張はゲルマン民族の内部の他の種族（とくにフランス人）との対比で行なわれる。[19] このように、根源民族としてのドイツ人という主張は限定された文脈で行なわれるが、ドイツ民族の卓越性を特権的に評価するものと受け取られかねない内容をも含む。

のちに見るように（Ⅶ‐四・二）、思想内容の面ではゲルマン民族、その継承者としてのドイツ人は超越的、根源的なものと人格的自由とを結合したものとして理解する伝統をもっている。これに対して、ラテン系民族、その影響を受けたフランス人は超越的なものと人格的自由とを分離して、一方で超越的なものを死んだ固定的なものと見なし、他方で人格的自由を感性的で、恣意的なものと見なす（RdN.360：⑰一一八頁／RdN.372：⑰一三二頁）。

三・二　民族と言語

フィヒテは、ある民族（およびその文化）を他の民族から区別するうえで言語の役割を重視する。[20] 民族〔Volk〕は、「言語器官が同一の外的影響を受けながら、共同生活を営み、たえず意志疎通を図りながら、言語を形成していく」人びとの集団である（RdN.315：⑰六七頁）。〈Deutsche Nation〉についても、ドイツ語を理解できる人びとがその基準とされる（RdN.392：⑰一五四頁／RdN.481：⑰二五三頁）。

フィヒテは「生きた言語」と「死んだ言語」とを区別する（RdN.325f.：⑰七八頁）。生きた言語は民族・民衆〔Volk〕の生活に根ざし、民族・民衆の生活とその思想を表現する。そこでは現実生活と精神的教養とは結合しており、また教養をめぐって階級の分離はなく、少なくとも民衆〔Volk〕は精神的なものへ「陶冶される可能性」をもっている。これに対して、死んだ言語はそうではない（RdN.327：⑰八〇頁）。

ある民族の言語は時代とともに、それまでの生活と結合していた問題の意味を失い、死んだ言語となりがちである。それが外国へ導入される場合にも、同様なことが生じる。その事例がラテン語に見られる。ラテン語はローマ帝国の公用語であったが、それがヨーロッパ各地に拡大するなかで土着化し、各種のロマンス語（フランス語、スペイン語等）となった。ところで、これらの民衆の日常語（口語）とは異なり、宮廷、学界、教会では古典的なラテン語が使用された。[21]フィヒテによれば、このためラテン語は民衆の生活から遊離し、教養層にのみ理解可能な死んだ言語となった。ラテン語を使用する教養層は民衆を蔑視するようになった（RdN.336：⑰八九頁）。

生きた言語と死んだ言語との相違は言語における超感性的な部分にかんして顕著になる。根源的なものは民族の生活に内在化され、それに具体的に作用する。生きた言語においてはこのような特徴が維持されている。言語においては超感性的なもの、非形象的なものもなんらかの形で感性的に表現されるが、生きた言語のばあいはそれぞれの民族がこの言語の超感性的な意味を理解することができる（RdN.314ff.：⑰六九頁）。しかし、言語の超感覚的な部分が民族の生活から切り離される危険性が生じてくる。とくに、超感覚的なものを表現するために、外国語が導入されるばあいには、外国語において本来もっていた意味が歪められがちになる（RdN.320f.：⑰七二頁以下）。ドイツにおけるラテン語やフランス語の受容のさいにもこのような傾向が生じる。[22]

フィヒテによれば、ドイツ語のなかではゲルマン民族の生活の生きた表現が保持されている。「原民族〔Ursvolk〕」の言語としてのゲルマン系言語は「原言語〔Ursprache〕」（RdN.344.：⑰一〇〇頁）、「根源言語〔ursprüngliche Sprache〕」

（RdN.314：⑰六六頁）であり、ドイツ語がゲルマン的精神の正統な継承である（RdN.324ff.：⑰七七頁以下）。これに対して、フランス語はラテン語の影響を受け、「新ラテン語」となり、ゲルマン語の特徴を失った[23]。

三・三　国家の役割

中期フィヒテの国家論の性格は、『ドイツ民族へ』に先行する『現代の根本特徴』（一八〇四～〇五年講演、一八〇六年刊行）において示される。この著作においては国家は「閉鎖的な全体」（GzG.145：⑮一四九頁）、「不可分の有機的全体」（GzG.157：⑮一六〇頁）とされる。国家は「諸個人に基づくのではなく」、また「諸個人によって合成される」のでもない（GzG.146：⑮一五〇頁）。ここでは、国家が個人のあいだの契約に基づくという見解が否定されているように思われる。しかし、のちに見るように（Ⅷ‐一・二）、後期の『法論』（一八一二年）においても契約論の理論枠は少なくとも形式上は維持されており、中期において契約論がまったく放棄されたとは断定できない。

『現代の根本特徴』においては個人に対する国家の優位が強調される。国家はたんに、市民の権利を保障するための「法律制度」にすぎないのではない（GzG.143:⑮一四七頁）。国家は、「すべての個人の力を人類の生活に向ける」ための「技術的機構」であり（GzG.144:⑮一四八頁）、個人はその「道具」にすぎない（GzG.152:⑮一五五頁）。このような国家は「絶対的国家」であり、諸個人にたいして「強制機構」という性格をもつ（GzG.144：⑮一四八頁）。そこではすべての個人的諸力を人類の目的に向ける。全体への奉仕を拒否する者に対して国家は強制を加える（Ebd.）。しかし、つぎのようにもいわれる。万人が全体に奉仕することによって、「各人が普遍的力への自分の寄与をすべての他人の普遍的力によって強められて、取り戻し」、「自分自身にふさわしい自立存在を取り戻す」（GzG.146：⑮一五〇頁）。このような見解はルソーの主張の捉え直しであり、『自然法』の見解に接続する（Ⅲ‐三・一、Ⅸ‐二・二）。なお、『現代の根本特徴』においては国家の民族的側面には言及されておらず、むしろつぎのようにいわれる。ヨーロッパ人は「単一の民族」であり、ヨーロッパ全体が「唯一の真の祖国」である（GzG.202：⑮二〇五頁）。

『ドイツ民族へ』においては国家の基礎に民族がおかれる。民族は人びとの生活にとって根源的なものとされる。「民族や祖国」は「高次の目的」であって、「通常の意味での国家」の目的、すなわち、「万人の内的平安、財産、個人的自由、生命、および福祉の維持」という目的を超え出る。国家は民族の発展のための「手段、条件、足場」にすぎない（RdN.384：⑰一四五頁以下／RdN.386：⑰一四八頁）。したがって、「愛国心〔Patriotismus〕」は「国家体制に対する市民的愛」ではなく、より高次な「祖国愛」である。祖国愛が「国家の舵」をとらなければならない（RdN.387：⑰一二五頁）。

『ドイツ民族へ』においては国家のあり方について詳しくは述べられていないが、つぎのようにいわれる。フランスの啓蒙は功利主義的な国家観をとり、諸個人の福祉の総計が「普遍的な福祉」とされる。ここでは、「有限な定数〔endliche und benannte Größe〕から有効な総量〔eine nennbare Summe〕を得る」という「計算問題〔Rechnenxempe.〕」が重視される。しかし、普遍的な福祉は各人の「利己的福祉」と対立するので、普遍的な福祉の実現のためには万人を強制しなければならない。このようにして国家は「人工的な抑圧装置・歯車装置（Druck- und Räderwerke）」となる（RdN.363：⑰一二一頁以下）。ここでは、啓蒙的国家観をさらに一面化したフランスのジャコバンやナポレオンの国家理解が念頭におかれていると思われる。

このような機械的な国家観において求められるのは、「固定し、死んだ事物の秩序を見出す」技術である。これに対して、ドイツは、古代ギリシアのポリスにおいて存在した「確固とした規則をもつ自由な術」を継承すべきである（RdN.362：⑰一二一頁）。「真のドイツ的政治術」は、人民のなかに「自己活動的で永遠に働くバネとなる精神」が形成されることをその内容とする（RdN.366：⑰一二四頁以下）。「ギリシア人の国家術は市民としての資格を教育に基づかせた」が、ドイツにおいては「国家は成人としての市民の人格に対して人類の教育を持続的に施す」必要があり、「ドイツ的政治術」は「外国〔フランス〕のように、切り立った頂点、すなわち君主にではなく、広い平地、すなわち国民〔Nation〕に向かう」といわれる（RdN.366：⑰一二五頁以下）。

三・四　ドイツの政治的統一の戦略

フィヒテはドイツの国家的統一を性急に推進しようせず、これに対して慎重な態度をとる。彼の判断によれば、ドイツの諸領邦はさまざまな国家体制をとっており、それらの政治的統一には時間がかかる。当面の切迫した課題は、すべての諸領邦がドイツ民族の共通の文化的伝統を確認し、それに基づいて政治的に団結することである。

ドイツにおいては長いあいだ「国家連合〔Staatenbund〕」（RdN.313：⑰六五頁）あるいは「連邦連合〔Reichsverbande〕」（RdN.391：⑰一五四頁）が採用されてきた。ドイツ人は諸領邦を自由に往来し、教養獲得（修行）の機会や活躍の場を得てきた。「特殊的諸国家〔諸領邦〕」は「一面性や偏狭性」をもちながらも、「高度の文化（教養）」を生み出した（RdN.393：⑰一五五頁）。フィヒテは、ドイツの中世の都市においては共和的自由が開花していたことを想起し、この伝統を活かすよう訴える（RdN.354f.：⑰一一三頁以下）。また、彼は、古代ギリシア人が共通の文化をもちながらも、異なったポリスに属し、統一国家をもたなかったこととドイツの状態とを重ねて理解している（RdN.392：⑰一五四頁）。

当面は領邦の連合という様式を継承することが適切であるとフィヒテは見なしているようである。他のヨーロッパ諸国が「君主制」へ移行したのに対して、ドイツにおいては国家連合が維持されてきたことをフィヒテは評価したうえで（RdN.313：⑰六五頁）、つぎのようにいう。「ドイツの民族〔Nation〕の全体を政府（統治）のもとで統合する」ために、「連邦共和制〔Völkerrepublik〕」ではなく「専制〔Alleinherrschaft〕を導入する」ならば、このことは、たとえばオーストリアのような「ある特定のドイツ国家〔領邦〕に支配権を与えることになるにすぎない（RdN.397：⑰一六〇頁）。

フィヒテによれば、ドイツの国家連合においては「共和体制」こそが「ドイツの文化・教養の最も優れた源泉であり、その特性の保障の手段であった」。「かりに、前提された統治の統一が共和制の形態ではなく、君主制の形態をとるならば」、「このことはドイツの祖国愛の問題にとって大きな不幸であろう」（Ebd.）。なお、なお、この連合に加入するそれぞれの領邦は共和制以外の政体、君主制を採用することも許容されていると思われる。

第四節　人間改造と民族教育

四・一　利己心の克服と新しい人間の形成

フィヒテは初期から社会変革と人間形成（陶冶）とを密接に関連したものと見なしているが（Ⅲ-四・二）、『ドイツ民族へ』においてはナポレオンによるドイツ支配を契機にこのことをいっそう明確にする。フィヒテによれば、利己心を根絶し、「人類の全面的な再創造」（RdN.400：⑰一六三頁／Vgl RdN.428：⑰一九四頁）を行なうことが切迫した課題となっている。ドイツ社会の欠陥の一つは、民族全体を配慮しない「利己心〔Selbstsucht, Eigennutz〕」によって人びとが支配されていることにある（RdN.270：⑰一七頁）。ドイツ諸国の支配者は利己心にとらわれ、自分の権力の維持のために、他国に追随することをいとわない。また、支配者の利己心に不信を抱くドイツ民衆も自分の日常生活の維持のため、利己心に陥っている（Ebd.）。このことがドイツの政治的、文化的統一を遅延させてきた。

ところで、利己心はもともとフランスの啓蒙の所産である。啓蒙は「もっぱら感性的な打算を行なう悟性」の育成を目指す（RdN.272：⑰二〇頁）。ここでは「全体にたいする関心」、「個人と全体との結合」が失われる。フィヒテが批判する〈フランス・スタンダード〉（Ⅶ-二・二）のなかには啓蒙の利己主義も含まれる。ヨーロッパへの啓蒙の拡大に伴って利己心も普及したが、ドイツにおいてはそれが極端化することによって、限界に直面した。

フィヒテは『ドイツ民族へ』のまえの『現代の根本特徴』において人類史を五つの時期に区分していた。第一段階は、理性が本能として人間を支配する時代、第二段階は、理性が外的権威として支配する時代、第三段階は、権威の支配とともに理性そのものが滅びる時代である。第四段階は、理性が明瞭に意識される時代、第五段階は、さらに技術によって理性が実現される時代である。大別すれば、第一と第二の段階は理性の盲目的支配の時代であり、第四と第五の段階は理性の意識的支配の時代である。第三段階は両者の中間に位置し、フィヒテの時代がこれに該当するが、それは、「真理への無関心」と「利己心」が支配する「完全な堕落」の時代であり（GzG.18ff.：⑮二五頁以下）、これを克服して理性の支配へ向かうことが課題であるといわれていた（GzG.17ff.：⑮二四頁以下）[24]。

しかし、そのあと『ドイツ民族へ』においては、ナポレオンの支配によって状況は大きく変化し、第三期は終了し、第四段階へ進むことが課題になっているといわれる（RdN.260：⑰一〇頁）。その理由は、ドイツがナポレオンによって支配され、抑圧されたために、皮肉なことに、利己心はその目的を達成できなくなり、自滅してしまったという点にある。「利己心は、自分自身で立てようとする目的以外の目的を進んでもたないので、外的な力によって、他の疎遠な目的を押しつけられることになった」。「利己心が完全な発展をとげることによって、自分自身を否定することになった」（RdN.264：⑰一〇頁）。しかし、この結果、利己心の克服の可能性が開かれることになった。このように、ドイツが「他の民族に先駆けて、模範となる」（RdN.306：⑰五七頁）可能性が生まれる。ここにもヨーロッパにおけるドイツの独自の位置と世界史的役割が求められる。

四・二　内面的自由と社会的自由

フィヒテは人間形成にかんして超越的なものと内的自由との関係に注目する。彼によれば、アジア起源のキリスト教はローマ社会における迷信と結合し、異質な諸要素を付け加えた（RdN.344：⑰一〇〇頁）。ルターはローマ教会を批判し、信者が「外的媒介者」なしに直接に神と向かいあうべきであると主張した（RdN.349f.：⑰一〇六頁）。そのさいに、彼は、「自由を奪うこの宗教の形式の外見をこの宗教そのものから分離し、そこへ自由な思考を導入する」ことを目指した（RdN354：⑰一一一頁）。

ルターのこのような精神を継承して、「超感性的なものへの信仰」と、古代ギリシアに由来する「自由な思考」とを結合し、超感性的なものを理性のなかに求めることがドイツ哲学（ライプニッツ、カント）の課題となった（RdN.353：⑰一〇九頁以下）[25]。これに対して、フランスの啓蒙主義は超越的なものを自由な思考と対立させた。この立場は「悟性への信仰」に基づき、感性的束縛を脱却していない（RdN.352：⑰一〇九頁）。それは、「人間の生命の根源」を「固定したもの、変化することなく持続するもの」、すなわち「死」に求める（RdN.360f.：⑰一一八頁以下）。

ところで、自由は内面的なものであるだけでなく、社会的なものでもある。古代ギリシアにおいては自由な思考とともに自由な社会体制が存在していたことにフィヒテは注目する。そのさいに教育が重要な役割をはたした。自由な体制は、教育によって市民をその担い手として形成することを基礎としていた。ギリシアの「政治術」は「市民の基礎を教育におき、自由な市民を形成した」（RdN.366：⑰一二五頁）。ドイツ人はルター以来、「古代ヨーロッパ［ギリシア］において確立された社会秩序［共和制］と、古代アジアにおいて保存された真理の宗教［キリスト教］を結合させる」という伝統をもっており（RdN.311：⑰六三頁）、これをさらに発展させなければならないといわれる。

四・三　人間改造と宗教

フィヒテは人間改造にとっての道徳と宗教の役割について教育との関連で論じている。彼によれば、人間が利己心を克服し、超感性的世界秩序に服従するようにすることが道徳の基本課題である（RdN.297：⑰四七頁）。そのさいにこの秩序についての「明瞭な認識」が必要である（RdN.303：⑰五三頁）。

フィヒテは伝統的な意味での「意志の自由」を批判する。それは、「いくつかの同様の可能性のあいだで未決定なまま動揺するという意味での自由」（RdN.369：⑰一〇八頁）、すなわち選択の自由であるが、それは「低次の意味での」自由にすぎない（RdN.372：⑰一一一頁）。「高次の意味での自由」は「確固とした、もはや動揺しない意志」のなかにあり（RdN.282：⑰二九頁）、それは必然性についての究極的には超感性的世界秩序についての認識に基づく。必然性への服従は実践的自由と対立するものではない。一方で、必然性へ服従すること基づいて自己活動は可能になる。他方で、必然性の認識はたんに受動的なものではなく、自己活動に基づいて産み出されるのであり、このようにして必然性の認識についての愛が生じる（RdN.285f.：⑰三四頁以下）。道徳において重要なのは超感性的世界秩序への愛であり、それは感覚的な自己愛、利己心と対立する（RdN.304：⑰五五頁／RdN.307：⑰五八頁）。

ところで、利己心の根絶と超感覚的世界への高揚は最終的には宗教によってもたらされる。宗教においては愛が重要な役割をはたすが、これも不明瞭な感情に基づくのではなく、超感覚的世界についての明瞭な認識と結合しなければならない（RdN.304：⑰五五頁）。超感性的世界の認識は自己活動に基づくのであり、宗教がこのような自発性から切り離されるならば、疎遠で、生命を失ったものとなり、神の存在もたんなる歴史的（物語的）事実となってしまう（RdN.307：⑰五九頁）。宗教は人びとの生活に働きかけ、そこにおいて作用するものでなければならない。宗教はたんに天上の生活にだけではなく、地上の生活にも目を向けなければならない。宗教は「国家や民族の事柄」から逃避して、魂の救済を天上に求めるものであってはならない。このような態度は専制君主に好都合なものとなる（RdN.378：⑰一三九頁以下）。

四・四　ドイツ統一と教育

教育の問題は第二、第三講話と第九～第一一講話で扱われており、『ドイツ民族へ』の要諦の位置を占める。フィヒテによれば、ドイツの救済のための「唯一の確実な手段」は、人びとの「祖国愛」を涵養し、「民族教育」を実施することにある（RdN.274：⑰二二頁／RdN.280：⑰二八頁／RdN.396：⑰一五九頁／RdN.432：⑰一六九頁）。〈Naionalerziehung〉は〈Volksbildung〉ともいいかえられる（RdN.307：⑰五八頁）。教育による人間の改造が国家の変革の基礎にすえられなければならない。フランス革命が「理性国家」の実現を目指しながらも、挫折したのは、人間改造の点で欠陥をもっていたからである。「同時代の人間の眼前で外国［フランス］は完全な国家の設立という理性の課題に安易に、情熱的な大胆さをもって取り組んだが、間もなくこのことに失敗した」。「その理由は明確である。理性に適った国家は、現存の素材から恣意的に構成されることによって確立されるのではなく、民族（国民）〔Nation〕がこの国家に向けてまず陶冶され、教育されなければならない」。「完全な人間への教育という課題を……解決した民族のみが、つぎにまた完全な国家［の建設］という課題を解決するであろう」（RdN.353：⑰一一〇頁以下）。

ドイツ民族における文化的共通性の意識を覚醒し、そのための民族教育を実施することがドイツの統一と独立の前提である。たしかに国家（政治）、文化（民族的伝統）、人間形成（教育）は密接に相互連関している。しかし、ドイツの現状を見れば、国家の統一よりも民族の文化的統合が先行し、さらに、文化的統合のためにはまず教育が必要になる（〈教育→文化的統一→政治的統一〉）。教育は民族への文化的陶冶と国民（国家の担い手）への政治的陶冶とを含むが、前者が後者に先行する（〈民族の陶冶→文化的統一→国民の陶冶→政治的統一〉）[26]。

フィヒテは民族の統一における文筆活動の役割に注目する。ドイツは「いくつものバラバラな諸国家に分裂しており、共通の全体としてはほとんど文筆家の手で言語と文章によってのみ統合されていたため」、「民族〔Nation〕を集結させることは文筆家の……最も神聖な職務」となってきた（RdN.454：⑰二二二頁）。ただし、フィヒテはドイツの文化的統一と政治的独立とをまったく分離しているわけではない。ドイツが政治的独立を失うならば、言語やその表現としての文学も維持することはできない。つぎのように言語と文学の伝統の保持を政治的独立の喪失に対する代償やなぐさめと見なすことをフィヒテは批判する。「たとえわれわれの政治的独立が失われるとしても、われわれはなお自分の言語と文学を保持しており、この点でやはり一つの民族であり続ける」（RdN.451f.：⑰二一九頁以下）[27]。

四・五　民族教育と公教育

国家と社会にとっての祖国愛の根本的意味についてフィヒテはつぎのように述べている。祖国愛があれば、軍隊は不要である。また、祖国愛は経済の基礎でもある。教育によって、社会や祖国のために労働する人間が育成されるならば、経済的に豊かになり、貧困や、それに由来する犯罪は消滅し、救貧施設や刑務所は不要になっていくであろう（RdN.431f.：⑰一九七頁以下）。

フィヒテによれば、ナポレオンに対する闘争においても、教育を優先させることが戦術的に有効である。教育は政治活動のように目立ったものではなく、「外部の力に気づかれず、その嫉妬を刺激しないように」行なわれなければならない（RdN265：⑰一一頁）。ナポレオンと「武器による闘争」を行なうのではなく、「新しい手段」によって「原則、道義の闘争」を行なうことが賢明である（RdN.470：⑰二四〇頁）。外部の侵略者に対しては「身体的な武器」によってではなく、「精神」によって戦わなければならない（Vgl. RdN.496：⑰二六九頁）。ナポレオンはドイツを軍事的、政治的に支配しているが、ドイツの精神文化や教育までも全面的に支配することはできない。

祖国愛を涵養する民族教育のために国家は公的教育を実施しなければならない。これまでの教育は（とくに有産階級においては）「両親の私事」として行なわれ（RdN.429：⑰一六六頁）、あるいは、（とくに下層人民においては）教会に委ねられてきた（RdN.429：⑰一六六頁）。しかし、これからは教育は、家庭から独立し、学校において「公教育」として実施されなければならない（RdN.435：⑰一七〇頁）。また、これまでの教育は内容上はキリスト教への信仰のためのものであり（RdN.429:⑰一六六頁）、いわば「天国のための植民学校」（RdN.429:⑰一九五頁）となっていたが、今後は「地上のための根本教育」とならなければならない（RdN.430：⑰一九五頁）。

ドイツのそれぞれの領邦が、その住民の祖国愛のための教育に力を尽くす点で、相互に競争することによって、ドイツの統一への道が切り開かれる。すでに言及したように（Ⅶ・二・一）、ドイツにおいては政治機構としての国家と祖国（民族）とが一致せず、長期にわたってさまざまな領邦が分立してきたのであり、このようなあり方はドイツの政治的統一を弱め、外国の介入と支配を許すという点では、短所をもつ。しかし、領邦の分立は各地域の自立と自由を尊重し、それらのあいだの交流と切磋琢磨をもたらすという点では、長所をももつ（RdN.437f.：⑰二〇四頁以下）。

四・六　ペスタロッチ教育論の評価

『ドイツ民族へ』においては人間の全面的改造と民族教育という主題との関係でペスタロッチの教育論が高く評価される。その根底には、「ペスタロッチの教育法は現在の病的な人類を救済するための真の方法」であるという認識がある（「ヨハンナ宛書簡（一八〇七年六月三日）」GA.III-6.6：『全集』補巻、一〇一頁）。

フィヒテはペスタロッチの教育論を基本的につぎのように評価し、これを自分の教育論に接合しようとする。「ペスタロッチによって考案され、提案され、彼の指導のもとですでに成功を見ている教育法はわれわれの実行と結びつけられるべきである」（RdN.401：⑰一六五頁／Vgl. RdN.277：⑰二四頁）。フィヒテによれば、ペスタロッチの教育論はフィヒテの教育論にとって重要であるだけではなく、彼の基本哲学としての知識学にとっても重要である。それは、「知識学を人類に理解をさせるための唯一の手段である」（前掲書簡 GA.III-6.6：『全集』補巻、一〇一頁）。フィヒテはペスタロッチの教育論のなかに知識学における自我の能動性についての見解の具体化を見出したと思われる。

ペスタロッチの教育法についてのフィヒテの個々の評価についてはのちに（XI-三・二～三・五）検討する予定であり、ここではつぎの要点を確認するにとどめたい。フィヒテはペスタロッチの教育論の特徴を、「児童・生徒の自己活動」を刺激し、「規則に従って」児童・生徒を高次の認識に高めるという点に見出す（RdN.285：⑰三五頁）。ペスタロッチは知的陶冶にかんして、子どもの認識を高めるためには、直観から出発すべきであると強調する（直観教育）。直観から出発しながら、子どもの自己活動を刺激し、「自由な表象」をつうじてさまざまなものを習得させることを彼は目指す（RdN.403：⑰一六七頁）。

子どもの自己活動の刺激という教育法は知的陶冶にたいしてだけではなく、身体的陶冶にたいしても当てはまる（RdN.410：⑰一七四頁）。ペスタロッチは、子どもの認識の発達は、身体（とくに手）を用いた作業や労働と結合しなければならないと見なすが（「労作教育」）、この見解を社会的、経済的な文脈におき入れ、フィヒテは学校を「小さな経済国家」とすること、子どもが将来社会的分業の一環を担って活動し、民族の自給自足経済（『閉鎖商業国家』の構想）のために寄与するための準備を学校において行なうこと提唱する（RdN.425：⑰一九一頁以下）。なお、このことはたんに狭い意味での経済的意義をもつだけでなく、将来自分の労働によって自活し、社会において自立心と誇りをもつことができるという点で、道徳的意義をももつ（RdN.423：⑰一八九頁以下）

フィヒテはペスタロッチの教育法をこのように高く評価しながらも、その基本的欠陥を民族教育の軽視に見出す。ペスタロッチは上流階級のための教育に替えて、「民衆〔Volk〕」あるいは「下層の貧民〔niedriger und gemeiner Pöbel〕」

のための教育としての〈Volkserziehung〉を重視するが、フィヒテはドイツの「民族〔Nation〕」全体のための教育としての〈Nationalerziehung〉を展望する（RdN.277：⑰二四頁／RdN.403：⑰一六六頁／RdN.405：⑰一六八頁）。ペスタロッチの教育は民族的なものを基本的内容としてはいない。しかし、ドイツにおいては、民族の全体に民族文化を摂取させ、民族文化と国家の能動的担い手を育成することが教育の目的とされなければならない。このような教育が「民族教育〔Nationalerziehung〕」である。

第五節　愛国主義・民族主義・国際主義

五・一　パトリオティズムとナショナリズム

フィヒテのネーション（ナツィオン）論はその後ドイツにだけではなく、他国にも影響を与えた。それはのちにナショナリズムの先駆けと見なされるようになったが、はたしてそうであろうか。

〈nation〉概念が政治的な意味で重視されるようになったのは一八世紀以降であり、「ナショナリズム（民族主義、国民主義）」という用語が普及するのは一九世紀中ごろである。[28] それ以前に普及していたのは〈patriotism, Patriotismus〉（愛国心）という表現である。[29]〈patriotism〉は最初は郷土や祖国に対する愛を意味したが、やがて広く民族全体についての愛を意味するようになった。

〈nation〉も最初は地域的な郷土を意味したが、民族やその政治的共同体、その成員を意味するようになった。イギリス（広義）においてはすでに一七世紀に各地域（イングランド、スコットランド、ウェールズ、さらにアイルランド等）の政治的共同体、およびその成員が〈nation〉と呼ばれた。それまでは政治的共同体の成員としての〈nation〉は上層階級に限定されていたが、やがて下層・中層階級を含む人民全体が〈nation〉と呼ばれるようになった。ただし、イギリス全体の政治的統一は多くの困難を抱え、今日に至っている。フランスにおいてはこれよりも遅れて一八世紀末になって、〈nation〉の観念が形成された。当初はやはり上層階級のみが〈nation〉と見なされたが、やがて、第三身分も〈nation〉であるという意識が高揚した。中央集権制と結合して、政治的意味で国民という観念が成立するようになり、フランス革命期には、革命に干渉する外国に対する対抗のなかでこの観念が強められた。

中世のドイツにおいては神聖ローマ帝国の繁栄とともに帝国にたいする愛国主義（〈帝国愛国主義〔Reichespatriotismus〕〉）が生じたが、諸領邦の支配層は帝国の皇帝に対抗し、自分の領邦〔Land〕に対する地域的な愛国主義（〈領邦愛国主義〔Landespatriotismus〕〉）を強調した。[30] それぞれの領邦あるいはその成員は〈Nation〉とも呼ばれた。しかし、神聖ローマ帝国が衰退するなかで、知識層はドイツ全体の統一の基礎を文化的伝統の共通性（とくに文学における）に求めるようになった。そのための運動は一八世紀中ごろ以降に高揚した。その先駆者はクロップシュトック、モーサー、ヴィーラント、続いてアプト、ヘルダーらである。彼らはドイツ民族の内部の平等を主張し、新しい愛国主義（〈市民的愛国主義〉）を提唱した。[31] これとは別にドイツのジャコバンはフランス革命時のフランスにおける〈愛国主義〉をモデルにした。

フィヒテは『ドイツ民族へ』においては、それぞれの領邦に対する「祖国愛」から区別される「より高次の祖国愛」について語っている（RdN.396：⑰一五九頁）。また、『ドイツ民族へ』の直前の『愛国主義とその反対（祖国愛とその反対）』（一八〇六～〇七年）[32] においては、それぞれの領邦（たとえばプロイセン）の愛国主義としての「特殊な愛国主義」（SW.XI.233：⑰四〇〇頁）から「ドイツ愛国主義」（SW.XI.234：⑰四〇〇頁）を区別している。[33] 前者は「自己中心的で狭量で」、外部に対して「敵対的」（SW.XI.234：⑰四〇一頁）であるのに対して、後者は普遍的で外部に対して開放的、寛容なものといえる。この「ドイツ愛国主義」は〈市民的愛国主義〉の展開といえる。

五・二　「ネーション・ステート」をめぐって

現代のナショナリズムは「ネーション・ステート」の観念と結合することが多くの論者によって指摘されている。ここのネーションにおいては「民族」（文化的、エスニックな意味での）と「国民」（政治的な意味での）とが一体視され、さらに国家がこのようなネーションによって支えられると見なされる。ナショナリズムは民族の伝統的文化を基礎にたんに自然発生的に生じたのではなく、それを利用しながら、人民を国家へ統合するというイデオロギー的役割をはたす。[34] それでは、フィヒテの〈Nation〉論は「ネーション・ステート」論あるいはその前身を表現するであろうか。

まず、多くのばあいにネーション・ステートは単一民族国家を前提にしている。しかし、フィヒテはドイツ人の居住地における民族と政治的共同体との複雑な関係を考慮している。第一に、一つの国家（領邦）のもとに多くの民族が所属するような多民族国家がある（たとえば、プロイセンはその領土の拡大に伴って、ポーランド人、チェコ人などを含むようになった。オーストリアはハンガリーなどの多くの非ゲルマン系民族を含んでいた）。第二に、同一の民族が異なった国家を形成するばあいもある（たとえば、多民族国家としてのオーストリアやスイスをドイツの統一国家のなかに含めるかどうかが問題となった）。[35] 第三に、同一の民族がさまざまな国家に分散する場合もある（たとえば、中世にドイツ騎士団はバルト海沿岸部に進出し、ドイツ人はこれらの地域に居住していた。ケーニッヒスベルク以東のラトビア、リトアニア、エストニアにおけるドイツ系住民はプロイセンに所属しなかった）。

つぎに、フィヒテは民族の文化的統一を国家の政治的統一の基礎とするが、ドイツ人と他の民族とが混在する地域については、ドイツ語のみを文化的共通性と見なし、その他の文化分野については多様性を認める。また、彼はドイツの統一国家の実現については慎重な態度をとり、また、この国家の形態にかんしては、それぞれの地域の政治的、文化的伝統を尊重した緩やかな連邦制を構想する。[36] 彼は地域的な閉鎖的愛国主義を批判し、ドイツ全体の愛国主義を主張するが、これはそれぞれの地域の固有性を否定するものではない。このように、フィヒテは狭い単一民族国家を主張しているのではないといえるであろう。

さらに、フィヒテにおいてはネーションとステートとは直接的に癒着してはいない。彼はとくにフランスに対する対抗関係において、ドイツ人が民族的文化についての共通の意識に基づいて国家の成員としての自覚を高めることを目指す。しかし、先述のように、彼が構想するドイツの統一国家は緩やかな連邦制であり、それぞれの地域（領邦）における文化の多様性と多様な統治形態を承認している。この点でフィヒテは、のちにいわれる「ネーション・ステート」の立場には立ってはいないといえる。これらの点で、フィヒテが主張するドイツ民族の統一国家の構想は、現代において民族と国家との関係（ネーション・ステート論におけるその理解の限界）について考察するうえで示唆を与えると思われる。

五・三　『ドイツ民族へ』の民族主義的解釈

つぎに、フィヒテの主張がナショナリズム、あるいはその先駆であるかどうかの問題を扱うことにしたい。パトリオティズムが祖国に対する個人の関係という国内的性格をもつのに対して、ナショナリズムは他民族や他国からの独立を目指す点で、対外的側面をより強くもち、この側面の先鋭化によって排外的、閉鎖的なイデオロギーに転化する。

フィヒテの時代にはドイツにおいてネーションに対する関心が高まりつつあったが、それはいくつかの異なったタイプを含む。それは市民的ネーション論と反近代的、復古的なネーション論に大別される。プロイセンのシュタインとW・フンボルトは、さまざまな領邦において君主と人民が連帯してドイツの統一を目指すよう提唱した。これは上からの改革の一環をなすものであるが、下からの市民的愛国主義を配慮したものであり、この方向は『ドイツ民族へ』の趣旨と一致している。

これとは異なって、オーストリアにおいては、メッテルニッヒに協力した後期ロマン派の一部が保守的なネーション論を主張した。彼らはナポレオンに反対するだけでなく、啓蒙主義や近代的諸原理にも反発し、民族の伝統を強調した。F・シュレーゲルは血縁と言語をネーションの基本特徴と見なし、これに基づく国家を構想するが、この国家は身分制とカトリックの教権制を含むものであった。彼は「国民」のなかに上層階級のみを含め、人民全体を含めない。F・シュレーゲルと親交を結んだミューラーは保守的なネーション論をより明確に主張した。[37] それによれば、民族は有機的共同体であり、それは国家において実現される。それぞれの国家の個性はその民族性に基づく。ミューラーもドイツ全体の国家統一を課題にするが、オーストリア、プロイセンなどの有力領邦を基礎とする。[38] このような主張はフィヒテのものとは異なる。

そののちフィヒテ生誕一〇〇年目の一八六二年にはフィヒテ哲学の再評価の機運が高まり、そのなかで自由主義者のトライチュケと社会民主主義のラサールがフィヒテの〈Nation〉思想にそれぞれ注目したが、ビスマルクの民族主義的強権政治に妥協した。フィヒテ死後一〇〇年の一九一四年は第一次世界大戦の勃発の年とも重なり、ドイツの民族（国民）に対する関心が高まった。社会主義者のアイスナーはフィヒテの思想のなかに「社会主義的民族国家」の構想を見出した（『フィヒテ――死後一〇〇年の追憶』、一九一四年）。一九一六年にフィヒテ協会が設立されるが、その月刊機関誌は『ドイツ人の民族性』であり、民族の問題の研究に重点をおいた。編集長のシュタペルは「種族的」立場からフィヒテを解釈した。ヒットラーの台頭期にベルクマンは排他的な人種主義的立場に立ち、フィヒテの思想のなかに「民族社会主義」の先駆的要素を見出した（『フィヒテと民族社会主義』、一九三三年）。[39]『ドイツ民族へ』がナチスによって利用されたため、第二次世界大戦のあとも、この著作を悪しきナショナリズムの典型と見なし、警戒する傾向が続いた（Ⅵ・六・四）。

五・四　民族性と人類性の結合

問題は、自分の民族や国民の統合、独立、それらに対する誇りが他の民族や国民に対して排他的、閉鎖的なものとなるかどうかである。フィヒテによれば、ドイツ愛国主義は地方の政治的、文化的多様性を基礎とし、また他の民族や国民に対して閉鎖的なものではなく、開かれたものとなり、「世界市民主義〔Kosmopolitismus〕」と結合しなければならない。民族的なものは人類的なものと結合している。『ドイツ民族へ』においてはつぎのようにいわれる。「まず自分の民族を、つぎにこれを媒介に全人類を自分自身に密接に結びつける」（RdN.382：⑰一四四頁）ことが課題である。諸民族が「自分の固有性を自分自身で保持する」とともに、「他の諸民族にもその特性を認める」ことが必要である（RdN.471：⑰二四一頁）。このようにして、ナショナルなものを基礎として、「狭量で排他的ではない普遍的な世界市民的精神」を目指さなければならない（RdN.366：⑰一二五頁）[40]。

フィヒテによれば、一方で、人類性は抽象的なものではなく、それぞれの民族の個性（「民族特性」、「民族性格」）のなかに具現される。他方で、それぞれの民族は人類性をそれぞれの仕方で再現することによって真の意味をえる。フィヒテは『愛国主義とその反対』においてはつぎのように主張する。「世界市民主義一般はけっして現実には存在しえない」。「じっさいには世界市民主義は必然的に愛国主義とならざるをえない」。「またこのようにいかなる世界市民も民族（国民）〔Nation〕というその制限によって媒介されて、まったく必然的に愛国者にならざるをえない。また、まさにそのためにその民族（国民）において最も力強く最も活動的な愛国者である者はすべて最も活動的な世界市民である。というのは、あらゆる民族陶冶〔Nationalbildung〕の究極的目的はつねにこの教育が人類全体に拡大することであるからである」（SW.XI.229：⑰三九四頁以下）。ここにはカントにおける世界市民主義一般との相違がみられる[41]。

ただし、フィヒテが、ドイツ民族は中世と近世のヨーロッパの文化の祖先として「根源民族」であり、ヨーロッパ文化を普遍的に表現すると主張するばあいには、ドイツ民族を特権的なものと見なしていると解釈されかねない。フィヒテは当時のドイツのヨーロッパにおける特別な位置についての認識に基づいて、ドイツ民族の世界史的な使命を明らかにしたが、この傾向も後世のドイツの独断的なナショナリズムに利用されたことは否定できない[42]。しかし、フィヒテはドイツ民族の卓越性を理由に、ヨーロッパにおけるドイツの覇権を主張しているわけではない。ドイツは他の諸国のあいだの抗争に巻き込まれながらも、自分では他国に対する攻撃や侵略を行なわず、中部ヨーロッパの平和を維持してきたとフィヒテは見なす。ドイツが独立と統一を実現し、このような立場を堅持することはヨーロッパ全体の平和にとって重要な寄与となるというのがフィヒテの基本的見解である。

五・五　国際的政治組織

フィヒテは『ドイツ民族へ』においては民族相互の〔国際的〕組織について直接に言及していない。しかし、彼は、連邦制に基づくドイツの統一国家を目指しており、これと類比的に、諸民族の連合としての「国際連盟〔Völkerbund〕」を構想しているように思われる[43]。この構想の一環としてまず彼は、ナポレオン主導のヨーロッパ統一、「普遍的君主制」(RdN.466：⑰二三七頁）の確立の野望に対抗して、ヨーロッパ諸民族の固有の文化の尊重に基づき、諸民族の自給自足による経済的自立に基づく新しいヨーロッパ連合を構想する。

フィヒテはドイツ人のフランスかぶれの風潮を非難し、ナポレオンによる支配に対する抵抗を力説したが、フランスを不倶戴天の敵と見なしているわけではない[44]。フィヒテは、ドイツ人もフランス人ももともとゲルマン民族であると見なしたうえで（V-三・一）、「共通の民族〔ゲルマン民族〕の二つの部分」(RdN.341：⑰九七頁）であるドイツ人とフランス人とが対等の立場に立って、連帯を回復し、ナポレオンの支配を排除した後にヨーロッパにおける新しい平和秩序を確立しようと目指す。このような構想は今日のヨーロッパ連合（ＥＵ）を先取りするものである。一九九三年に設立されたＥＵの出発点は、ドイツとフランスとの協力を基礎にして成立した「ヨーロッパ石炭鉄鋼共同体」（一九五一年）にあった。ＥＵは経済的統合を先行させた点で、フィヒテの構想とは異なる。今日ＥＵは経済的側面においては深刻な問題を抱えている。しかし、ＥＵがヒューマニズムと民主主義の原理に従って共通の社会的、政治的枠組みを拡大していることのなかには、フィヒテの構想の実現が認められるであろう[45]。

第Ⅷ章　陶治国家と人民主権――後期フィヒテの社会哲学

第一節　後期フィヒテにおける社会哲学の転換

一・一　後期の『法論』と『国家論』

フィヒテはイエナ期に『知識学』（一七九四年）の応用として『自然論』（一九九六～九七年）と『道徳論』（一七九八年）をそれぞれの講義に基づいて出版したが、これと類似して、後期にも一八一二年に『知識学』の講義（冬学期の一～四月）のあと春学期前半（四～六月）に『法論〔Rechtslehre〕』の講義を、[1]続けて春学期後半（六～八月）に『道徳論』の講義を行ない、翌年の一八一三年四～八月に『国家論〔Staatslehre〕』の講義を行なった。[2]

フィヒテの後期の政治哲学の代表作としては『国家論』が思い浮かべられがちであるが、この著作においては国家が必ずしも主題となっておらず、また国家論の核心をなすべき国家構造の考察が乏しい。この著作はSW版の編集者によって『国家論――原国家と理性の国の関係について』と命名されたが、その基礎をなす講義の題目は『応用哲学に由来するさまざまな内容についての講演』となっており、国家を主題としてはいなかった。[3]むしろ国家について詳細で体系的な考察を行なっているのはその前年の『法論』である。これは大著ではないが、初期の『自然法』と並ぶ後期フィヒテの法哲学・政治哲学の代表作であり、その理論枠は『自然法』に接続する。両著作の比較をつうじて初期の社会哲学と後期の社会哲学との関係を理解することが可能になる。

一・二　初期から中・後期への国家論の変化

フィヒテの国家論において初期と中・後期とのあいだに一つの転換が生じる。大づかみにいえば、それは個人（自我）中心から全体（国家）中心への転換であるが、これは知識学における自我中心から絶対者中心への転換と連動している（Ⅴ-一・二）。より具体的に見れば、①中・後期フィヒテにおいては個人に対する国家の絶対性が強調され、②人民主権論が後退させられ、③社会契約論が形骸化され、④原子論的国家論に替えて、国家有機体的国家論が採用される。しかし、詳細に検討すれば、一方で、このような転換はすでに中期に（さらにさかのぼれば、初期の末に）開始されており、他方で、中・後期の見解は初期の見解の少なくない部分を継承している。このように初期と中・後期とのあいだには連続性と非連続性とがある。

①初期から中期への移行の時期の『閉鎖商業国家』においては、所有権は国家によってはじめて保障されるといわれたが（Ⅵ-二・二）、その萌芽は『自然法』にも見られ（Ⅲ-五・一）、この見解が後期においてはいっそう強調される。②人民主権の擁護のための監督官制は後期にも維持されており（Ⅷ-二・二）、また、③社会契約論の理論枠は後期にも維持されている（Ⅷ-二・一）。さらに、④初期においても個人は社会的存在と理解され（Ⅱ-三・一、四・三）、また国家は有機的なものと見なされていた（Ⅲ-三・二）。

後期の『法論』は主題にかんして初期の『自然法』に接続するだけでなく、理論構造の面でもその大枠――市民契約による国家の設立、監督官による統治の監視、および人民集会における革命の可能性など――を保持している。ただし、このような維持は「形式的に」行なわれ、「実質的には」その性格が変化する。ここにフィヒテの国家論の初期から後期への複雑な展開が示されている。この展開の理解はこれまでのフィヒテ研究において十分であったとは思われない。

一・三　社会契約論と国家有機体論の再結合

まず、個体論に基づく契約論と、全体論に基づく国家有機体論との関係について初期から中期への移行を確認しておきたい。すでに『自然法』において（Ⅲ‐三・二）、諸個人が契約によって合一し、全体を形成するというルソーの思想が国家有機体論と独自の仕方で結合されていた（NR.204：⑥二四二頁）。ただし、個人は国家にまったく服従し、それに埋没するのではなく、国家との一体化において自立性と自由を保持するとも見なされていた（NR.206：⑥二四四頁）。

イエナ期後半の『道徳論』（一七九八年）、『新方法による知識学』（一七九七〜九九年）においては一方で、個人の自立が主張されながら、他方で、個人が共同体に所属し、そこから生成することが明らかにされ、共同体優位の方向が示されていた。『道徳論』においてはつぎのようにいわれた（Ⅳ‐三・二）。「理性的存在者の共同体」は理性一般の実現であり、個人はこの共同体の一員として、それに服従し、「自分を忘却する」（SL.25：⑨三〇七頁）ことによって自由を得る。『新方法による知識学』おいてもつぎのようにいわれた。「理性的存在者は全体による、また全体に対する部分としてしか存立しない」（WLnm.177：⑦二三五頁）。

初期から中期への過渡の段階に属す『人間の使命』（一八〇〇年）においては、「真の国家」は「一つの有機体」であり、個人は「大いなる自己のたんなる構成要素」であるといわれた（BM.277：⑪五一五頁以下）。ただし、個人は自分の安全のために、他人との「諸協定〔Verabredungen〕」によって「真の国家」を設立するともいわれた（BM.273：⑪五一二頁）。ここでも『自然法』のばあいと同様に、国家有機体論が契約論と共存している。『人間の使命』と同年の『閉鎖商業国家』においても同様に理解されている（Ⅵ‐一・三）。

これに対して、中期の『現代の根本特徴』（一八〇四〜〇五年）においてはつぎのようにいわれる。国家は「諸個人に基づく」のでもなく、「彼らから合成される」のでもない（GzG.146：⑮一五〇頁）。国家は「閉鎖的全体」として「絶対的」であり、「個人の諸力の総体」はそこに向けられるべきである（GzG.14：⑮一四九頁）。ここでは契約論は事実上放棄される。しかし、つぎに見るように、後期においても少なくとも「形式的には」契約論は維持される。

第二節　人民主権の吟味

二・一　契約論の変質

フィヒテは後期の『法論』において国家についての初期の（とくに『自然法』における）基本諸概念――社会契約、監督官制、人民集会など――を吟味する。まず、国家（国家権力）は万人のあいだの契約に基づいて設立されることをフィヒテは確認する。「国家権力は万人による一つの契約によって成立する」（RL.515：㉑三六四頁）。この契約は「公民的契約」であるが、「個人が個人と」結ぶものではなく、「それぞれの個人が端的に万人と」結ぶものである（RL.521：㉑三七三頁）。このような説明は『自然法』におけるものと基本的に同一である（Ⅲ‐三・二）[4]。

それでは、契約によって国家はどのように設立されるのであろうか。フィヒテは『自然法』のばあいと同様につぎのようにいう。「ある一定数の人物の意志をこのような意志［共同意志、主権的意志］とし、このようなものとして確立すること」が必要である（RL.628：㉑五〇二頁）。統治は一人の、あるいは幾人かの人物に委任されなければならない[5]。権力を委任される人物の数によって「統治形態」（君主制、貴族制、民主制）は異なるが、「純粋な民主制」はあらかじめ排除される（Ebd.）。

フィヒテは、人民が権力を委任する統治者の資格をあらためて問題とし、権力の委任による国家の設立の問題にかんして「二つの解決法」を示す。「［第一に］法の人格的意志に支配権を与えるか、あるいは、このことが達成されないようなばあいには、このような意志に最も近い者に支配権を与える。最善の者が支配すべきである。あるいは［第二に］反対に、［現に――SW版の補足］支配している人格的意志を正当な（法的な）〔rechtlich〕意志、あるいはそれに最も近い意志とする。支配者が最善の者であるべきである」（RL.629：㉑五〇三頁）。

この説明はかなり錯綜しているが、つぎのように整理して、解釈することができるであろう。第一の「解決法」は、「法の意志」を現に体現している人物か、それに近い人物かに権力を委任するものであって、現実的である。これに対して、第二の「解決法」は、現に統治している者（とくに君主）に、法の意志を体現することを要求するものであり、統治者の資格を厳しくする。第二の解決法は従来の研究において「たいていのばあいに」求められたものであり、フィヒテも以前の研究において（『自然法』において）これをベターな方法と考えていた。しかし、彼は『法論』においては第一の解決法をベターと見なす。

二・二　監督官制の有効性と限界

『自然法』においては、権力を委任された者が法の意志に反した統治を行なうばあいに、これを抑制するために、監督官に重要な役割が与えられた。不当な統治について監督官は国家権力を停止させ、人民集会を招集し、統治者の行為と監督官の見解とのいずれが正しいかについての判断を人民に委ねる。このような見解は『法論』においてもいちおう確認される。「そのばあいに根底にある法的諸原理はまったく正当である」（RL.632：㉑五〇七頁）。しかし、フィヒテはつぎのようにいう。「人民の判断が形式的には正しいことは……〔『自然法』において〕証明されているが、実質的にはどうであろうか」（RL.633：㉑五〇七頁）。フィヒテは監督官制のつぎのような問題点を指摘し、それについての「より成熟した考察」（RL.632：㉑五〇七頁）を行なう。第一に、そこでは人民の判断が最高のものと位置づけられるが、人民が十分に陶冶されていなければ、「愚人の提案が多数の支持を獲得する」ことになる（RL.634：㉑五〇八頁）。第二に、「最善の者」が監督官に選出されるとしても、監督官が「あまりにわずかな徳しかもたない」ことがある（RL.633：㉑五〇七頁）。第三に、革命によって登場した統治者は、新たな革命から自分を防衛するために、自分の権力を強固なものにしようとする（RL.634：㉑五〇九頁）。「このようにして、ある害悪の替わりに別のたいていはより大きな害悪がもたらされることになる」（RL.634：㉑五〇八頁）。このことはフランス革命のあとの混乱を念頭においたものであろう。したがって、人民、監督官、統治者それぞれの陶冶が問題となる。

フィヒテによれば、監督官制が機能するための基本前提は人民の陶治である。「陶治され、また自分を陶治しつつある公衆」（RL.633：㉑五〇八頁）が存在するばあいには、統治者もこれに劣らずに陶治される。監督官によって人民集会が召集されて、そこで解任されるまえに、統治者は監督官の批判に聴従するであろう。ここでは監督官は目立って作用する必要がなくなる。このように、「監督官が静かな有効性」を発揮するあり方が構想される（RL.634：㉑五〇九頁）。ところが、フィヒテはこのような構想の実現にたいして懐疑的である。それは「いかなるところでも保障を約束しない」（Ebd.）とされる。

フィヒテによれば、人民の陶治は自然発生的に行なわれるのではなく、国家と統治者からの働きかけによって行なわれる。「善き統治から善き多数者が「生じるのであり」、善き多数者から善き統治が生じるのではない」（RL.635：㉑五一〇頁）。統治者が善きものであるべきであるとすれば、だれが統治者をこのようなものへ陶治するのか、またこのように陶治する者をだれがさらに陶治するのかという問題が無際限に生じる（RL.629：㉑五〇四頁）。この悪循環を断ち切るためには、まず統治者（支配者）に、法の意志を体現する最善の者であることを要求するという方途（二・一における「第二の解決法」）は放棄され、とにかく現状において法の意志を最も善く体現する者に統治を委ねるという方途が採用されることになる。「統治者は最善の者であるべきである」（RL.629：㉑五〇三頁）、「統治は正しい意志を獲得しなければならない」という方途に替わって、「最も正しい意志をもつ者が統治者となる」（RL.634：㉑五〇九頁）という方途のみが「真の解決法」として残される。[6] このことは、「［現存の］統治が可能なもののなかで最善なものである」という理由による（Ebd.）。

二・三　国家の絶対性と個人の自由

後期の『法論』においては一方で国家の絶対性が強調され、人間は国家の「道具」であるといわれる。人間の意志は「第二の意志」であり、「第一の意志」としての「国家意志の産物」である。「国家は［諸個人を］絶対的に強制し、義務づける機関である」(RL.539：㉑三九五頁)。しかし、他方でつぎのようにも主張される。人間は「自由な存在者」として自分の意志に基づいて国家に服従するのであり、また、国家へ全面的に「吸収される」のではなく、「部分的に」「所属する」にすぎない(RL.538：㉑三九三頁)。このような見解は『自然法』において示されていたものである(Ⅲ‐三・二)。

後期フィヒテにおいては個人と国家との関係はつぎのように理解される。個人は国家への自発的服従によって「高次の自由」(Ebd.)を獲得する。国家も「万人の独立」(Ebd.)を保障しなければならない。国家はそもそも「人間の絶対的権利」(RL.538：㉑三九四頁)の保障のために設立される。「国家によって万人に権利が保障されなければ、国家は法の意志ではないし、そもそも国家となることはできない」(RL.539：㉑三九四頁)。

しかし、個人の自由と国家の絶対性とは直ちに一致するのではない。両者の対立が解消されるのは、個人がその利己心、恣意性を克服することによってである。このことは初期にも指摘されていたが(Ⅲ‐四・二)、後期には、理性国家が「万人を自由へ陶冶するための機関」(Ebd.)として機能することが重視される。国家の陶冶によって個人は「万人のより高次の自由」(RL.539：㉑三九五頁)、「絶対的自由」(RL.540：㉑三九六頁)へ高められる。このことはつぎに見るように(Ⅷ‐三・一)、『国家論』においてより明確にされる。

ところで、「感性的目的からの解放」としての陶冶は道徳の課題でもある。フィヒテは『フランス革命』以来(法を道徳の応用と見なすことに対抗して)、法と道徳とを区別するが(Ⅲ‐一・三、二・二)、『法論』においてはこの見解を維持しながらも(RL.498：㉑三四二頁)、法と道徳とを高次の次元で結合しようとする(RL.506：㉑三五四頁)[7]。国家にとってその究極的目的は道徳的自由であり、国家は道徳の実際的条件であり、また、道徳的自由は国家においてはじめて獲得される(RL.540：㉑三九六頁)。「感性的目的」からの解放はさらに宗教の課題でもある。人間は「神の姿の実現に至らなければならない」とさえいわれる(RL.541：㉑三九七頁)。

第三節　国家における陶冶と福祉

三・一　国家における強制と陶冶

これまでみたように、フィヒテは後期の『法論』において形式的には初期の概念枠――社会契約、監督官、人民集会など――を維持しながら、その実質を変化させ、人民主権を後退させている。(8) ここで問題なのは、フィヒテの見解のこのような変化がどのような背景と理由によるかである。フィヒテは初期以来、理性国家の設立が人民の陶冶と結合していることに着目してきた。『フランス革命』においてはつぎのようにいわれた（Ⅲ‐一・四）。「国家体制の唯一の最終目的」は「自由への陶冶」にある。国家の最終目的が完全に実現されるならば、国家は不要となる。善き体制は「自ら消えゆく一本のローソク」である（FR.103：②一四五頁）。

ところで、『自然法』においては（Ⅲ‐四・二）、いずれの統治形態（君主制、貴族制、民主制）がふさわしいかは「人民の陶冶（文化）〔Kultur〕の水準」に依存するといわれた（NR.288：⑥三三七頁）。『ドイツ民族へ』においても、国家の基本目的はたんなる統治にあるのではなく、国民の陶冶にあると主張される。「国家は、永遠に一様に進んでいく民族における純粋に人間的なものの陶冶というより高次の目的のための手段にすぎない」（RdN.392：⑰一五四頁）。

国家と陶冶との関係について後期の『法論』においてもつぎのようにいわれる。国家は強制機関であるだけではなく「万人を自由へ陶冶するための機関」でもある（RL.540：㉑三九六頁）。「自由への陶冶」は動物の「調教」のようなものではない（RL.541：㉑三九八頁）。国家は万人を自由へ陶冶することを達成するばあいには、「自分自身を廃棄する」（RL.542：㉑三九八頁）。ここでは国家の自己廃棄についての『フランス革命』の見解が復活される。

後期の『国家論』においては、国家が個人を陶冶することによって、個人の自由と国家による強制との対立が「解決」されるといわれる（StL.440：⑯二五〇頁）。国家は「強制機関」であると同時に「陶冶機関」、「教育機関」である。「法の洞察への教育と結びつかなければ、いかなる強制も〔存在し〕ない」。「強制支配者〔Zwangherr〕は同時に教育者〔であるの」が、それは、後者の機能［教育］において前者の要素［強制］としての自分を否定するため［である］」（StL.437：⑯二四六頁）[9]。

三・二　学者階層による統治

フィヒテはイエナ期に続いて中期においても共和制を望ましい政治体制と見なしていた（Ⅶ - 三・四、Ⅸ - 三・三）。後期の『法論』と『国家論』においては共和制にはとくに言及されていないが、『国家論』講義（一八一三年四月～八月）の直前の『政治論草案』（一八一三年三月～四月）においては、共和制が「理性国家」としてふさわしいと見なされ、それへの過渡として「弱い君主制」が容認される。「弱い君主のもとでは国家体制は共和主義的なものに近くなる」といわれる（PF.558：㉑五四九頁）。ただし、世襲君主制はいかなる形態のものであっても、排除される（PF.558f.：㉑五五〇頁以下）[10]。

フィヒテはしばしば共同体を「国〔Reich〕」と呼ぶが、それは法的、政治的なものと道徳的なものとを含む。政治的な意味での〈Reich〉は国家を指す（「帝国」、「王国」を指すとは限らない）。『国家論』においてはカントの「目的の国」（『道徳形而上学の基礎づけ』）が念頭におかれ、「道徳の国」（StL.434：⑯二四二頁）は英知的性格をもつとされる（StL.431：⑯二三九頁）[11]。それは初期以来「理性の国〔Vernunftreich〕」（StL.451：⑯二六一頁）とも呼ばれ、国家の上位に位置づけられる。

「理性国家」は共和制であるが、それは強制機関であるだけでなく、陶冶機関でもあり、「［理性の］国の設立」のための「手段」として機能する（StL.496：⑯三〇九頁）。この国が実現されるばあいは、すべての強制はなくなってしまう（StL.592：⑯三九三頁）。このように、国家が過渡的位置を占めるにすぎないという見方は、『フランス革命』において登場し（Ⅲ - 一・四）、『自然法』においては後景に退くが、『ドイツ民族へ』においてはつぎのようにいわれる。国家は、「この民族における永遠に一様に進んでいく純粋に人間的なものの陶冶というより高次の目的のための手段にすぎない」

(RdN.392：⑰一五四頁)。後期の『法論』においては国家の過渡的性格が再び明確にされ、つぎのようにいわれる。国家は「自由への陶冶の機関」であり、この目的が達成されれば、国家は不要になる。「したがって、国家は自分を廃棄することを目指す」(RL.542：㉑三九八頁)。『政治論草案』においても、「君主の第一の意図は、自分自身を強制支配者として不要にすることでなければならない」(PF.565：㉑五五六頁)といわれる。『国家論』講義(一八一三年四月～八月)と平行する『国家論補論』(一八一三年五～七月)においても、「強制国家は自分の廃棄を準備する」(SW.VII.575：⑯四三四頁)と述べられる。

初期フィヒテの『自然法』においても示されたように(Ⅲ・四・二)、人民主権は人民の陶冶を前提にしている。人民が十分に陶冶されなければ、人民主権は実現されない。しかし、人民の下からの自発的陶冶には限界がある。残されるのは、国家による人民の上からの陶冶によって人民主権の理念を実現することである。国家の改革に教育を先行させることは『ドイツ民族へ』において明確にされたが、そのモチーフが後期の『国家論』、および関連諸論稿に継承され、展開される。

『国家論』においては人民の陶冶のための教育者の役割が強調される。「人民による法(権利)への洞察が正しいものとなるよう陶冶する機関」(StL.437：㉑二四七頁)を担うのは教師階層である。「国〔国家〕の形成における支配者の正当性は教師階層を前提とする」(StL.451：㉑二六一頁)。さらに教師階層は統治権の確立においても重要な役割を果たす。『法論』においては、現在最も正しい意志をもつ者に統治が委ねられるべきであるといわれるが(RL.634：㉑五〇九頁)、『国家論』においては、このような者は教師階級から選出されるべきであるといわれる(StL.451f：⑯二六二頁)[12]。教師階層は「不滅の立法者」であり、「唯一の適法的な支配権〔Oberherrschaft〕」をもつとされる(StL.453：⑯二六三頁)[13]。

学者の役割についての考察はイエナ期の『学者の使命』以来フィヒテの一貫したモチーフであったが、中期においては学者の政治的役割は重視されていない[14]。

これに対して、後期には学者の役割の理解にかんして変化が生じる。『政治論草案』においてはつぎのようにいわれる。

十分に陶冶された階層（教師階層）に信頼が寄せられ、このような階層が統治者を選出するならば、人民が「直接的な選挙」によって統治者を選出する必要はなくなり、ここに、人民が「自分たち自身で生み出す貴族制」が成立する（PF.559：㉑五五〇頁）。人民が「憲制〔人民集会〕」に召集され（PF.560：㉑五五一頁）、あるいは「共和的な評議会（上院）〔Senat〕」（PF.559：㉑五五〇頁）が開催される替わりに、教師階級のなかで卓越した者が選出され、統治を行なうべきである。『国家論補論』においては、学者階層は「自分たちのなかから主権的支配者を選出すべきであり」、「このような最高の民族（民衆）教育者の評議会〔Raht〕」を構成すると主張される（SW.VII.579：⑯四三九頁）。

三・三　代行主義の問題

後期フィヒテのこのような見解については「エリート支配」、「教育（教育者）独裁」、「プラトン的な哲人政治の復活」などという批判が出されてきた。[15]しかし、フィヒテは後期にも自説を（少なくとも理念上は）人民の意志に基づく共和的なものと見なしている（PF.553：㉑五四三頁／PF.558：㉑五四九頁）。彼の見解はむしろ「代行主義」として特徴づけられるべきであろう。この用語をつぎのように定義しておく。すなわち、それは、人民の意志に依拠すると称しながら、人民からの委任の手続き（形式）を経ずに、人民の意志の内容について統治者が判断し、それを実行するという方式である。現代政治において代行主義はさまざまな形態で行なわれている。したがって、後期フィヒテの国家論を検討することは、現代における代行主義を吟味するうえで、示唆や教訓を与えるであろう。

マルクス主義において主張された「プロレタリア独裁」も労働者階級の意志の代行をもたらしたといえる。この代行は当初は過渡的なものとして限定されていたが、実際には長期間持続され、労働者階級を弾圧するものに転化した。第二次世界大戦後に社会主義を目指した国々の多くにおいては、プロレタリア独裁への移行段階として「人民民主主義」、「人民共和制」が主張されたが、これは人民の意志を代行するものとなった。

独裁の別の典型はファッシズムである。それは当初はイタリアとドイツにおいて大衆運動として組織され、人民の意志に依拠する外観をとっていた。しかし、それは実際にはプロパガンダによって民衆のあいだに、自分にとって好都合な雰囲気を醸成し、これを利用して専権的な統治を行なうというものである。それは過渡的性格を主張しない点では、プロレタリア独裁とは異なる。ファッシズムも人民の意志に基づく点で、「正統な」体制であるという解釈もあるが（カール・シュミット）。[16] このばあいはファッシズムは代行主義的なものとして理解されているといえる。

人民の意志の具現を標榜し、統治者が強権をふるう他の形態として「ポピュリズム」がある。ポピュリズムは、陶冶されてない人民の意見を利用する権威主義である。それは過渡的性格を主張しないが、人民の意志の代弁を装う点では代行主義に属すといえる。発展途上国においてはしばしばポピュリズムが重要な役割を演じているが、議会制民主主義の歴史をもつ国々においてもポピュリズムが、軽視できない役割を演じている。諸利益グループのあいだのかけひきと妥協によって重要な事柄の決定が下せないという批判、また、形式上は多数決の手続きを取りながら、実質的には一部の団体の利益のために官僚やテクノラートが統治を行なっており、人民主権は浸食されているという批判がある。議会制民主主義の形骸化、あるいは機能低下や機能不全に対する人民の不満を背景にポピュリスト政治家が人気を集める傾向が各国で生じている。

ここで問題となるのは、人民主権が機能するためには、人民の政治的、社会的陶冶が必要であるということである。陶冶を経ない〈人民主義〉は容易にポピュリズムに、さらにはファッシズムに転化する。代行主義は、人民が陶冶されていない段階で人民主権を擁護するという口実で登場する。[17] ポピュリズムにおいては人民の感情や雰囲気が偏重され、冷静な検討や議論がおろそかにされがちである。この点で、二〇世紀末に登場した「熟議民主主義〔deliberative democracy〕」という構想は重要な意味をもっている。それは市民の政治参加によって民主主義を活性化するために、市民の代表者から構成される議会における熟議（熟慮、討議〔deliberation〕）に依存するだけでなく、さまざまな場において市民が熟議し、その意志を政治に反映させる方式である。

フィヒテは学者階層の内部での「議論〔Argumentieren〕」を重視する。彼はイエナ期の『道徳論』においては学者階級の「絶対的民主主義」を構想したが（Ⅳ - 三・三）。後期には、陶冶されていない人民の政治参加に対してはいっそう否定的になる。しかし、陶冶は人民の側からの下からの陶冶と、国家による（教育などをつうじた）上からの陶冶を含む。フィヒテは、人民（民衆）の上からの陶冶によって教師階層と民衆階層との区別は消滅すると見なす。しかし、人民の政治的陶冶は人民の政治参加をつうじてもたらされるのであり、民主主義そのものが人民にとって学習の場ともなるであろう。

三・四　福祉国家と計画経済

フィヒテが構想する国家は強制国家、陶冶国家のほかに、さらに福祉国家という三重の性格をもつ。後期のフィヒテは国家の強制的な性格を強調しながらも、『自然法』（Ⅲ - 五・二）および『閉鎖商業国家』（Ⅳ - 二・二）においてと同様に、国家は諸個人の権利と福祉の不可欠な基盤であることを明確にする。彼は基本的権利の根本に、「生活する（生きる）権利」をおき、さらにそれを、「労働する権利」と結合する。

生活（福祉）と労働（経済）との関係についてフィヒテは後期の『法論』において『自然法』と『閉鎖商業国家』の見解を継承して、つぎのようにいう。「労働との関係で、労働によって生活することが労働の本質である」（RL.532：㉑三八七頁）。「万人が、また保障のさいに共同体がそれぞれの市民につぎのことを配慮する。すなわち、各人の労働がその目的を達成し、そのためのすべての手段によって自分の側で結合することを配慮する。この手段は各人の完全な権利に属し、国家はこの権利を各人に保障しなければならない〔――この文全体は編集者の補足〕」（RL.533：㉑三八八頁）。同時にフィヒテはつぎのことを強調する。市民は国家から福祉の保障を獲得するために、国家に寄与しなければならない。「各人がそもそも権利を獲得するのは、各人が国家の設立と永遠の維持のために寄与することによってである」（RL.534：㉑三八九頁）。

『法論』において特徴的なのは、労働と「余暇〔Muße〕」との関係を重視することである。余暇は「自由と陶冶」のための基本条件である。[18] 余暇が「本来の目的」であり、「労働は、必要とされる手段にすぎない」(RL.544：㉑四〇一頁)。少ない労働で多くの富を生産し、多くの余暇をもたらすよう、労働と余暇を適切に分配することは国家の義務である。「全体の労働とその余暇との関係をたえずより有利なものとすることは国家の目的である」(Ebd.)。

経済政策の面でも『法論』は『閉鎖商業国家』の見解を継承する。ここでも経済を「盲目的な商業の均衡」(RL.554：㉑四一三頁)に委ねることが批判され、国家の「計算・計画〔Berechnung〕」に従わせることが主張される。国家は社会労働全体を三つの主要な職業身分(生産者＝農民、職人＝手工業者、商人)へ分割し、編成する(RL.550ff.：㉑四〇八頁以下／RL.556：㉑四一五頁)。また、農民と手工業者とのあいだの生産物の交換の契約を監視し(RL.553：㉑四一一頁)、商業取引を規制し(RL.557f.：㉑四一七頁以下)、商品の公定価格を定めることが求められる(RL.568：㉑四二七頁)。[19]

経済的価値論についても『法論』は『閉鎖商業国家』の見解(V-三・三)を踏襲する。一方で、財貨の価値は、それを生産する労働の時間に依存する(RL.562：㉑四二一頁)。また、「労働の価値」は「彼〔労働者〕がその製作に必要とする長さの時間の生活」である(RL.559：㉑四一八頁)。すなわち、労働の価値は、労働を維持できる生活の時間(労働のための修練の時間)に依存する。他方で、すべての財貨の価値は「根本的食料」(RL.579：㉑四四二頁)としての穀類の価値との比較で決定される(RL.564f.：㉑四二五頁)。ただし、穀類の価値は、その生産に必要な時間に依存する(RL.562f.：㉑四二三頁)。

さらに、フィヒテは余暇の産出を念頭において、労働がどれだけの時間の生活を支えるかにも注目する(RL.560f.：㉑四二〇頁以下)。社会全体の生産性が向上すれば、少ない労働時間で多くの財貨を生産し、財貨の価値が低下するが、そのことによって多くの余暇が生まれる。このことによって真の意味での「国民の富」の増加がもたらされる。「価値と価格は……国家の国民の富によって規定されており、労働によって獲得される休息の時間に従って評価される」(RL.562：㉑四二二頁)。

国際的な経済関係については、貿易を国家の統制のもとにおいて、貿易への依存を低下させる(RL.588f.：㉑四五三頁以下）という構想をフィヒテは維持する。ただし、彼は、貿易そのものに反対しないと断っている。彼が主張するのは、貿易をそれぞれの国民の生活必需品に限定し、また貿易は世界貨幣を媒介にせず、直接の交換を行なうということである（RL.588f.：㉑四三三頁以下）[20]。

第四節　ドイツ民族の統一と国家

四・一　国家の目的と戦争の担い手

『法論』講義と『国家論』講義が行なわれた一八一二〜一三年にはナポレオンに対するドイツの闘争は転機を迎えつつあった。ナポレオンは一八一二年にロシアに侵攻したが、これに失敗した。一八一三年三月にプロイセン国王はナポレオンに対する戦争を決意し、「わが人民（国民）に向けて〔An mein Volk〕」を布告し、これに呼応して人民も決起し、ナポレオンに対するドイツの反撃が開始された。『国家論』講義（一八一三年四月〜八月）はまさに戦時下のものであった[21]。

『国家論』は「真の戦争の概念について」（第二篇）という部分を含み、この部分がまず独立に出版された（一八一五年）。フィヒテはそのなかでドイツ民族の対ナポレオン戦争の意義を明らかにするために、個人と国家との関係を捉え直す。フィヒテによれば、従来の一般的見解では、生命が最も重要であり、財産がそれに続き、国家は生命と財産の保全のための手段とされてきた（StL.403：⑯二〇九頁）。国家の支配層、支配的家族はもっぱら自分の私的財産の保全を目指し、民族・人民の利益を顧みない（StL.405f.：⑯二一二頁）。したがって、彼らは民族のための戦争には真剣ではない。これに対して、人民は戦争に動員され、彼らの生命と財産は犠牲にされるので、彼らは戦争に反対せざるをえない（StL.407：⑯二一三頁）。しかし、人民も、戦争がなければどの支配者（他国であっても）に服従してもよいと思い込みがちである（StL.407f.：⑯二一四頁）。このように支配層においても一般人民においても「最も普遍的な利己心」が蔓延している

（StL.409：⑯二一五頁）。

しかし、人間にとって最も重要なのは「自由」であり、生命や財産はそれらの実現のための手段にすぎない（StL.410：⑯二一六頁）。戦争の意味も自由の実現という観点から明らかにされる。個人の独立と自由は「民族の独立と自由」（StL.412：⑯二一九頁）と密接に関連しており、他の民族からの攻撃と支配に対して人々は「自由のための戦争」（StL.411：⑯二一八頁）を遂行しなければならない。個人の「時間的な生命」は「自由のための戦争」によって保持される（StL.411：⑯二一七頁）。「自由のための戦争」は個人を欲求への依存から解放し、個人に「内的自由」をもたらす点で、道徳的な意味をもつ。さらに政治的な面でも、この戦争をつうじて、「法状態」の確立による「外的自由」が必要であることが明らかになる（StL.411：⑯二一八頁）。

このようにして、「本来の戦争」を遂行するのは、自分の真の目的としての自由を目指す人民のみである。戦争は「支配的家族の戦争」ではなく、「人民（民族）の戦争〔Krieg des Volks〕」である（StL.412:⑯二一九頁）。この点について『政治論草案』においてもつぎのようにいわれる。「真の戦争」は「領邦主の戦争〔Krieg der Landesherren〕」ではなく、「人民（民族）の戦争〔Volkskrieg〕」である（PF.547：㉑五三六頁／PF.551：㉑五四〇頁）。そこでは「人民は目的の真の判断のために戦う」（PF.553：㉑五四三頁）。この目的は「憲制」、「共和制」の実現にほかならない（PF.553：㉑五四三頁）。

他民族に対する戦争は人民の自由と自立のためのものであり、たんに君主の利益のためのものではないという主張は、人民が戦争の遂行を担うことによって、戦後の国家体制の設立において主導的役割を果たすという展望につながる。この主張は、対ナポレオン戦争においてドイツ人が結束するうえで大いに寄与した（Ⅷ‐四・五、参照）。

四・二　ドイツ民族の文化的共同と統一国家

ＳＷの編集者によれば、『国家論』の第二篇「真の戦争の概念について」は、「最深部の歴史的起源にまでさかのぼった民族特性の根拠」の考察を含む。フィヒテはこの著作において『ドイツ民族へ』のばあいとほぼ同様に、民族をつぎのように理解したうえで、ドイツの現状を批判する。民族は、「共通の見解と思考様式」、とくに「言語の共通性」をもつ集団（StL.419：⑯二一六頁）、あるいは、「言語、慣習、出自」の点で共通性をもつ集団である（StL.421：⑯二一八頁）。ドイツにおいてはそれぞれの地域、領邦の独立性、独自性が強く、存在したのは「種族の統一〔Stamm-Einheit〕」であり、「民族〔Volk-Einheit〕の統一」ではない。（StL.423：⑯二三〇頁）。フィヒテによれば、「ドイツ民族という統一概念」は「歴史的要請」として維持されてきたが、「直接的に実践的要請」にされたわけではない。それは学者のあいだで、また「商人や手工業者のドイツ語圏内の旅行」をつうじて間接的に要請されたにすぎない（StL.422f.：⑯二三〇頁以下）。『政治論草案』においてはドイツ民族についてつぎのようにいわれる。「一つの民族は共通の歴史において一つのものとして把握される」（PF.567：㉑五五九頁）。しかし、ドイツの諸領邦の人民のあいだには共通の歴史がなかったため、明確な民族特性は形成されてこなかった（PF.565：㉑五五七頁）。ドイツにおいては統一国家（「一つのドイツ国家〔ein deutsche Reich〕」）がないだけでなく、「民族統一〔Nationaleinheit, Volkseinheit〕」（「一つのドイツ民族〔ein deutsche Volk〕」）さえない。「民族的誇り〔Nationalstolz〕」は「個々のドイツ民族〔einzelne deutsche Volke〕」（ザクセン、バイエルンなどの領邦）においては存在するが、ドイツ全体においては存在しない（PF.565：㉑五五七頁以下）[22]。

　ドイツ民族はたんに過去の伝統を継承するだけでなく、未来を目指し、「新しい民族」（PF.549：㉑五三九頁）として作り上げられるべきである。むしろ「一つの民族への形成・陶冶」がドイツ人の課題である（PF.571：㉑五六四頁）。「ドイツ人の性格は未来にこそある」。ドイツ人は「古い歴史を継承すべきではない」（Ebd.）。ドイツの民族性は経験的、歴史的条件に依存するだけではなく、「形而上学的なもの」をもっており、将来に向けて「可能なもの」であるとして考えられるべきである（PF.566：㉑五五八頁）。ドイツの民族と民族特性を形成するのは諸領邦の君主ではなく、人民である（PF.571：㉑五六四頁）。

四・三　ドイツの統一国家と国際組織

『国家論』においては、ドイツの統一国家のどのような形態が目指されるのかは明確ではないが、つぎのようにいわれる。ドイツ全体においては国家はさまざまな領邦の連合、「国家連合〔Reichesverband〕」、「国家連盟〔Staatenbündnis〕」として存在したにすぎない（StL.423：⑯二三〇頁）。ドイツにおいては中世以来、人格的な自由と独立の志向の伝統があり、これに基づいて諸領邦が成立したが、それらの連合は「きわめて緩やかな」ものであり、やがて分裂に陥った（StL.423：⑯二三〇頁以下）。これと同様の説明は『ドイツ民族へ』においても示されていた（Ⅶ－二・二）。

フィヒテによれば、ドイツにおいて真の統一国家を「内的、有機的に完全に融合した国家」として建設することが「永遠の世界計画」に従って、ドイツ人に使命として課されている。このような統一国家は「陶冶された人格的で個人的な自由」に基づくものである。まずそれぞれの領邦においてこの自由が実現され、続いてこれらの領邦が相互に結合していく（StL.423：⑯二三一頁）。これまでの国家連合においては諸君主が主体とされ、また、学者が統一国家の構想を人民に「押しつけ」ようとしてきたが、これからは人民がそれぞれの領邦と統一国家の担い手とならなければならない（StL.423：⑯二三〇頁以下）。フランス人は「自由と権利」の実現のために革命を遂行したが、ドイツ人におけるような独立した「自由な人格性」を欠くため、「自由の体制の条件」をも欠く（StL.429：⑯二三七頁）。

『政治論草案』においてはドイツの国家的統一についてつぎのようにいわれる。「国家連合〔Conföderation〕」、「国家同盟〔Reichesföderation〕」とは異なる「国家統一〔Reicheseinheit〕」としての「一つのドイツ国家〔ein deutsches Reich〕」は疑問である（PF.565：㉑五五七頁）。後者の実現のためには、「あらゆる公共的諸関係の全面的な改造」が必要になるが、それは非現実的である（Ebd.）。したがって、国家連合を継承することが現実的である。しかし、このことは、それを従来のあり方のままで維持することを意味しない。これまでの国家連合は諸領邦の支配者のあいだのものであった。今後はこれに替わって、人民が新しい連合の主体とならなければならない。このことによって真の意味での「一つのドイツ国家」が「徐々に成立する」（PF.571：㉑五六四頁）。

『ドイツ民族へ』においては文化的統一（民族）が政治的統一の基礎をなし、それに先行すると見なされたが（Ⅴ・四・一）、このことは『政治論草案』においていっそう明瞭にされる。そこでは、「国家においてのみ形成される民族特性」と、「国家を超えて存続する民族特性」とが区別される（PF.572：㉑五六五頁）[23]。ドイツ人の民族特性は「国家なしに、国家を超えて存在する」。それはヨーロッパ全体（「ヨーロッパ諸民族共和国」）の精神（大度、人間性、騎士道精神、慇懃さなど）と一致し、普遍的性格をもつ（Ebd.）。

フィヒテの構想では、ドイツの統一国家は多元的（複数主義的）であり、国際組織も同様である。フィヒテは後期の『法論』において『自然法』の見解を基本的に継承して、つぎのようにいう。国際組織は「国際連盟〔Völkerbündnis〕」（RL.645：㉑五二四頁）あるいは「国家同盟〔Staatenbund〕」（RL.645：㉑五二三頁）である[24]。従来の同盟は一時的なものにすぎず、そこでは強国が弱小国を支配しがちである。そのためそこでの平和は一時的であり、「戦争への誘発」が残存する。それは従来の諸国の「勢力均衡」（RL.648：㉑五二八頁）に基づくものにすぎない。

四・四　ナポレオン再批判

当時の緊迫した状況にもかかわらず、フィヒテは『国家論』においてはドイツの民族や民族特性卓越性を声高に主張していない。ここでは一方で、ナポレオンによる支配に希望を抱くことも、他方で、「ナポレオンの特徴的な能力と救済手段を低く評価し、慰みのために、愛国心をもち込むこと」もともに危険であり（StL.415：⑯二二三頁）、ナポレオンに対してドイツ人は賢明に粘り強く戦わなければならないとフィヒテは述べる。

フィヒテの講義計画によれば、『国家論』の第二篇、「真の戦争の概念について」は「ナポレオンの性格」の叙述を含む（SW.IV.S.XXVI）。この点についてつぎのようにいわれる。ナポレオンはコルシカ島の出身であり、郷土の民族性の影響を受けて、野蛮な性格をもち、フランス人の民族性の限界に加えて、逆境のなかで「強力で不動な意志」をもつようになった。しかし、彼は「人間の大きさ、明晰さ」、「人間のより高次な使命」に対する意識を欠いている（StL.424f.：

⑯二三二頁)。しかし、彼は狡猾である。彼はヨーロッパを見渡しながら、「誤った施策と弱点」を見抜き、これを自分の支配に利用する(StL.427:⑯二三四頁)。彼はまた、「世界の支配者」として「絶対的意志」をもとうとする(StL.426:⑯二三四頁)。彼は、フランク王国を指導したカール大帝にあやかろうとしている。ナポレオンはさらに「世界制圧」のために「海洋自由」と「海洋への主導権」を確保しようとする(StL.425f.:⑯二三三頁)。彼は「偉大な世界計画」を抱き、「世界法の庇護者」であろうとする(StL.426:⑯二三四頁)。このようなナポレオン批判は中期の『名なき者たちについて』および『ドイツ民族へ』における見解を継承したものである。

ナポレオンがライン同盟を結成させ、ナポレオン法典の普及によってこの地域に自由と権利をもたらしたという幻想を除去する必要があることが『ドイツ民族へ』において指摘されたが(Ⅶ-二・三、参照)、『政治論草案』においてもつぎのようにいわれる。「ボナパルトがライン同盟によって行なおうとしたことは、それまですでにそうであったこと、明確に表現されていたことをより確実にしたにすぎない」(PF.569:㉑五六一頁)。

四・五　フィヒテの政治的遺言

当時のプロシアにおいては、人民の声に押された開明的な政治的、軍事的指導者が優柔不断な君主に対してナポレオンとの戦争のための指導力を求め、その勝利あとの憲法体制の確立を約束させた。宰相のシュタインは軟弱な国王(フリードリッヒ三世)を説得し、一八一三年二月にロシアとの同盟を結ばせた。国王は三月一六日にフランスに宣戦を布告し、翌日プロイセン人民に向けて、『わが人民に向けて』を発した。さらにシュタインの努力によって、三月二五日には国王はロシア皇帝と共同宣言(カーリッシュ条約)を発表した。この宣言において、「ドイツ民族の固有の精神から生じる若返った強力な統一された帝国」の再建が目指され、それを「ドイツ[諸領邦]の諸君主と諸人民の裁量」に委ねることが示され、人民の自由と権利の保障がうたわれた。戦争における君主と人民との関係についてのフィヒテの主張(Ⅷ-四・一)はこのような動向をリードするものとなったといえる。

一八一三年秋に同盟軍（プロイセン、ロシア、オーストリア）によるナポレオン軍に対する反撃が本格化し（一〇月のライプツィッヒ近郊での戦争が大きな転機となった）、ナポレオンは同年一一月にフランスへ撤退する。フィヒテの妻は戦争負傷者の看護のために自発的に奉仕するなかでチフスに感染し、発病し（一八一四年一月初め）、奇跡的に健康を回復したが、妻を看病したフィヒテがチフスに感染した。彼は、反ナポレオン連合軍がフランスへ進撃したさなかに急逝した（同年一月二九日）。そのしばらくあとに（同年四月）ナポレオンは退位する。

後期フィヒテの社会論、国家論は彼の政治的遺言といってよいが、彼の遺志は受け止められたたであろうか。ナポレオン敗北のあと開催されたウィーン会議（一八一四年九月～一八一五年六月）においては関係諸国のあいだで、フィヒテが批判した「勢力の均衡」をめぐる駆け引きが展開され、オーストリアの宰相、メッテルニッヒの主導によって妥協が図られた。そこでの合意に基づいて、「ドイツ連邦」が発足したが（一八六六年まで存続）、これはドイツの三九の諸国から構成されるきわめて緩やかな連合であり、連合の主体は諸君主であった（四カ国は自由都市）。

一八七一年にはプロイセンのビスマルクの主導によって「ドイツ帝国」（第二ドイツ帝国）が誕生する（一九一八年まで存続）。ここでは諸君主が主権をもち、人民の代表によって構成される帝国議会の権限は大きく制限された。しかも、この帝国を結成した二五カ国（三カ国は自由都市）のなかでプロイセンが別格の位置にあった。この点でこの帝国は、フィヒテが主張する諸国の対等・平等な結合、人民の参加の原則から逸脱していた。第一次世界大戦でのドイツの敗北によって帝政は一九一八年に廃止され、翌年ワイマール憲法のもとでドイツ全体ではじめて共和制が誕生した。しかし、ヒトラーが一九三三年に政権を掌握し、独裁体制を確立し、一九三八年に近隣諸国を併合した（第三帝国）。

第二次世界大戦後、ドイツは縮小されたうえで、東西に分断された。一九九〇年にようやく東西ドイツの国家統一が成立した。しかし、この統一は、フィヒテが構想したような、文化的、精神的統一を基礎としたものでは必ずしもなかった。政治的統一が先行したため、東西のあいだで社会的、文化的断絶が残存し、これに経済的格差が加わって、複雑な状態が生じた[25]。

第五節　国家の歴史と摂理

五・一　歴史法則と自由

すでに見たように（Ⅷ - 二・二）、『法論』におけるフィヒテの結論は、「その時代と民族の最も正当な者をその支配者にする」（RL.635：㉑五一〇頁）というものである。『国家論』においてはより明確につぎのようにいわれる。「その時代と民族の最高の人間悟性」をもつ人物が「支配者（主権者）〔Oberherr〕」にふさわしいが（StL.444：⑯二五四頁）、そうでないばあいには、「法状態の設立」は「唯一の自立的な創始者からやむなく出発する」ことになる（StL.445：⑯二五五頁）。

このような見解は歴史哲学的文脈で主張される。彼は『法論』においてつぎのようにいう。「いつの日か、［民族の最も正当な人物としてその支配者となるような――ＳＷ版編者補足］人物が現れるであろうし、現れるにちがいない」。しかし、「このような歴史的見通しにおいては支配の根源は詮索されえない」。最善の者を統治者とするという課題は「人間の自由によっては解決されえず」、「神の世界統治［Weltregierung］」によってのみ解決されうる」。「悟性と倫理における進歩のみが、やはり［ともに］進歩する統治（政府）を強制するために人民の手元にある手段である」（RL.635：㉑五一〇頁）。すなわち、最善の者を統治者とすることは人民によって人為的、意識的に行なわれるのではなく、「神の世界統治」に従った歴史の必然的経過のなかでのみ行なわれるというのである。

ＳＷ版の編集者によれば、『国家論』の第三篇の主題は「世界史の哲学的構成と人類の地上の目的までのその進展」（SW.IV.S.XXVI）である。ここでは歴史哲学が構想されるが、そのさいに歴史における法則と人間の自由との関係が問題となる。自然の出来事は法則に従うのに対して、歴史の出来事は人間の「自由で恣意的、無法則的な諸行為」に依存するかのように現象する（StL.463：⑯二七五頁）。そのため歴史は自然法則にも道徳法則にも従わないと見なされる（StL.463：

⑯二七四頁）。しかし、歴史においても「法則性」がある（StL.466：⑯二七九頁）。「歴史的法則」（StL.528：⑯三四三頁）、「歴史的必然性」（StL.529：⑯三四三頁）は自然法則と道徳法則とを媒介する。人間は歴史的法則に従って、その活動をつうじて無意識的に自由を実現していく。人間は歴史をつうじて徐々に道徳的目的を実現していくのであり、道徳法則に従って出来事を「自由の産物」として生じさせるようになる（StL.462：⑯二七四頁／StL.468f.：⑯二八〇頁以下）[26]。

ところで、歴史の法則的過程は「隠された原理」に基づく。それは神の「摂理〔Vorsehung〕、世界支配」、「人類の道徳的な形成・陶冶に向けた神の世界計画」に従う（StL.466：⑯二七八頁）。人間の道徳的な自由意志も意志自身の力にではなく、「悟性的で賢明な道徳神」の力に基づく（Ebd.）。自然法則も道徳法則も自立的なものではなく、「神の現象の形式的法則」に従う（StL.468：⑯二八九頁）。

五・二　歴史哲学の可能性

『国家論』の第三篇においては国家について宗教との関係で歴史的考察が行なわれるが、すでにフィヒテ中期の『現代の根本特徴』において国家と宗教との関係の歴史について考察されていた。そこでは、歴史は「高次の世界計画」に従って進行し、そこではそれぞれの民族は、「盲目的で無意識的な道具」となるといわれた（GzG.183：⑮一八四頁）[27]。

国家の歴史はつぎのように説明された。まず、中央アジアにおいては文化的民族（標準民族）が未開民族を支配することによって、国家が成立した。これは、支配的民族（人民）と被支配的民族とのあいだの不平等な関係に基づく「専制」であった（GzG.175：⑮一七八頁）。これに対して、古代ギリシャにおいては「すべての市民の権利の平等」がもたらされたが、これは「資産の大きな不平等」を残していた（GzG.178：⑮一八〇頁）。ローマ時代には市民の自由な平等の原理は帝国の拡張につれて文明世界全体に拡大した（GzG.183f.：⑮一八四頁以下）。

国家の第二の段階は真の宗教としてのキリスト教によってもたらされた。キリスト教における神の愛による万人の平等をローマ法における法的平等といかに結合するかが課題となった（GzG.188f.：⑮一九〇頁）。ゲルマン民族はもともと万人の独立、自由、平等を求める伝統をもち、この伝統がキリスト教とローマ法の導入によって確固としたものとなった。中世のヨーロッパはゲルマン民族をつうじてキリスト教文化を獲得した。このようにしてキリスト教に基づく「国際共和国〔Völkerreplik〕」(それは神聖ローマ帝国を意味するであろう)が成立した(GzG.193f.:⑮一九四頁以下)。しかし、その政治的統一は緩やかなものにすぎず、そのもとで封建制度が生まれた(GzG.199:⑮二〇〇頁)。各国は「普遍的君主制〔Universalmonarchie〕」(絶対主義的君主制を意味するであろう)を目指し、他国との「力の均衡」を保持しようとする(GzG.202f.:⑮二〇二頁以下)。このような歴史的認識は『閉鎖商業国家』におけるものにも関連する(Ⅵ-四・一)。

フィヒテが目指すのは、封建社会における法的権利の不平等(形式的平等の欠如)を除去するだけでなく(GzG.202f.:⑮二〇二頁以下)、「万人の資産と権利の平等」(実質的平等)を実現することであるが(GzG.207f.:⑮二〇七頁)、それは、万人が「全体の目的」のために寄与し、「その能力に応じて」全体的労働の成果が分配されることによってもたらされる(GzG.152f.:⑮一五五頁以下)

五・三　国家と宗教

『国家論』の第三篇においては「世界史の哲学的構成と人類の地上の目的までのその進展」が説明されるが、そのさいに、国家と宗教(とくにキリスト教)との関係が重視される。国家の最初の歴史的段階においては神への盲目的信仰(「絶対的な自然信仰」)があった(StL.490:⑯三〇三頁)。一方で、君主は「神の代理」と自称した(StL.498:⑯三一一頁)。他方で、神は「道徳的本質」をもたないため、国家をつうじてのみ人間に関係した(StL.501:⑯三一四頁)。ここでは「神政〔Theokratie〕」(StL.504:⑯三一七頁)が行なわれる。しかし、悟性の発展とともに、「信仰における絶対的なもの」(StL.496:⑯三〇九頁)としての国家は没落し、これに替わって、悟性と意志に基づく国家の設立が目指されるようになる。

旧世界(古代)から新世界(近代)への転換はキリスト教の普及によってもたらされる。旧世界においては神は「道徳的本質」をもたず、世界を恣意的に支配すると見なされた（StL.501：⑯三一四頁）。「諸個人は神の意志に従って国家のなかに埋没していた」（Ebd.）。古代においても、ある段階で市民は自分の出自と身分に従って、一定の諸権利をもってはいたが、「人間性」がその基礎におかれず、個人の制約された権利（法）が存在したにすぎず、本来の法は存在しなかった。奴隷は自由民（市民）ではなく、まったく無権利であった（StL.506：⑯三一九頁）。このような不平等は宗教によって正当化された（StL.508：⑯三二一頁）。

これに対して、キリスト教においては神は「道徳的立法者」であり、「［人間の］自由という形態」で可視的となる（StL.522：⑯三三二頁）。神のもとでの平等、人間の意志の自由、良心の自由が認められ（StL.527f.：⑯三三七頁以下）、人間性と結合した信仰が行なわれた。また、社会生活においては政治的自由が認められた（StL.523：⑯三三八頁）。『国家論補論』においては、キリスト教のなかにはそもそも「国家設立の課題」が含まれ（SW.VII.608：⑯四七八頁）、キリスト教は「国家設立の歴史的原理」でもあるといわれる（SW.VII.613：⑯四八三頁）。

『国家論』においてはキリスト教と近代国家との関係について論じられ、「理性によって要求される法の国と、キリスト教によって約束される地上の天国とは一個同一のものである」といわれる（StL.582：⑯三八四頁）。ところで、両者の一致のために重要なのは陶冶と教育である。教育の進展によって「神の国」は現実世界のなかに具現されるようになる（StL.588：⑯三九〇頁）。一方で、教会が「教育機関」として、「国を持続的状態において指導し、国と不可分な構成要素」となる（StL.583：⑯三八五頁）。他方で、国家は教育のための固有の役割を果たす（StL.437f.：⑯二四六頁以下）。このように教会と国家とは教育について相互に協力することになる（StL.593f.：⑯三九五頁）。

第IX章　ルソー・カント・フィヒテの国家論

第一節　ルソー国家論のカント・フィヒテへの影響

一・一　ドイツにおけるルソー国家論の継承

カントの国家論とフィヒテの国家論とはそれぞれ独立にルソーの国家論から強い影響を受けながら、形成されたが、結果としていくつかの点で共通の見解に到達した。本章ではこの問題について考察するが、そのさいに、ルソーに先行するホッブズ、ロックの思想をも視野に収める。

隣国フランスで勃発した革命はドイツの知識層にも大きな影響を与えた。しかし、社会的後進状態にあったドイツにおいては、ルソーが方向づけた革命の原理はそのまま実現されることはできず、その思想的な内向を余儀なくされた。しかし、この結果として反面でこの原理が深化され、吟味された。この点についてヘーゲルは『歴史哲学』講義においてつぎのように述べている。「意志の自由」は、「人間を人間たらしめるもの」、「すべての権利の根拠」であり、フランスにおいては革命という形で実践に移されたが、ドイツにおいてはそれは、とくにカント哲学に見られるように、「理論」の面にとどまり、「純粋理性」の自由として内面化された（HzW.12.524：『ヘーゲル全集』⑩b三〇六頁以下）。

また、ヘーゲルは『哲学史』講義において、ルソーの思想がカントとフィヒテに与えた影響についてつぎのように述べている。「自由の原理はルソーにおいて高く掲げられ、このことによってカント哲学への移行がもたらされた。カント哲学はこの原理を理論的見地において自分の根底に据えた」(HzW.20.308：『ヘーゲル全集』⑭c四八頁)。カントおよびフィヒテの哲学においては「思想の形式」における「革命」が表明されている(HzW.20.314：同⑭c五五頁)。ルソーは「国家の絶対的権利づけ」の原理を「自由意志」に求めた(HzW.20.306：同⑭c四七頁)。「カントは、意志はまったくそれ自体で自由であるというルソーの規定を綿密に仕上げた」(HzW.20.365：同⑭c一〇七頁)。「カントがはじめて自由を法の基礎にすえた。フィヒテも『自然法』において自由を基礎とする。しかし、それはルソーにおけるように、個々の個人という形式における自由にすぎない」(HzW.20.413：同⑭c一五六頁)。

一・二　初期カント、初期フィヒテへのルソーの影響

カントへのルソーの影響は一七六〇年代中ごろまでさかのぼる。カントが出版直後の『エミール』を読み、人間の尊厳について衝撃を受けたことは有名である(『美と崇高の感情についての考察』の覚書』、一七六四〜六五年)。また、カントは人間の批判的観察をつうじて、意志の自由についてのルソーの見解に注目した。さらに、カントはルソーの思想を踏まえ、個人的意志と普遍的意志との一致を政治的、道徳的共同の条件と見なす。彼は一七七〇年代をへて、批判期には理性の自律の立場へ移行する。『道徳形而上学の基礎づけ』においては、諸人格が、立法された道徳法則に従って相互に結合することによって、道徳的共同体(「目的の国」)をもたらすと主張される。これは、「自分が指示した法律への服従が自由である」(CS.I.8：三七頁)というルソーの政治思想を道徳論へ拡張したものといえる。[1]

カントは自然法についての講義を一七六七年から批判期の一七八八年まで約二十回行なったと伝えられる。この講義は内容の点ではルソーの影響を強く受けている。[2] これらの準備をへて、カントは晩年にようやく『法論』(『道徳形而上学』第一部「法論の形而上学的基礎」、一七九七年)を出版した。

フィヒテに対するルソーの影響は最初期の『フランス革命』(一七九三年)に見られる(Ⅲ-一・一)。フィヒテによれば、

フランス革命は「ルソーの夢」（FR.71：②一一〇頁）。を実現しようとした。フィヒテは、フランス革命を導いたルソーの思想をカントの道徳哲学に基づいて捉え直そうとする。彼は、カント哲学が「もう一つのはるかに重要な革命」（FR.41：②七七頁）をもたらしたと評価し、これをルソーの国家論と結合しようとする。その成果は『自然法』（一七九六〜九七年）に表現される。

『自然法』（一七九六年五月）はカントの『法論』（一七九七年一月）に先立って出版された。カントの『法論』の刊行は遅れ、フィヒテにこの分野での仕事の完成を期待さえした。フィヒテはカントの『永遠平和論』（一七九五年九月）において部分的に示された法論・国家論に注目した。このことについて『カント「永遠平和論」論評』（一七九六年一月）においてはつぎのようにいわれる。「この論文はたとえカントの法哲学の基礎を全面的に示していないとしても、少なくともその成果を完全に含んでいる」（RzEF.428：⑥四六〇頁）。「評者は自然法についての研究を行なったさいに、今日よく知られているカントの諸原理［『永遠平和』における］とはまったく別の独立した原理からカントの結論へ……到達し、その証明を見出した。しかもこれらの結論は本書を入手するまえに、講義［一七九五〜九六年］において公にした」（RzEF.429f.：⑥四六二頁）。また、『自然法』においてもつぎのようにいわれる。著者は、「知識学の諸原理から出発するその法論の基礎を完全に完成したあとで、カントの『永遠平和論』というきわめて重要な論文によって思いがけない最高の喜びを感じた」（NR.12：⑥二二頁）。

カントの法論・国家論の形成過程を考慮するならば、『自然法』はカントの『法論』に内容の点で先行したとは必ずしもいえないが、やはりルソーの思想の影響を受けながら、多くの点でカントと共通の見解に到達し、または一部は独自の見解に到達したといえる。

第二節　社会契約と国家設立

二・一　自然状態から国家へ

(1) ホッブズとロック

近代の政治思想の主流は自然状態から出発し、それを克服するものとして国家を理解する。カントもフィヒテも同様である。しかし、自然状態についてホッブズ、ロック、ルソーのあいだには見解の相違がある。

ホッブズによれば(『リヴァイアサン』、一六五一年)、共通の権力を欠く自然状態は戦争状態(「万人の万人に対する戦争の状態」)である。戦争が実際に生じていなくても、そのおそれ、その兆候があれば、すでに戦争状態である(Lev. §13:(一)二〇九頁)。

これに対して、ロックによれば(『市民政府論』、一六八九年)、自然状態においては一定の法(「自然の法」)が支配しており、この法によって諸個人は、他人の生命、健康、自由、あるいは所有物を損わないよう、拘束される(TG.6:一二頁)。しかし、自然状態においては、法の違反を処罰する権限をもつ「共同の上位者」が欠けているため、個人の諸権利の享受は不確実である。相手が自然法に反して、攻撃を仕掛けるならば、相手は一方的に戦争状態に入ったと見なされ、それに対する防衛の権利が生じる。このように、自然状態は戦争状態に転化する可能性をもつ(TG.19:二五頁)。

(2) ルソー

ルソーは、ホッブズのように自然状態を戦争状態と見なすことを批判する。ルソーは『不平等起源論』(一七五五年)においてつぎのようにいう。最初の自然状態においては人びとは森林のなかで散在して生活し、本来の社会的秩序は存在しなかった(第一段階)。しかし、産業と技術(とくに農業と冶金)の発達とともに人々の欲望は増大し、私的所有が誕生し、諸個人のあいだに対立が生じるようになる(第二段階)。その結果さらに、支配と隷従、暴力と略奪が横行するようになる。その抑制のためと称して国家が設立されるが、このような国家はじつは強者の支配を正当化するものであった。ルソーはこのような第三段階の状態を第一段階の本来の自然状態から区別し、「新しい自然状態」と呼ぶ。ホッブズがいう戦争状態はこの状態の一面を表現していることになる。

ルソーは『社会契約論』（一七六二年）において、「自然状態のなかで生活することを妨げるもろもろの障害が強まったため、国家へ移行しなければならなくなった」（CS.VI：二八頁以下）と述べるが、このことは、『不平等起源論』の第二段階の最後において「各個人が自然状態を脱却させざるをえなくさせる不便」に言及されていることに対応する。

（3）カント

カントも「自然状態」から「法的状態」あるいは「公民的（市民的）状態」への移行について論じている。自然状態についての彼の説明においてはホッブズ的要素、ロック的要素、およびルソー的要素が混在している。カントは「不法の状態」としての戦争状態から「無法の状態」としての自然状態を区別する（MS.312：『カント全集』⑪一五四頁）。しかし、自然状態においては、個人の占有を他人による侵害にたいして保障する公的権力が欠けているため、他人によって占有が侵害されるばあいには、個人は自分の力によって占有を防衛しなければならない。このときには戦争状態が生じる（MS.307：同⑪四九頁）。このような見解はロックのものに近い[3]。

カントは『一般的歴史観』（『世界市民的見地における普遍史の理念』、一七八四年）において、ルソーがいう自然状態を「未開人の状態」、「人間の粗野な自由な状態」と見なしている（KgS.8.24：『カント全集』⑭一三頁以下）。しかし、自然状態についてのルソーの見解とカントの見解との見解のあいだには大きな相違がある。ルソーが自然状態を人間の無交渉な状態と見なすのに対して、カントは、自然状態においてすでに人間は「社交性」と「非社交性」をもつと見なす（KgS.8.20f.：同⑭八頁）。カントによれば、人類が自然状態から文明状態へ移行し、非社交性が先鋭化することによって、ルソーが批判するように、さまざまな対立や害悪が生じた。このような見解は『判断力批判』（UK.432f.：『カント全集』⑨一一一頁以下）、『永遠平和論』（EF.366f.：『カント全集』⑭二八五頁）においても表明される。

ところで、カントはロックと同様に、国家の設立の以前、すなわち自然状態においても占有とその権利がすでに承認されていると見なす。「公民的体制の以前に……外的な私のものおよび君のもの〔占有物〕が可能である」(MS.256：『カント全集』⑪八二頁)。「取得の理性的な権原は、万人のアプオリに合一した意志の理念のなかにのみある。この理念はここでは〔自然状態において〕不可欠な条件として暗黙に前提されている」(Ebd.)。『法哲学遺稿』(一七七〇年代中ごろと推定)においてはつぎのようにいわれる。「このような権力が確立される以前にも、たしかに法や法律の根拠が存在する……。ところで、このような根拠をなすのは潜在的な共同意志〔gemeinschaftlicher Wille in potencia〕である」(KgS.19.482：同⑱三〇六頁)。カントによれば、自然状態においてもすでに個人の権利が「潜在的な共同意志」によって、暫定的にではあるが、承認されている。占有が確実になるのは公民的状態においてであるが、そこでは自然状態における潜在的な共同意志が顕在化し、作用する。このような見解はカントに独自のものである。[4]

(4) フィヒテ

フィヒテは〈自然状態から国家へ〉という理論的枠組に一応従っているといえる。自然状態についての彼の説明は錯綜している。一方で、彼は『フランス革命』において、契約に基づく国家の設立よりもまえの「自然状態」においても一定の社会秩序、権利(法)と義務があると述べていた(FR.130：②一七九頁)。このような理解はロックのものに近い。また、フィヒテは『自然法』において、自然法は、「国家の外部の人格相互の法関係」であり、このような自然法が妥当する状態が自然状態であると述べるが、これは国家を捨象した状態であろう(NR.99：⑥一二七頁)。[5] しかし、他方で、フィヒテはホッブズと同様に、自然状態を「万人の万人に対する戦争の状態」(NR.154：⑥一八七頁)、あるいは「戦争が生じる懸念がある状態」(NR.193：⑥二二四頁)、「全般的不信の状態」(NR.243：⑥二八七頁)とも見なす。

二・二　社会契約と普遍意志

(1) ホッブズとロック

近代の主流の社会思想においては、社会契約に基づいて公共体あるいは国家を設立することをつうじて各人の権利が保障されると見なされる。ホッブズによれば、各人は他人との「信約〔convenant〕」（一種の契約）によって「一つの意志」へ統合し、国家（コモンウェス〔commonweath〕――ラテン語の〈civitas〉）を設立する（Lev. §17：（二）三三頁）。そのさいに人民は特定の人間あるいは合議体に対してそのすべての権力（自然権）を委譲する。この委譲は個人の側からの一方的なものであり、個人と国家（統治者）とのあいだの契約（服従契約）ではない。

ロックにおいては、諸個人が相互の契約（「原初的契約〔original compact〕」）によって「公共体（共同体）〔community〕」（広義の国家〔commonwealth〕）を設立し、そこへ自分の権利を移譲するとされるが[6]（TG. §95：一〇〇頁／TG. §97：一〇一頁）、ホッブズのばあいとは異なって、この委譲は全面的ではなく、限定的である。

（2）ルソー

ルソーは、「根源的契約〔contra primitive〕」（CS.IV.2：一四九頁）によって諸個人は連合（結合）して国家を設立すると見なす。「共同の全力を挙げてそれぞれの構成員の人身と財産を防衛し保護する連合〔association〕の形態を見出すこと。この連合の形態によってそれぞれの成員は万人と連合しながらも、自分自身にのみ服従し、連合以前と同様に自由であり続ける。このことこそ根本問題であり、それを社会契約が解決する」（CS.I.6：二九頁）。社会契約によって「連合したそれぞれの成員は公共体に自分をそのすべての権利とともに公共体全体に全面的に譲渡すること」が必要である。そのさいに、「各人は万人に自分を与えるのであるから、［特定の］人格に自分を与えない。また、自分が譲渡するのと同一の権利を受け取らないような構成員はだれも存在しないのであるから、各人は、失うすべてのものと同じ価値のものを獲得し、さらに自分がもつものを保存するためのいっそう多くの力を獲得する」（CS.I.6：三〇頁）。社会契約によって「われわれのいずれも自分の人身とすべての力を共同してともに一般意志の最高の指導のもとにおく」（CS.I.6：三一頁）。「一般意志〔volonté générale〕」は、諸個人の特殊意志のたんなる総和としての「集合意志（万人の意志）〔volonté du tous〕」から区別される（CS.II.3：四七頁）[7]。

（3）カント

カントもルソーの見解を継承し、つぎのようにいう。「人民が自分たち自身を一つの国家へ構成する作用」は「根源的契約〔ursprünglicher Vertrag〕」（MS.315：『カント全集』⑪一五八頁/MS.340：同⑪一八九頁）、「社会契約」（MS.340：同⑪一八九頁）である。カントは国家と個人との関係についてつぎのようにいう。「人民に属す万人（万人と各人）は彼らの外的自由を放棄するが、それは、ある公共体の成員、すなわち国家と見なされた人民の……成員として直ちに受け取るためにである」（MS.316：同⑪一五八頁）。そのさいに、「国家に所属する人民」は「その外的自由の一部」を放棄するのではなく、「その野蛮で無法律な自由」を「全面的に」放棄するが、それは「その自由一般を、ある法律的状態において、減少させられずに再び受け取るためである」（MS.315f.：同⑪一五八頁）。このような理解はルソーのものに類似している。カントは、諸個人の意志が「一つの意志」へ合一され、これに基づいて国家が設立されると見なす。ホッズブも人民の意志の「一つの意志」への合一に基づいて国家が設立されると主張するが、カントの見解はルソーからより強い影響を受けている。「合一（結合）された意志」は「普遍意志〔der allgemeine Wille〕」（MS.314：同⑪一五六頁）と呼ばれ、それはルソーの「一般意志〔volonté générale〕」を踏まえたものである。(8)

しかし、ルソーとカントの見解のあいだには相違もある。第一に、ルソーにおいて一般意志は社会契約をつうじて形成される。個人のあいだの結合行為（社会契約）の結果として、「万人のなかに一般意志が生まれる」（CS.II.4：五〇頁）。これに対して、カントによれば、社会契約は普遍意志に基づき、これは自然状態における潜在的共同意志の顕在化によって成立する（Ⅸ-二-一-（３））。第二に、ルソーにおいては一般意志は諸個人のあいだの経験的合意に依存するのか、それから独立した理念的なものかが必ずしも明確ではない。カントは一般意志を「アプリオリに合一した意志」に高めることによって、このような曖昧さを払拭したといえるであろう。

（4）フィヒテ

カントはルソーの一般意志をアプリオリな「普遍意志」として捉え直すが、フィヒテはそれを「共同（共通）意志〔der gemeinsamer Wille〕」(9)（NR.151：⑥一八四頁）といい替え、万人が国家のもとで一つの意志に合一されることを強調する。「諸個人の意志がただ一つの概念に総合的に一体化されるときには、その［個別的意志の］公共体の意志と融合して同数の意志と同じように、個々の力が公共体と一つに融合する」（NR.108：⑥一三六頁）。「国家法論の課題」は、「共同意志であること以外には端的に不可能な一つの意志を見出すこと」にある（NR.151：⑥一八四頁）。このような見解もルソーのものを踏まえたものである。フィヒテによれば、共同意志に向けて契約が締結されることによって公共体が成立する。「共同意志は一つの時点で表明されたのであり、それに向けて締結された市民契約によって普遍的に立法されている」（NR.153：⑥一八六頁）。ここでは、ルソーのばあいと同様に、契約によって共同意志が形成されると見なされているように思われる。フィヒテも、国家は個人相互の契約に基づいて設立されると見なす。彼は、公共体を設立する市民契約をとくに「国家契約」（NR.178：⑥二一四頁／NR.201：⑥二三九頁）呼ぶ。「このような結合体に参加する者はたとえその自由を放棄するとしても、自分の意志を放棄することによって、自由を維持する」（NR.109：⑥一三八頁）。このような見解はルソーのものに近い（CS.I.6：⑥三〇頁）。

しかし、フィヒテとルソーのあいだには見解の相違もある。ルソーによれば、個人と全体とは一体であり、個人が全体に対してすべてのものを譲渡しながら、すべてのものを取り戻す。これに対して、フィヒテは、個人が全体に対して譲渡する部分と、そうでない部分とを区別する（Ⅲ‐三・二）。このような主張はむしろロックに近い[10]。

フィヒテによれば、個人の意志は共同意志と一体であるから、公共体において体現される共同意志に服従することは、個人が自分自身に服従することを意味する（Ⅲ‐三・一）。「私が私によって吟味され、承認された法律に服従するばあいには、私は私自身の不変な意志に服従する」。「私は服従しているが、つねに私の意志にのみ服従し続ける」（NR.104：⑥一三二頁）。この点についてはルソーも、個人が社会契約に従うばあいには、「他のだれにも服従をせず、自分自身にのみ服従する」（CS.II.4：五二頁）と述べていた。

フィヒテにおいてもルソーのばあいと同様に、個別意志相互の関係は個別意志と共同意志（一般意志）との関係として捉えられ、共同意志による個別意志の強制が強調される。「この共同意志は……、比較において個々人の力を無限に小さくするような優越力を備えなければならない」（NR.153：⑥一八六頁）。ルソーもつぎのようにいう。「一般意志への服従を拒否する者は、それに服従するよう……強制される」（CS.I.7：四九頁）。

第三節　国家の構造と機能

三・一　立法権と執行権

（1）ホッブズとロック

ホッブズによれば、人民は「信約」に基づいて「公共体（国家）」を設立するが、このことは多数決によって行なわれる（Lev.II.§17：（二）三三頁）。人民は特定の人間あるいは合議体にその権利を全面的に委譲し、主権を構成するが、主権のなかには立法権、執行権、裁判権等が含まれる（Lev.§18：（二）四二頁以下）。

ロックは広義の国家としての公共体と狭義の国家とを区別する。彼によれば、人民は相互の同意に基づいて「公共体」を設立するが、公共体（人民）が直接に立法権を行使するのではない。公共体は多数決に基づいて立法権を特定の個人あるいは集団に「信託し〔trust〕」、立法府を設立する（TG.§136：一三九頁／TG.§149：一五一頁）。公共体はその立法権を代表に信託するが、それは、人民が立法府の成員を選出するという形態を取る（TG.§154：一五六頁／TG.§158：一六〇頁）[11]。

ロックはさらに立法権から執行権を区別する。立法府は常設であるとは限らないので、立法府は法律の執行を執行府に委任するが（TG.§156：一五七頁）、これも多数決に基づく。ただし、そのさいにも立法府が最高の権利をもち、立法権が執行権に優越する。立法府は執行府を解任することができる（TG.§152：一五四頁）。なお、ロックにあっては執行権は裁判権（司法権）をも含む広義のものである。

（2）ルソー

ルソーによれば、人民は立法権をもつが、現実的には立法能力を欠くことが多いので、人民のために法律を考案し、提案する立法者を別に必要とするが、立法者が人民に代わって立法権をもつわけではない（CS.II.7：六四頁）。また、ルソーは、「主権は分割できない」（CS.II.2：四四頁）と述べながらも、立法権から執行権を区別する。[12] 彼によれば、人民は執行権をもたず、これを「統治者〔price〕」あるいは「首長〔chef〕」に委託する。人民と統治者との関係は相互の契約（服従契約、統治契約）に基づくものではない（CS.III.16：一三七頁）。執行権を行使する機関は「政府〔gouvernment〕」である。その成員は主権者としての人民によって雇われ、権限を委託された「代理人〔agent〕」、「執行官〔ministre〕」、「役人〔officier〕」にすぎない（CS.III.1：八五頁）。人民は彼らを解任することもできる（CS.III.18：一四〇頁）。

国家の設立の契約が結ばれるのは人民集会における全員一致に基づいてである（CS.IV.2：一四八頁）。国家（政府）の改変も人民集会における全員一致によって行なわれる（CS.III.18：一四二頁）。これとは異なって、個別的な諸立法は人民集会における多数決によって承認される（CS.IV.2：一四七頁）。

ルソーは代議制（代表制）を批判する。彼によれば、主権は代表されず、一般意志も代表されない。「代議士〔deputé〕」は人民の代表者ではなく、人民の「委託者（世話人）〔commisaire〕」であって、立法せず、決定もしない。代議士が主権を代表するとすれば、人民は立法権を失い、自由ではなくなる（CS.III.15：一三三頁）。

（3）カント

カントによれば、「人民の統合された意志」に基づいて「公共体〔das gemeine Wesen（res publica）〕」が設立される。人民は理念上は立法権をもつ。「立法権は、人民の合一した意志にのみ属しうる」（MS.315：『カント全集』⑪一五五頁）。しかし、公共体（人民）は立法権を直接に行使するのではない。立法権を代表するのは「国家支配者〔Staatsherrscher〕」あるいは「国家首長〔Staatsoberhaupt〕」である。人民は最高の立法者としての国家首長に立法権を委任する。立法権のこのような委任は一方的なものであり、服従契約に基づくものではない（MS.318：同⑪一六二頁）。このようなカントの見解はロックのものともルソーのものとも異なり、ホッブズのものに近い。

カントも立法権を執行権から区別する。国家の「支配者〔Beherrscher〕」は主権者を代表し、立法権をもつが、同時に執行権をもつことはできず、執行権を特定の人格あるいは機関に委任する（MS.317：同⑪一六〇頁）。執行権をもつのは人格としては「統治者〔Regent, princeps〕」であり、機関としては「行政府〔Direktorium〕」、「政府〔Regierung〕」である。国家の元首は国家の「代表者〔Agent〕」である。[13]このような説明はルソーのものに類似している。

カントによれば、民主制（直接民主制）のように、立法権と執行権とが区別されない政体は「専制的〔despotisch〕」である（EF.352：『カント全集』⑭二六五頁以下）。立法権は執行権に優越する。立法者（主権者）は元首を任命し、それを罷免することができる（MS.317：『カント全集』⑪一六〇頁）。さらに、カントは裁判権（司法権）を立法権からも執行権（行政権）からも独立させる（Ebd.）。カントは立法権、執行権、司法権を「並列の秩序」において理解するとともに、三者を「上下の秩序」においても理解し、立法権を他の二権よりも優位におく（MS.316：同⑪一五九頁）。[14]

カントによれば、理想の政体としての共和制の原則は「代議制（代表制）〔das repräsentative System〕」である（EF.353：『カント全集』：⑭二六六頁）。「真の共和制」は「人民の名において、すべての公民の結合をつうじて彼らの議員（代議士）〔Abgeordneten（Deputierten）〕を媒介として彼らの権利を配慮する人民の代議制（代表制）である」（MS.341：『カント全集』⑪一九〇頁以下）。代議制に基づく政体は共和的であるが、代議制に基づかない政体は専制的である（EF.352：『カント全集』⑭二六五頁）。民主制は代議制を含まないので、専制的であるのに対して、君主制も貴族制も代議制を含むかぎりは、共和的である（EF.352：同⑭二六六頁）。[15]

（4）フィヒテ

フィヒテによれば、「公共体〔das gemeine Wesen, die Gemeine〕」（人民）は直接に権力を行使することはできず、権力の執行を「権力の管轄者〔Verwalter〕」に委任しなければならない（NR.160：⑥一九四頁）。そのさいに人民と権力管轄者とのあいだで「委任契約」（NR.165：一九七頁）あるいは「服従契約」（NR.206：⑥二四四頁）が締結される。具体的には人民が集会において権力管轄者を選出する（NR.164：⑥一九八頁／NR.170：⑥二〇四頁／NR.178：⑥二一四頁）。このばあいに委任される権力は直接には執行権〔行政権〕である（NR.161：⑥一九五頁）。執行権の最高の管轄者は「元首〔Agent〕」である（NR.287：⑥二三六頁）。このような見解もルソーのものに類似しているが、服従契約を認める点では、ルソーのものとは異なる。

フィヒテは立法を二つの段階に区別しているように思われる。第一段階の立法は、「市民契約の基本法」としての「憲法」（NR.157：⑥一九〇頁）の立法である。この立法は公共体（人民集会）によって行なわれる（NR.184：⑥二一〇頁）。第二段階の立法は個別的、具体的な諸法律の立法であるが、これらの法律を立法するのは人民でなく、権力の管轄者である（NR.16：⑥二七頁）。けっきょく執行権の管轄者は立法権の管轄者でもあり、権力全体の管轄者となる（Ⅲ‐三・二、参照）。

フィヒテは立法権を執行権と一体のものと見なしたうえで、さらに、執行権は狭義の行政権と裁判権を含むと主張する（NR.160：⑥一九四頁）。彼は三権分立を批判し、権力の統合を強調する（NR.160f.：⑥一九五頁）。カントは、民主制においては人民が立法権とともに執行権をもつ点で、専制的であると述べるが、フィヒテも、民主制において「公共体が執行権を手中にする」ことを批判する。また、カントと同様に、フィヒテも「代表制〔Repräsentation〕」について語っているが、彼においては「代表者〔Repräsentant〕」は議会の成員としての代議士や議員ではなく、人民によって委任される権力の管轄者である（Ⅲ‐三・三）。

三・二　共和制と民主制

(1) ルソー

ルソーは「統治（政府）の形態」として君主制、貴族制、民主制を区別する（CS.III.3：九四頁）。彼は民主制についてつぎのようにいう。「一般意志の単一の行為によって現実に政府が設立されることは民主制の政府の特有の長所である」（CS.III.17：一三九頁）。ただし、民主制は小さな国においてのみ可能である。これに対して、貴族制は中規模な国にふさわしく、君主制は大きな国にふさわしい（CS.III.3：九五頁）[16]。ルソーは民主制（直接民主制）をつぎのように批判する。民主制においては立法権が執行権と結合しており、人民が直接に行政（統治）に参加し、多数者による少数者の支配が行なわれるが、これらのことは「自然の秩序」に反する。「真の民主制はこれまで存在しなかったし、これからも存在しないであろう。」「民主制ほど、内戦や内紛が起こりやすい政治はない」（CS.III.4：九六頁以下）。

ルソーによれば、主権者としての人民が執行権を特定の人間に委任するのであり、統治者が人民の意志に反するばあいは、人民がこれを解任することができる。ルソーは『社会契約論』においては共和制について多くを語っていないが、つぎのようにいう。「法によって治められる国家はいかなる行政形態におけるものであっても、共和制と呼ばれる」（CS.II.6：五九頁）。民主制、貴族制、君主制のいずれの統治形態も共和的となりうる。

（2）カント

カントは「純粋共和制」を、根源契約の理念に合致した国家形態と見なす（EF.349f.：『カント全集』⑭二六二頁／Vgl. MS.340：『カント全集』⑪一九〇頁）。彼は共和制を専制と対立させる。共和制においては第一に、立法権と執行権とが区別される。両者が区別されない国家制度は「専制的〔despotisch〕」である（EF.352：『カント全集』⑭二六五頁）。共和制の第二の条件は代議制であり、これを含まない国家制度は専制である（EF.352：同⑭二六六頁）。カントの見解は代議制の導入の点で、ロックに近く、ルソーとは異なる。

カントによれば、専制と共和制との区別は「統治（政府）〔Regierung〕の形態」に関わるのに対して、君主制、貴族政、民主制の区別は「支配〔Beherrschung〕の形態」、「国家の形態」に関わる（EF.352：同⑭二六五頁）[17]。カントは共和制と民主制との混同を戒めている（Ebd.）。民主制（直接民主制）においては立法権と執行権とが区別されず、代議制が含まれないので、民主制は専制的である。これに対して、君主制、貴族制は共和制と両立しうる。カントは、支配形態としては、代議制を含む君主制（立憲君主制）をベターと見なし、つぎのようにいう。「あまりにも性急な改革」は無政府状態をもたらすので、現状にふさわしい形で改革は行なわれるべきである。「君主独裁的〔autokratisch〕に支配するが、そのさいにやはり共和的に……統治する」ことに「人民は満足する」ことができる（『学部の争い』KgS.VII.87：『カント全集』⑱一一九頁）。

（3）フィヒテ

フィヒテは「統治形態」を「単独支配制（独裁君主制）〔Monokratie〕」、貴族制、民主制に区別する（NR.163：⑥一九七頁／NR.286：⑥三三六頁）。彼はそのさいにカントの見解を援用するが、ここでいわれる統治形態はカントにおける「支配形態」（君主制、貴族政、および民主制）に対応する。フィヒテによれば、「どの統治体制が優れているかは法論の問題ではなく、政策の問題である」（NR.163：⑥一九七頁／Vgl. NR.287：⑥三三六頁）。公共体（人民）は執行権を権力の管轄者に委任するが、この委任の形態はさまざまであり、統治形態の区別はそこから生じる。フィヒテは、民主制（代表制を含まない直接民主制）においては「公共体が執行権を手中にする」ので、これは「不法（不当）〔rechtswidrig〕」であると批判する（NR.158：⑥一九一頁）。ただし、フィヒテは「適法的な（正当な）〔rechtsmäßig〕」民主制についても語っており（NR.162：⑥一九六頁／NR.287：⑥三三七頁）、このばあいの民主制は代表制を含むと見なしている（Ⅲ‐三・四）。

フィヒテは共和制についてあまり言及していないが、執行権を委任された者が一人であるばあいが（適法的な）君主制であるのに対して、憲法によって組織された政治体であるばあいが「（狭義の）共和制」であると述べている（NR.162：⑥一九五頁）。「適法的な民主制」（NR.287：⑥三三七頁）と呼ばれるものもこれに属すであろう。広義の共和制は代表制を含む体制であろう。また、代表制を含む君主制も広義の共和制に所属するとフィヒテは見なしているように思われる（NR.163：⑥一九七頁）。

三・三　人民集会の位置

（1）ルソー

ホッブズは、個人のあいだの信約によって権力を特定の人物や集団に委任し、国家を設立すると主張し、そのさいに

「人民集会（集合した人民）〔People assembled〕の合意」が必要になると述べるが（Lev.§18：（二）三六頁）、どのように人民が集会を開催するのかを明らかにしていない。ロックは人民集会という表現をあまり用いていないが、「公共的集会〔publick Assembly〕」に言及している（TG.§98：一〇二頁）。彼は、公共体が設立されたあとでは、公共体の運営は人民の多数決に基づいて行なわれると主張する。

ルソーは人民主権の確立にさいして「人民集会（集合した人民）〔peuple assemblé〕」の意義を強調する。彼によれば、人民が主権者として立法権を行使するのは人民集会においてである。人民集会における全員一致のなかに一般意志が表明される。「法は一般意志の正当な作用にほかならないので、人民は集会をしたときにのみ、主権者として行動するであろう」（CS.III.12：一二七頁）。国家を設立する契約が結ばれるのは人民集会における全員一致に基づいてである（CS.IV.2：四八頁）。また、政府の改変も人民集会における全員一致によって行なわれる（CS.III.18：四二頁）。それ以外の事柄については、定期的に開催される人民集会において多数決によって決定される（CS.III.13：一二八頁）。人民集会が開催される期間は執行権（および裁判権）は停止される（CS.III.14：一三〇頁以下）。ここで、人民集会が大きな国において定期的に開催されうるかどうかが問題となるが、ルソーはこの点について否定的に語りながらも、つぎのようにいう。人民集会はそれぞれの都市において行なわれるが、国家の主権をそれぞれの都市に分割することも、諸都市を一つの都市に集中させることも不適切である（CS.III.13：一二九頁）。

（2）フィヒテ

カントは、国家の設立が根源的契約に基づくと主張するが、国家の設立のための人民集会には言及していない。彼にあっては根源的契約は高度に理念化されるので、それが締結される経験的な場としての人民集会は不要とされるのであろう。これに対して、フィヒテはルソーに従って、国家の設立およびその変更は「公共体の集会」（NR.178：⑥二一三頁）、「人民集会〔Volksversammlung〕」（NR.348：⑥四〇八頁）において行なわれると見なす（NR.178：⑥二一四頁）。人民は国家の基本にかんして立法権をもつが、大きな国においては人民集会の開催は困難である（NR.170：⑥二〇五頁）。フィヒテは一方で、人民集会の開催の条件を緩和し、それぞれの地域ごとに人民集会が開催されればよいと見なすが（NR.173：⑥二〇八頁）、他方では、人民は個別的法律の制定を権力の管轄者に委譲すると見なす（NR.170：⑥二〇五頁）。このばあいに、人民は権力の管轄者の個別的立法と行政をいかにチェックするかが問題となる。フィヒテの結論は、「監督官〔Ephor〕」が人民に代わって、公権力を監視するというものである（NR.171：⑥二〇六頁）。

三・四　監督官制

（1）ルソー

ルソーは「護民府（護民制）〔tribunat〕」を重視する。彼は古代のローマにおける「護民官〔tribnat〕」（政府に対して人民を保護する）、ヴェニスにおける「十人評議会〔conseil des Dix〕」（人民に対して政府を支持する）、スパルタにおける「監督官〔epher〕」（政府と人民との均衡を維持する）を考慮しつつ、自分が主張する「護民府」は統治者（政府）と人民（主権者）との媒介者となると述べている（CS.IV.5：一六八頁）。護民府は「ときとして政府に対して主権者を保護し」、また逆に「ときとして人民に対して政府を支持する」ことによって、主権者（人民）と統治者（政府）とを媒介する。それは「法と立法権の保持者」であり、立法権も執行権ももたないが、強力なものである。「中庸を得た護民は善き国家体制の最も堅固な支えである」（CS.IV.5：一六九頁）。しかし、護民制がなくても、国家体制は損なわれず、護民制は国家体制にとって不可欠ではない（CS.IV.5：一七〇頁）。

（2）フィヒテ

フィヒテは「監督官制〔Ephorat〕」を自分に独自なものとして自負している（Ⅲ-四・一）。監督官は、公権力の管轄者の行為が共同意志に従っているかどうかを吟味する。権力の管轄者の行為と、それについての監督官の評価とが対立したばあいには、監督官は人民集会を召集し、いずれが正当であるかの判断を人民に求める（NR.173：⑥二〇八頁）人民集会の開催期間中は執行権は停止される（NR.172：⑥二〇七頁）。ルソーも同様な主張を行なっていた（CS.III.14：

一三〇頁）。人民集会が監督官の判断を正当と見なせば、執行権の停止が追認される。権力管轄者はその統治を変更しなければ、解任される（NR.170：⑥二〇四頁／NR.176：⑥二一二頁）。

フィヒテはルソーの護民府論をおそらく念頭において、自分が主張する「監督制〔Ephorat〕」はスパルタにおける「監督官制」やベニスにおける「国家審問委員会〔Staatsinquisition〕」とは異なり、ローマにおける「護民官〔Volkstribunen〕」に近いと述べる（NR.171f.：⑥二〇六頁）。ルソーにおいては護民府は真の国家体制にとって不可欠ではなかったが、フィヒテにおいては「監督官制」は「あらゆる国制のなかで最も本質的な構成要素」（NR.16：⑥二七頁）とされる。

第四節　人民の主権と抵抗権

四・一　結合契約と服従契約

（1）ホッブズとロック

近代の社会思想においては、人民に属す個人が相互に結合して主権を確立する段階と、主権者となった人民が統治者に執行権を委任する段階との関係が問題となった。このばあいに、個人相互の水平的関係は「結合契約」（水平的契約）に基づき、人民と統治者との垂直的関係は「服従契約」あるいは「統治契約」（垂直的契約）に基づくと見なされる。一六～一七世紀末期には、君主と貴族とのあいだで結ばれた服従契約に君主が違反するばあいには、貴族は君主に服従しなくてもよいという主張が登場した（例えばモナルコマキ論）。これに対して、近代においては、服従契約は否定されるか、あるいは個人相互の「結合契約」に対して従属的、派生的であると見なされるようになる。なお、結合契約に続く契約はさらに立法府の確立に関するものと統治府の確立に関するものとに区別されることもある。けっきょくこれらの契約の関係にかんして一段階説、二段階説、三段階説が大別される。

ホッブズによれば、人民は相互の信約（結合契約）に基づいて主権全体を特定の人間あるいは合議体に一方的に委譲し、公共体を設立する（Lev. §17：（二）三三頁）。個人（臣民）と公共体（主権者）とのあいだには契約（服従契約）はない。また、主権は立法権と執行権を含むのであるから、公共体の設立と政府の設立との段階の区別、立法権の委任と執行権の委任との段階の区別は認められない。このようにホッブズにおいては一段階説が採用されるといえる。

これに対して、ロックは三段階説を採用する。彼においては公共体の設立、立法府の設立、執行府の設立の段階が区別され、それぞれの段階において異なった合意が想定される。第一に、個人相互の合意（「根源的契約」）に基づいて公共体が設立される（TG. §95：一〇〇頁／TG. §97：一〇一頁）。第二に、公共体はその代表者に立法権を信託し、委任する（TG. §135：一三七頁／TG. §149：一五一頁）。第三に、立法府は執行府に執行権を委任する（TG. §144：一四八頁／TG. §153：一五五頁）。これらの信託（契約）はホッブズにおけるように一方的なものではない。立法府は執行府への信任を取消し、これを解任することができる（TG. §152：一四九頁／TG. §153：一五四頁）。人民による公共体の設立は個人相互の水平的契約に基づき、公共体による立法府の設立、立法府による執行府の設立は垂直的契約に基づくといえる。(18)

（2）ルソー

ルソーによれば、個人相互の「約束」（契約）によって公共体が設立されるが、この約束は「公共体と個人との相互の約束」（CS.I.7：三二頁）という面をもつ。「各人はいわば自分自身と契約しているので、二重の関係において——個々人に対しては主権者の成員として、主権者に対しては国家の成員として——約束している」（CS.I.7：三二頁）。ここでは個人相互の契約が個人と公共体との契約と一体化されている。ただし、ルソーによれば、後者の契約は「上位者と下位者との約束」（服従契約）ではない。「臣民はこのような約束のみに従うかぎりでは、だれにも服従せずに、自分自身にのみ服従する」。ここでは、「市民が自分自身と約束する、すなわち、各人が全員と約束し、全員が各人と約束する」（CS. II.4：五二頁）。

ルソーは、つねに「最初の契約」CS.I.5：二七頁）、根源的契約に立ち戻ることを強調し、水平的な結合契約が基本であり、垂直的関係はその一面を表現するにすぎないことを明確にしている。「国家には一つの契約しかない。それは結合の契約である」（CS.III.16：一三八頁）。このようにルソーは一段階説を採用するが、それはホッブズものとは大きく異なる。

（3）カント

カントは公共体（広義の国家）の設立と政府（狭義の国家）の設立とを実際には区別しない。この点で彼はホッブズに類似して、一段階説を採用する。カントによれば、国家の設立は「根源的契約」（MS.315:『カント全集』⑪一五八頁）、「公民的結合の契約〔pactum uniois civilis〕」（『理論と実践』KgS.VIII.289：『カント全集』⑭八五頁）に基づくが、この契約はいちおう水平的なものといえる。しかし、この契約は同時に国家首長（命令者）と人民（服従者）との垂直的関係を含み、「統治者に服従する契約」、「公民的服従の契約〔pactum subiectinis civilis〕」（MS.318：同⑪一六二頁）でもある。しかし、統治者がこの契約に反したことを理由に、人民は統治に抵抗することはできないとされる（『理論と実践』KgS.VIII.299:『カント全集』⑭二〇一頁以下）[19]。

（4）フィヒテ

フィヒテにおいては二段階説が採用されるといえる。まず、諸個人が相互の契約によって公共体を設立する。この契約は「根源的契約」（NR.153f.：⑥一八六頁以下／NR.184：⑥二〇〇頁）、「国家契約」（NR.178：⑥二一四頁）と呼ばれる。つぎに、公共体は「委任契約」によってその権力（個別的諸法律についての立法権と執行権）を公的権力の管轄者に委任する（NR.160:⑥一九四頁／NR.165:⑥一九九頁）。委任契約は、公共体に属す人民が権力管轄者に服従することを含み、「服従契約」（NR.176：⑥二一二頁）となる（Ⅲ‐三・三）。ホッブズとカントにおいては、諸個人が相互の契約に基づいて統治者に権利を一方的に委任すると説明されたが、フィヒテにおいても同様である。

ところで、フィヒテによれば、「公民的契約」は個人相互のあいだで締結されるとともに、「国家という全体」と「各個人」とのあいだで締結される（NR.207：⑥二四五頁）。あるいはつぎのようにいわれる。「個人と個人との契約をつうじて全体は成立している。そして、すべての個人が全体としてのすべての個人と契約することをつうじて、全体は完成される」（NR.204：⑥二四二頁）。このような説明はルソーのものと類似している。しかし、けっきょくフィヒテにあっては、人民のあいだの水平的契約に基づく国家（公共体）の設立と、垂直的な「服従契約」に基づく権力管轄者への公権力の委任とは実際には、異なった段階に属すのではなく、一つの事柄の二つの側面にすぎない。

四・二　人民の抵抗権

(1)　ホッブズとロック

ホッブズにおいては、人民が「一つの意志」に統合され、主権を特定の人間あるいは集団に委譲することによって、公共体が設立される。主権者の行為は人民の意志と一致している。「それぞれの臣民は、設立された主権者のすべての行為の本人である」（Lev.§18（二）四〇頁）。したがって、人民は主権者の行為に抵抗することはできず、主権者から権力を剥奪することはできない[20]。

ロックは立法権の設立の段階と執行府の設立の段階とを区別し、それぞれが信約に基づくと見なし、立法府と執行府がこの信約に違反するばあいには、立法府と執行府は人民との「戦争状態」に入るのであり、人民は新しい立法府と執行府を確立することができると見なす（TG.§222：二二一頁以下）。このばあいに「革命」が生じるが、（TG..§225：二二五頁）。人民は「反逆者」ではなく、「反乱」を起こすのは、人民の意志に反して権力を簒奪する者の方である。人民による革命は「反乱に対する最善の防壁」となる（TG.§226：二二六頁）。このように、ロックは社会契約論によって人民の抵抗権と革命権を正当化する。

(2)　ルソー

ルソーは、人民が主権をもつと見なしているといえる。「立法権は人民に属し、人民以外の者には属さない」（CS.III.1：八四頁）。「主権者は立法権以外のなんの力ももたないので、法によってしか行動できない。法は一般意志の正当な作用にほかならないので、人民は集会をしたときにのみ、主権者として行動するであろう」（CS.III.12：一二七頁）。

ルソーは人民の革命権を直接に公然と認めてはいないが、つぎのように主張する。一般意志に基づく人民集会において人民が政府の交代を決議することは「合法的行為」であって、「暴動（反乱）」ではない（CS.III.18：一四頁）。人民によって執行権を委任された統治者が人民の意志に反した行為を行ない、主権を簒奪するばあいには、社会契約は破棄され、人民は「自然的自由」に復帰するのであり、もはや服従を強制されることはない（CS.III.10：一二三頁）。そのばあいに人民は人民集会において、「政府の現存の形態を維持したいと思うかどうか」、「政府の現存の行政を委任した人間に今後もそれを委任したいと考えるかどうか」についてそれぞれ審議し、決定を下す。統治者がこのような人民集会の開催を妨害することは国家に対する敵対である（CS.III.18：一四二頁）。

（3）カント

カントは理念上は人民主権の立場をとる。「人民の統合された意志」は「主権者」の意志（MS.339：『カント全集』⑪一八八頁）である。「根源的にまた理念において主権は人民にあり、またそうであり続ける」（『法哲学準備稿』KgS. XIX.560）。ところで、人民の統合された意志は理念にすぎないので、それは特定の「物理的人格」としての「国家首長〔Staatsoberhaupt〕」あるいは「国家支配者〔Staatsherrscher〕」において「具現」されなければならない（MS.338：同⑪一八七頁）。さらに、国家を設立する「根源的な契約」も理念的なものである。根源的契約は、「人民が自分たちを一つの国家へ構成する」「作用の理念」である（MS.315：同⑪一五八頁／Vgl. MS.340：同⑪一九〇頁）。

カントによれば、個人は根源的契約に基づいて統治者に一方的に権限を委譲したのであり、人民は統治者の行為に抵抗する権利をもたない。そもそも人民は国家のもとで一つの意志（共同意志）へ合一したのであり、国家指導者の行為は人民の意志に一致している。「人民は、現存の国家首長が意欲するのとは別に判断することはできない」（MS.318：同⑪一六二頁）。「元首が法律に反して振舞うとしても」、「臣民はなんらの抵抗を行なうことも許されない」（MS.319：同⑪一六三頁）。このような見解はホッブズのものに近い。しかし、人民が統治に対してなんらの抵抗もできないとカントが見なしているわけではない。カントによれば、統治の不法な行為に対する「意見を公表する」権能は、公民の「喪失しえない権利」であり、「言論（文筆）の自由〔Freiheit der Feder〕」は「人民の唯一の守護神〔Palladiumum〕」として保障されなければならない（『理論と実践』KgS.VIII.304：『カント全集』⑭二〇九頁）[21]。

カントは、国家の変更は上からの漸次的な改革として行なわれるべきであると主張し、下からの急激な革命を否定する。「国家体制の変更」は「主権者自身によって改革という形で行なわれうるだけであり、人民によっては、したがって、革命という形では行なわれえない」（MS.321f.：『カント全集』⑪一六七頁）[22]。カントは革命を「あまりに性急」であるとして批判するが、人民が主権を獲得し、共和制へ移行することは人類史の巨大な流れであると見なす。また、不法なやり方によってであれ、一度革命が成功すれば、それに従うことは義務であり、それに抵抗することは許されないといわれる（MS.322：同⑪一六七頁）。さらに、革命が「自然によって自ずと生じる」ばあいには、「国家の叡智」はこれを、〈共和制の理念に従った「根本的改革」を行なえ〉という「自然の呼びかけ」として利用すべきであるといわれる（EF.373：『カント全集』⑭二九五頁）[23]。

（4）フィヒテ

フィヒテは人民主権を擁護する。「人民は実際に、また権利の面でも最高の権力であり、……他のすべての権力の源泉である」（NR.182：⑥二一八頁）。人民は人民集会において国家を設立し、「権力の管轄者」を選出し、またそれを解任することができるという点では、主権をもつ。しかし、人民の立法権は制限され、個別的な諸法律の立法とそれらの執行は権力の管轄者に委任される（Ⅲ‐三・三）。人民が人民集会において権力管轄者を解任できるのは、監督官が権力管轄者の統治を不当と見なし、人民の判断を求めるばあいに限定される（Ⅲ‐四・一）。

人民集会が監督官の判断を正しいと見なすばあいには、統治者は権力を失う。これは事実上の革命である。しかし、それは「反乱〔Rebellion〕」ではない。「人民の蜂起は事柄の本性上、形式の面でだけでなく、実質の面でもつねに正しい」（NR.182：⑥二一八頁）。権力管轄者が人民集会の決議に抵抗することこそ不当である（Ⅲ‐四・二）。ところで、監督官制が機能するためには人民の力がその背景になければならない。監督官が権力管轄者の行為を不当と見なし、この権力の執行の停止を命じても、人民集会の開催を召集し、人民集会が権力管轄者の解任を決議しても、権力管轄者がこれに抵抗し、これを妨害するばあいがある。そのばあいには、人民がこのような抵抗と妨害を排除する力をもたなければならない（NR.177：⑥二一三頁）。ここに、革命を実質的に遂行する人民の力が求められる。このようにしてフィヒテは人民主権論を独自の仕方で継承しようとしたといえる。

四・三　人民の陶冶可能性

カントは共同意志、根源的契約、人民主権を理念化することによって、一面ではルソーなどの先行の理論を純化し、深化するが、他面では現実の支配の事実を理念の名のもとに追認し、ルソーから後退してしまう。同様の傾向はフィヒテにも見られる。しかし、根源的契約が理念化され、棚上げされることはカントにのみ特有なのではない。すでにホッブズとロックにおいても自然状態が仮構的性格をもち、根源的契約を媒介にした自然状態から国家への移行も仮構的性格をもつことは否定できない。しかし、彼らにおいて根源的契約の理念的性格は弱い。ロックは、歴史的、経験的にすべての国家は明示的あるいは暗黙的同意に基づくと主張するが（TG.§104：一〇七頁／TG.§119：一二三頁）、この結果、すべての国家が歴史的に正当化し、追認することになる（TG.§112：一一六頁）。

人民主権の理念にかかわらず、それが現実的には制限されることは、人民の陶冶の程度と関連する。人民が社会的、政治的に十分に陶冶されれば、人民主権が実現されるが、現実にはそうではない。このことについてルソーはつぎのようにいう。「人民はその真の福祉（公共の福祉）をつねに理解しているわけではなく、その意志が一般意志に一致するよう強制されなければならない。「人民は自分でつねに福祉を望むが、自分で福祉を理解するわけではない。一般意志はつねに正しいが、それを導く判断はつねに啓蒙されているわけではない」。「個人については、その意志を理性に一致させるように強制されなければならない」（CS.II.6：六〇頁以下）。

このことは、後進状態におかれたドイツにおいてはとくに切実であった。カントは君主の独裁と家父長的恩恵主義を批判し、「人民が自分自身を啓蒙する」ことを人類の課題としたが（『啓蒙とはなにか』KgS.VIII.36:『カント全集』⑭二六頁）、とくにドイツにおいてはその達成には多くの時間がかかると見なし、しばしば現状に妥協しがちとなった。

フィヒテは人民の「陶冶〔Bildung〕」を重視する（Ⅲ‐四・二）。彼によれば、人民主権がどこまで貫かれるか、また、どのような統治形態がふさわしいかは「人民の陶冶の水準に依存する」（NR.228：⑥二三七頁）。人民が十分に陶冶されているばあいには民主制が機能できるが、そうでないばあい、あるいはそれにいたるまでは君主に統治を委ねることが適切である（NR.288：⑥三二八頁）。また、人民と、人民が委任する統治者とが十分に陶冶されるならば、人民主権は困難なく実現され、根本的には監督官制さえも不要になる（NR.186：⑥二二二頁）。国家がどれだけ自由なものとなるかは、人民がどこまで陶冶されるかに依存するのであるから、国家にとって、その担い手としての人民を陶冶することが重要な課題となる。フィヒテは中・後期にもこの問題に正面から取り組み、晩年には、教師階層の代表による統治によって同時に人民を陶冶するという構想に到達する（Ⅷ‐三・二）。

第五節　ルソー・フィヒテの全体論をめぐって

五・一　ルソー国家論は個人主義的か集団主義的か

フィヒテの政治論が初期から中・後期へ変化するさい、ルソーの影響は重要な意味をもっている。この点についてこれまでたとえばつぎのような解釈が見られた。初期のフィヒテはドイツのルソーと呼ばれたように、ルソーの強い影響を受け、人民主権論、社会契約論に基づいて個人主義、自由主義の立場をとったが、後期にはルソーの影響は弱まり、あるいは消失し、国家中心の立場に変化した。フィヒテの最初期（『フランス革命』）、イエナ期（『自然法』）、中期、後期のそれぞれの段階における国家論についてはこれまでの章（とくに第Ⅲ章、第Ⅷ章）で検討したので、ここでは、それぞれの段階でのルソーの影響の変化について考察し、フィヒテの国家論の変化の特徴をあらためて整理したい。

まず、初期フィヒテに影響を及ぼしたルソーの国家論の基本性格が問題になる。ルソーの国家論についてはつぎのような対立した解釈がある。一方で、それは個人主義的、自由主義的な傾向をもち、近代主流の（ロックらの）社会契約論を先鋭化したものといわれる。しかし、他方で、それはこのような社会契約論とは異なり、集団主義的な性格をもつといわれる。このため、フィヒテに対するルソーの影響についても、それを前者の面でのものと見なすのか、後者の面でのものと見なすかによって、評価は異なってくる。

ルソーの国家論の性格については論争が継続中であるが、それを個人主義か集団主義かの枠内に閉じ込めることは適切ではないであろう。[24] 一方で、ルソーの説は狭い意味での個人主義的なものではない。彼においては国家は諸個人の意志のたんなる総和に基づくものではなく、国家は諸個人の権利に新しい質（たんなる量的な変化ではなく）を与える。他方で、ルソーの見解をもっぱら集団主義と性格づけることも適切ではない。彼によれば、個人は国家への服従によってその自由を失うのではなく、新しい質の自由（市民的自由と道徳的自由）を獲得する。ルソーにおける個人主義的側面と集団主義的側面といわれるものは、個人と全体との弁証法的総合におけるいずれか一つの側面が孤立的に抽出されたものである。

ルソーの集団主義的傾向はとくに自由主義者によって指摘されてきたが。全体論の立場に立つヘーゲルはつぎのように主張する。ルソーの「一般意志」は「個別意志から生じる共通的なもの」、「形式的に普遍的なもの」であるが、個別的意志が一般意志と対立する可能性があるので、前者は後者によって外的に強制されなければならない（Rph. §29）。普遍意志のこのような「抽象的な観念」が直接的に実現されるときには、暴力を伴い、フランス革命におけるような恐怖政治をもたらすことにもなる（Rph. §5, §29, §258）とヘーゲルは批判する。[25] ルソーにおいて個人主義が集団主義に反転するという外観もこのことに由来する。ヘーゲルは、このような傾向はフィヒテに継承されたと見なす（Rph. §258）。この問題については次章（Ⅹ - 三・二）でも取り上げたい。

五・二　初期フィヒテとルソー

ルソーの国家論の影響はフィヒテの最初期の『フランス革命』に見られる（Ⅲ‐一・五）。この著作のなかで、人民が契約に基づいて国家を設立し、これを変更する権利をもつことが主張されているが、この主張はルソーの見解を主意主義的に先鋭化させたものであるという解釈がある。[26] なお、このような解釈の内部でも、フィヒテによるルソー説の急進化は『自然法』においても継承されているという見解と、このような立場は『自然法』において転換されるという見解とが対立している。フィヒテは『フランス革命』においてはルソーにおける個人と全体との関係の理解の複雑性を十分に考慮せず、それを素朴に継承したというべきであろう。

『自然法』においては、一方で、全体への個人の一体化が強調される。しかし、他方で、個人は全体へ吸収されず、自由を保持するともいわれ、個人が全体へ譲渡する権利と、そうでない権利とが区別される。このような見解はルソーのものとは異なっている（Ⅸ‐二・二‐（４））。フィヒテにおいては、個人が国家をつうじて新しい質の自由と権利を獲得するというルソーの見解は必ずしも継承されていない。

『自然法』における共同意志が原子論的、個人主義的なものか、全体論的、集団主義的なものかをめぐる議論にかんしてはつぎのことが考慮されなければならない。フィヒテは契約説に依拠するが、個人をもともと相互人格的存在として捉えており、原子論の立場には立っていない（Ⅱ‐三・一、四・四）。この見解はルソーと比較しても、フィヒテに独自のものである。フィヒテはルソーの影響を受けながらも、両者の関係を独自に捉え直そうと苦闘した。

『自然法』においては、一方では、個人に対する全体の優位がルソー以上に主張され、そのさいに有機体論がモデルにされる。このような見解は中・後期にはより顕著になる。しかし、他方では、個人は全体に吸収されず。その自立と自由を保持すると見なされ、この点についてルソーのばあいよりも詳細に説明されている（Ⅲ‐三・二、Ⅸ‐二・二‐（４））。

中期のフィヒテにおいてはルソーの国家論の影響は後退したかのように見える。『現代の根本特徴』においては国家の絶対性が強調され、国家は諸個人に基づくものでも、彼らの集合に基づくものではないといわれる。ここでは契約論は事実上放棄されたかのようにも見えるが、問題は単純ではない（Ⅷ - 一・三）。『ドイツ民族へ』においては、国家は個人に一方的に優先するのでもなく、また国家が諸個人に基づくのでもなく、個人が国家に自発的に服従することのなかに自由が求められる（Ⅶ - 三・三）。

五・三　後期フィヒテとルソー

後期の『法論』においては、人民が相互の契約に基づいて統治を特定の人物に委任するという社会契約論の枠組み（『自然法』における）は形式的には維持されるが、その内容は大きく変化させられる。このようななかでルソーの契約論の限界も指摘される[27]。けっきょく最高の意志に最も近い現存の人物に統治を委任すべきであるとされ、契約論は形骸化される[28]。『国家論』においては、国家の絶対性が主張されながらも、個人は国家へ全面的に吸収されるのではなく、国家に部分的に所属するにすぎない、個人が国家へ一方的に従属すべきではなく、自由な存在として国家に自発的に服従すべきであり、個人はこのことをつうじ「高次の自由」を獲得するともいわれる（Ⅷ - 二・三）。このような主張は『自然法』におけるものの継承であり、ルソーの見解を大枠で継承するものといえるであろう。

フィヒテの国家論の初期から中・後期への移行は複雑な過程をたどるが、そこでのルソーの影響もこのように複雑である。ルソーの見解の個人的側面と集団的側面とを孤立的に取り出すことによって、一方で、ルソーの影響を受けた初期フィヒテの個人主義的立場が後期には集団主義に転化したという解釈が生じるが（転換説）、他方で、集団主義的傾向はルソーの影響のもとにすでに『自然法』にも存在し、これが後期においてより明瞭になるという解釈（連続説）が生じる[29]。しかし、いずれの解釈も一面的である。フィヒテにおいては初期から後期までルソーの影響のもとに個人的側面と集団的側面が独特の形で結合しており、両面の結合のあり方、内容が変化するというべきである。

第X章　ヘーゲルのフィヒテ実践哲学批判

第一節　行為論をめぐる対決

ヘーゲルは、フィヒテ哲学が主観的観念論を先鋭化させたと批判するが、その要素を自分の哲学に摂取してもいる。本章では、実践的、社会的分野においていかにヘーゲルがフィヒテの実践哲学と対決し、なにをそこから学んだかについて行為論、承認論、国家論の三つの戦線に即して検討したい。

一・一　フィヒテ実践哲学批判の出発点

ヘーゲルによるフィヒテ実践哲学に対する最初の本格的な批判は一八〇一年の『フィヒテとシェリングの哲学体系の差異』（以下『差異論文』と略記）において行なわれる。この時期にヘーゲルは存在論と認識論の面ではシェリングの影響のもとにあったが、実践哲学の面では自分の立場を模索していた。この著作におけるフィヒテ批判の基本論点は、その後も繰り返し出されるもので、先駆的なものである。

ヘーゲルは『全知識学』における実践的自我のつぎのような限界を指摘する。それは主観と客観の主観的な統一を目指すにすぎず、主観と客観との対立の解消を当為にとどめる（Dif.68：六九頁）。ヘーゲルはさらに実践的自我の自己実現にかんしてフィヒテの『道徳論』を念頭において、つぎのようにいう（Ⅳ-二・二、三・三）。実践的自我の活動は「目的」を伴う。「自我は自分を無条件に制限しなければならない」。「このような自己制限は……知性の制限であるとともに、実践的活動の制限である」。「制限された客観的活動は衝動であり、制限する主観的活動は目的概念である」（Dif.72：七四頁／Vgl. SL.137：⑨一三三頁）。「自然的存在としての私の衝動と純粋精神としての私の傾向［純粋衝動］とは超越論的観点からみれば、一個同一の原初衝動〔Urtrieb〕である」（Dif.74：七六頁／Vgl. SL.130：⑨一六一頁）。ところで、純粋衝動は形式的で空虚なものであり、自然衝動によってその内容を満たさなければならない。道徳的衝動も自然衝動のなかから義務の内容を選択するが、このような選択は「恣意（選択意思）〔Willkür〕」に委ねられる。「［義務のあいだの］衝突のために選択が必要になる。このように恣意のほかに決定するものはなにもないことになる」（Dif.89：九二頁／Vgl. SL.162：⑨一九九頁）。

『差異論文』の翌年の『信と知』（一八〇二年）においてもつぎのようにいわれる。意志は行為をつうじて「目的」の実現をめざすが、意志は純粋意志としては形式的、抽象的であり、目的の内容を（経験をつうじて）外部から獲得せざるをえない（GuW.410：一五〇頁）。ところで、経験的素材は多様であるから、それに応じて義務の内容も多様となる。行為のそれぞれの場面において義務の内容を選択し、決定するのはけっきょく「良心」である（GuW.427：一六二頁／Vgl. SL.156：⑨一九一頁／SL.164：⑨二〇二頁）。しかし、ヘーゲルによれば、良心が義務の内容を主観的、恣意的に判断することによって、良心がめざす道徳的なもの（善）が不道徳的なもの（悪）に反転されるという危険性が生じる。この傾向はロマン派において顕著となるが、すでにフィヒテの道徳論のなかに萌芽的に見出されることをヘーゲルは指摘する。

一・二　フィヒテ実践哲学の受容

ヘーゲルは初期の『差異論文』と『信と知』においてはシェリングの同一哲学の影響のもとにあった。しかし、シェリングにあっては実践哲学的考察が弱く、ヘーゲルはこの時期に実践哲学の面では自分自身の見解を模索していた。彼は、個人と全体とが調和する生きた「美的人倫」をめざしており、そのさいにヤコービやロマン派の見解を部分的に摂取しようとした。『自然法論文』（一八〇二年）と『人倫の体系』（一八〇二〜三年）においては変化が生じ、実体中心の立場が実践的領域にも適用され、諸個人は人倫的実体に基づいて統合されると見なされ、そのさいにプラトンのポリテイア、アリストテレスの有機的共同体がモデルにされる。

これに対して、『精神現象学』の直前の『イエナ精神哲学Ⅱ』（一八〇五〜〇六年の『実在哲学講義草稿』「精神の哲学」）においては、近代の共同体にとって個人の自己意識や自発性が不可欠であることが明らかにされ、これらのこととの関連でフィヒテの自我論が再評価される。フィヒテの実践哲学の影響は『イエナ精神哲学Ⅱ』における実践的精神（意志）にかんする説明のなかにより明瞭に認められる。そこではつぎのようにいわれる。意志の原初形態は「衝動」である。自我は自分に内容を与えようとする衝動をもち、衝動はこの内容を「目的」とする（JGII.194：一三八頁）。この衝動はそれ自身では内容をもたず、「欠如を感じ取る」（JGII.195：一三九頁）。衝動は普遍的であり、「欲望〔Begierde〕」のように個別的ではない（JGII.195：一四〇頁）。フィヒテも『全知識学』において、「欲求〔Bedürfnis〕」は「欠如」、「空虚」についての感情であり、「衝動」はこれを埋めるために対象へ向かうと述べている（WL.302：④三二五頁）。また、彼は『道徳論』においても、「欲望〔Begehren〕」は意識を伴い、特定の対象へ向かう衝動であると述べている（SL.126f.：⑨一五六頁以下）[1]。

一・三　後期ヘーゲルの意志論

後期ヘーゲルの「精神哲学」（『エンチュクロペディー』第三部）の「精神論（心理学）」においてもフィヒテの実践哲学の影響が認められる。意志の作用は「実践的感情」、「衝動」、および「幸福」という三つの段階を含む。①実践的感情の段階では、自我は対象との一致を受動的に見出そうとするが（Enz.§471）、②衝動の段階で意志はこの一致を能動的に産み出そうとする（Enz. §473）。このような衝動は「自然的意志」に属すが（Ebd.）、衝動は多様であり、それらに優劣関係を設ける必要がある。そこで意志はさまざま衝動に対して距離をとり、自分自身へと関係する。このような意志は「反省的意志」に属す（Enz. §376）。意志はさまざまな衝動のあいだで「選択」を行ない、「決定する」。ここでは意志は「恣意（選択意思）」として機能する。③主体は衝動を満足させるためには目的を立て、それを実現する。さまざまな衝動の充足の総体が「幸福」であり、これが「普遍的目的」とされる（Enz. §478）。しかし、幸福の内容は曖昧であり、それを決定するのはやはり恣意である（Enz. §479）。ここで使用される感情、衝動、選択、恣意、目的などはいずれもフィヒテの『道徳論』における用語である。

ヘーゲルは『法哲学』においてはこのような「実践的精神」論を踏まえ（Rph. §4）、意志の作用の三つの契機を整理する。①第一は意志の「純粋な自己反省」という「普遍性」の契機である。それは、すべての規定を度外視する「抽象的な自己確信」である（Rph. §5）。②第二は、意志が自分を自分から区別し、自分を限定する「特殊性の契機」であり（Rph. §6）、ここで意志の特殊化は「主観的目的」の実現と説明される（Rph. §8, §9）③第三は、意志が規定されたものにおいて自分自身のもとにあり、自分自身に関係するという「個別性の契機」であり、普遍性の契機と特殊性の契機との総合である（Rph. §7）。

意志のこの第三の契機の理解はヘーゲル固有のものである。つぎのようにいわれる。「無制限な自我」、「抽象的な自我」（①の契機に対応）は「フィヒテの知識学の第一命題において」示されるが、それは「まったく肯定的なもの」（「悟性の同一性」）と見なされる。このため、「第二命題においては」それに「制限、すなわち否定的なもの一般」が「つけ加わる」（②の契機に対応）。自我の「普遍的なもの、あるいは同一なものにおける内在的否定性を把握し」（Rph. §6）、「否定性がそれ自身へと関係するものとしての無限性」（Rph. §7）を把握することによって、同一性（肯定）と制限（否定）とを総合する（③の契機に対応）ことが「思弁哲学」の仕事であるが、フィヒテの第三命題（「自我は自分のなかで可分的自我に対する可分的非我を反定立する」）においてはこのことは果たされない（Rph. §6）。

ここではフィヒテの『全知識学』が引き合いに出されるが、これは正確ではないであろう。抽象的自己同一性としての純粋自我から、自我の制限（区別）によって非我に対する関係に移行することはそのままでは、『全知識学』における第一命題（「自我は端的に自分自身を定立する」）から第二命題（「自我は非我を自分に対して反定立する」）への移行には対応しない。自我の自己制限はむしろ第三命題の一部をなす理論的自我の命題（「自我は自分を、非我によって制限されるものとして定立する」）に相当するであろう。

ヘーゲルは『法哲学』において意志を三つの形態に区別してもいる。①第一の形態は「直接的、自然的意志」であり、衝動、欲望、傾向という形態を取る（Rph. §11）。②第二の形態は「反省する意志」の段階である。それは多様な衝動に対して距離を取り、それらのあいだで「選択する」意志である。しかし、この決定は形式的なものにすぎない。ここには二つの側面がある。一方で、それはさまざまな衝動から独立して、自分自身へ関係するという形式的な側面をもつ。他方で、その内容は衝動から得られるという点では、恣意は衝動に依存している。③意志の第三の形態は「即自的かつ対自的な意志」（Rph. §21）、「理性的意志」（Enz. §482）である。それは諸衝動のなかに自分を貫き、これらに「理性的体系」を与え、これらを普遍的なものへ「純化する」ことによって、意志自身へ関係する（Rph. §19）。この意志は真に自由な意志であり、『法哲学』の主題としての広義の「法」の基礎をなす。この意志の発展形態は、人倫的実体と一体化した「実体的意志」である（Rph. §257）[2]。このように、ヘーゲルは彼自身の共同体論へ移っていく。

一・四 後期ヘーゲルの行為論

「目的」を実現する意志の作用は『法哲学』の「道徳」の章において詳細に分析される。意志の自己規定の作用は目的の実現である（Rph. §109）。それは「行為〔Handlung〕」という形態をとり、行為は道徳においてはじめて本格的に問題とされる。「道徳的意志の表出であって、はじめて行為である」（Rph. §113）[3]。

目的は、「企図」、「意図」、および「善」という三つの段階に区別される。目的の第一の段階は「企図〔Vorsatz〕」である。行為の結果はさまざまな外的事情におかれているが、行為主体はそのなかで、自分が予め企図したものに対応する部分のみを自分自身のものと認め、それに責任を負う（Rph. §119）。企図の段階においては行為の内容は個別的なものにすぎない。これに対して、第二段階の「意図〔Absicht〕」においては目的の内容の普遍的な連関、またはその内容の分節化が問題となり（Rph. §119）、目的の特殊的内容の総括としての「福祉〔Wohl〕」（あるいは「幸福〔Glückseligkeit〕」）が意図の内容とされる（Rph. §123）。しかし、なにが福祉の内容かは曖昧である。「万人の福祉」（Rph. §125）についてしばしば語られるが、それはたんに形式的で空虚なものか、たんなる相対的な共通性にとどまる。

③目的の第三の段階は「善〔das Gute〕」である。善においては普遍的形式（法において示される）と福祉の特殊的内容とが結合している（Rph. §130）。善こそが真の道徳的目的にふさわしい[4]。しかし、カントが明らかにしたように、幸福（福祉）は厳密な普遍性をもたないので、直ちに善ではない。カントは善における普遍的形式を強調し、これを実現する義務を強調した（Rph. §135）。しかし、ロマン派は義務についてのカントの抽象的、形式的把握に満足せず、行為の具体的場面において義務の内容を判定するものとして「良心」の役割を強調する。良心は善（義務）についての「絶対的自己確信」（Rph. §136）であるが、この確信は主観的、恣意的でありうる。したがって、良心が善と判定したものがじっさいには悪となるという危険性を伴う。フィヒテは『道徳論』において良心の役割を重視したが（Ⅳ‐一・二）、ロマン派の立場はこれを主観主義的方向に極端化した（Vgl. Rph. §140.Zu.）。

第二節　承認論における対決

二・一　ヘーゲル哲学における承認論の位置

ヘーゲルにおいては承認は、自由な人間関係と社会関係を根本的に特徴づけるものであり、承認論は彼の実践哲学において重要な役割を果たす。承認論は二つの『イエナ精神哲学』および『精神現象学』において確立される。これらの著作においては、シェリングの実体をフィヒテの自我によって媒介し、実体を活動的な主体として捉え直す点で、ヘーゲルの思想に転換がもたらされた。この転換は実践哲学の分野では、共同体全体を個人によって媒介されたものとして捉えるという形態で現れる。このことと連関して、共同体は個人相互の承認関係を可能とすることによって、自由な性格をもつと見なされる。このような文脈でフィヒテの『自然法』における承認論が受容される。

ヘーゲルの承認には独自の特徴がある。彼は自由を、「他在において自分自身にあること」として存在論的に定義するが、自由のこの定義が人間関係、社会関係に適用されるならば、承認の関係が生じる。個人が他人のなかに自分を直観するばあいに、他人によって承認される。個人は自立的な他人のなかで自分の自立性を否定しながら、そのなかで自立性を取り戻すのであり（否定の否定）、他人を媒介にして、自分に関係する。(5) フィヒテは承認を法的次元に限定するが、ヘーゲルはそれをさまざまな自由な人間関係、社会関係へ拡張する。

二・二　自己意識の本性

フィヒテは自我性の原理から自我の他我に対する関係を導出し（他我の演繹）、さらに自我と他我とのあいだの自由な関係を承認の関係に求めた。ヘーゲルから見れば、自由な共同体と他者関係は個人にとってすでに前提されているが、彼は『精神現象学』の「自己意識」の章においては方法論上フィヒテのこの説明方式に従って、個人の側から叙述を行なわれる。

「意識」の章ではおもにカントに従って、意識の根底には自己意識があると説明されるが、「自己意識」の章における自己意識は、フィヒテ的な意味での個別的自我（経験的な実践自我）を念頭においたものである。フィヒテは個別的自我のあり方から他の個別的自我の存在を内在的に説明するが、ヘーゲルは自己意識（自我）と他の自己意識（他我）との関係をつぎのように存在論的、論理的に説明する。

①自己意識（自我）は主体の閉鎖的自己関係ではなく、外的対象に対する関係を媒介にした自己関係である。主体が

自分自身を意識することは、自分を外部の対象とし、そのなかに自分を見出すことによって可能となる。②自己意識は主体の外的対象に対する能動的作用を伴い、本質的に実践的である。③自己意識は個別的主体である[6]。

さらに自己意識はつぎのような特徴をもつ。①自己意識は「純粋自我」(Phä.138:『ヘーゲル全集』④一七九頁)であり、〈自我＝自我〉という自己同一性に基づき、それ自身では区別を含まない(Phä.134:同④一七三頁)。②そこで、自我は自分を自分から区別して、意識の対象とする(Ebd.)。③自己意識は自分を外的対象とするが、この対象は、自己意識が自分を自分から区別して立てたものにすぎず、自己意識はその自立性を直ちに廃棄し、自分との統一を回復する。自己意識は「自己意識としてそのままに運動である。しかし、自己意識が自分自身を自分自身として自分から区別するさいに、自分にとってはこの区別は他在としては廃棄されている」(Ebd.)。このようにして、外的対象は自己意識の自己関係の契機にすぎない。「自我は関係の内容であり、またこの関係そのものである。自我は他者に対して自我自身であると同時に、自我にとってももっぱら自我自身であるような他者を覆っている」(Ebd.)[7]。ここでは、「自我は、非我を制限するものとして自分を定立する」というフィヒテの実践的自我についての命題が念頭におかれているといえるが、外的対象(非我)を自己意識(自我)へその契機として統合するという見解はヘーゲル独自のものである。フィヒテにおいては、自我と非我との対立は最終的には解消されない。

二・三　他者の導出

自己意識が自分を自分から区別し、外部の対象としながら、この対象を廃棄して、自分との同一性を回復し、自己確信を得ることは、「欲望〔Begierde〕」とその満足という形態を取る(Phä.135:『ヘーゲル全集』④一七四頁)[8]。しかし、ある欲望が満足させられても、また別の欲望と、それを満足させるべき対象が登場するのであり、自己意識は対象との対立を解消することはできない(Phä.139:『ヘーゲル全集』④一八〇頁)。フィヒテも『全知識学』において、実践的自我は非我との対立を解消することはできず、自我と非我との一致は「当為」にとどまると見なしている(WL.263:④二七九頁)。

自己意識と対象との対立が解消されるのは、自己意識のために対象自身がその自立性を自分で否定するばあいである。このことを行なう対象はもはや欲望の対象としての事物ではなく、他の自己意識である。「対象は自立的であるから、自己意識が満足に達するのは、この対象自身が自分が否定を遂行するばあいのみである」。「このような対象は自分自身で否定を遂行しながらも同時に自立的であるので、それは意識［をもつ存在者］である」（Phä.139：『ヘーゲル全集』④一八〇頁）。自己意識が対象のなかに自分を見出すことができるのは、この対象が他の自己意識であるばあいである。このように、「二つの自己意識にとって一つの自己意識が存在する」ばあいに、「自己意識がその他在をおいて自分自身として一致することが意識にとってのことになる」（Phä.140：同④一八二頁）。

自己意識の対象が事物から他の自己意識へ移行するという説明はフィヒテの『自然法』における見解を念頭においたものと思われるが、両者の説明のあいだには相違が存在する。フィヒテは、自我（個別的主体）の自己規定と非我（客体）による自我の被規定とが一致するために、自我を自己規定へ規定するような非我を求める。他我は自我の自己規定を「促す」という仕方で、自我を規定すると説明される。これに対して、ヘーゲルは「促し」を媒介にせずに、自我と非我との一致を可能とするものとして直ちに他我を説明する。

二・四　承認の基本構造

フィヒテは『自然法』において、個我と他我とのあいだで一方が他方の自由な行為に余地を与えるために、自分の自由な行為を自分で制限することが必要であると見なし、このような相互関係を相互承認として説明した（NR.415f.：⑥五一頁以下）。これに対して、ヘーゲルは他者における自己直観という自己意識の存在論的な関係から出発して、自己意識と他の自己意識との相互承認をつぎのように論理的に説明する。

①一面では、一方の自己意識に対して他方の自己意識は自立的であるから、一方は他方において自分の自立性を失う。しかし、他面では、一方は他方を自分自身の表現の対象としてもつのであり、他方は一方の「他在［Anderssein］」で

あるから、その自立性は見かけ上のものとして否定される（Phä.141：『ヘーゲル全集』④二八四頁）。②自己意識のあいだで、一方がその他在を否定することは二重の意味をもつ。一面で、一方は他方のなかで自分自身を自立的なものとして直観するため、他方の自立性を否定する。しかし、他面では、一方が他方のなかに自分自身を直観することができるのは、他方が一方の表現の対象として自立的であるばあいにのみであるから、他方の自立性の否定は自分自身の否定になってしまう（Phä.141f.：同④八四頁以下）。

③このように、一方が「二重の意味」でその他在を否定することは「二重の意味で」自分自身に還帰することである（Phä.142：同④八五頁）。一面で、一方は、他方のなかで否定されたあり方を否定し、自分自身を取り戻す（否定の否定による自己肯定）。しかし、他面では、一方は、他方に対するその否定的な関わりを否定し、他方を自立的なものとさせる。というのは、一方が自分自身を他方のなかに直観することができるのは、他方が一方の表現として自立的であるばあいのみであるからである（否定の否定による他者の肯定）。「それは他の自己意識のなかで自分の現存在〔自立性〕を廃棄し、したがってまた他の自己意識を自由にさせる」（Ebd.）。

④ところで、自己意識のこのような二重の運動は一方的に遂行されるのではなく、一方の自己意識と他の自己意識とのあいだで相互的に遂行される（二重の二重性としての相互運動）。「この運動は両者の自己意識の二重の運動である」。「それぞれは」、「他方が同じことを行なうかぎりでのみ、自分が行なうことを行なう」（Ebd.）。

ヘーゲルはつぎのような結論に到達する。一方の自己意識が他方の自己意識の自立性を否定して、そのなかに自分を見出すことができるのは、他方が一方のためにその自立性を自ら否定し、一方を自立的なものとして「承認する〔anerkennen〕」かぎりである。しかし、一方が他方によって承認されうるのは、一方が同様に自分自身を否定し、他方を承認するかぎりである。一方は、自分を承認してくれるものとして他方を承認するのであり、他方も同様である。両者の自己意識は、「相互に承認しあうものとして、承認しあう」（Phä.143：同④一八六頁）。

フィヒテも、承認は本質的に相互的であると見なす。「両者〔の自由な存在者〕は相互に承認しなければ、いずれも他方を承認することはできない。また、両者が相互に自由な存在者として扱わなければ、いずれも他方をそのように扱うことはできない」（NR.44：⑥六一頁）。フィヒテにおいては相互承認は、一方が他方の自由な行為に余地を与えるために、自分の行為を自分で制限するような相互関係であり、この関係は法関係として具体化されると説明される。これに対して、ヘーゲルは、相互承認を、一方が他方のなかに自分を直観できるような相互関係として理解したうえで、法関係以外のさまざまな社会関係を相互承認の実現と見なす（X・二・六）。

二・五　承認の闘争

ヘーゲルは『精神現象学』においては相互承認の弁証法的構造を分析した後で、その実現の運動がまず「承認をめぐる闘争」という否定的な形態をとることを明らかにする。自己意識は他の自己意識の自立性を否定することによって、自分の自立性を他者のなかに直観し、他者から承認を得ようとする。このように承認は一方的な行為から開始されるが、この行為は他者に対する闘争となり、挫折せざるをえない。

『精神現象学』に先行する『イエナ精神哲学Ⅰ』（一八〇三〜〇四年）と『イエナ精神哲学Ⅱ』（一八〇五〜〇六年）においては承認の闘争は欲求の充足あるいは占有をめぐる闘争から開始される。個人が自分の利己的なあり方にとらわれたままで、他人から承認を得ようとするばあいには、他人とのあいだに対立と闘争が生じるが、この闘争は「生死を賭けた闘争」へ先鋭化されると説明される。[9] これに対して、『精神現象学』においてはより論理的、抽象的に説明される。自己意識が他の自己意識から承認されるためには、自分が「個別的、自然的、感性的な存在」にとらわれず、これを捨象すること（「抽象化」）を他者に示す必要があり、自分の生命を賭けると説明される。「自己意識は自分がいかなる特定の現存在にも拘束されず、現存在の普遍的個別性にもまったく拘束されず、生命にも拘束されていないことを証示する」ために、生命を賭け、他人との闘争に入る（Phä.144：『ヘーゲル全集』④一八七頁以下）。「生死を賭けた闘争」においては個人は他人の生命を奪うことによって、自分の生命を保存することをめざすのではなく、自分が生命に執着せず、これから自由であることを確証することをめざす。しかし、生死を賭けた闘争は限界に直面する。闘争する者のいずれかが死に到れば、承認する者か承認される者かが不在になるので、承認は不可能になる（Phä.145：同④一八九頁）。『精神現象学』においては、承認の闘争のさしあたりの解決は主人（支配）と奴隷（隷属）とのあいだの「一方的で不平等な承認」（Phä.147：同④一九二頁）によってもたらされるといわれる。主人と奴隷との関係の考察に続いて、ヘレニズム時代における「ストア主義、懐疑論、不幸な意識」が考察されるが（Phä.151ff.：同④一九八頁以下）、そこでは他者との承認関係は背後に退く。[10]しかし、『精神現象学』において承認関係の考察はこれによって終了するのではない。「理性」の章の実践哲学的部分では人倫的共同体（「人倫の国」）が承認の実現と見なされる。[11]また、「精神」の章ではさまざまな歴史的段階における社会関係が承認の関係として説明される。[12]しかし、『精神現象学』においては近代の社会関係およびそこにおける承認のあり方についての具体的な考察は欠けている。

二・六　承認の組織化

『イエナ精神哲学Ⅱ』においては、近代社会思想の主流の図式に従って、自然状態から法、国家への移行が、承認の闘争から承認の実現への移行として説明される（JGII.214f.：一五四頁）。[13]承認の闘争（生死をかけた闘争）の結果として「純粋知」と結合した「普遍的意志」が登場し、その実現が「人倫（直接的には法）」であるといわれる（JGII.221：一六四頁）。[14]経済的、法的、政治的諸関係は全体として承認の関係として説明される。[15]これと比較して、後期のヘーゲル（『法哲学』、あるいは『エンチュクロペディー』の「客観的精神」の部）においては承認の闘争の考察が欠けているので、社会や共同体における承認が背後に退いているかのように見える。しかし、自由な社会関係の全体はやはり承認の関係と性格づけられる。自由の実現としての「法」の諸関係（抽象法、道徳、人倫）はいずれも承認の形態である。[16]『法哲学』において示される法の体系は全体として承認の体系を意味するといえる。ヘーゲル以前に承認のあり方として注目されたのは、フィヒテにおける法的承認とカントにおける道徳的承認（「人格における人間性」の尊重）である。ヘーゲルもこれらの承認を踏まえるが、より高次の承認を人倫における承認に見出す。

広義の法の第一段階をなす「抽象法」は承認の典型的な形態である。それはフィヒテの『自然法』の影響を受けたものである。[17]道徳は必ずしも承認として特徴づけられていないが、他人の福祉の促進（幸福主義）、他人の道徳的判断（カント的な人格とロマン派の良心）の尊重という意味で、承認の関係を含む。[18]重要なのは客観的、現実的組織としての「人倫」における承認である。法的、道徳的承認は形式的であるのに対して、人倫的承認は現実的である。ヘーゲルは共同生活における相互扶助を現実的な承認の基礎と見なす。

人倫の第一段階の家族においては愛をつうじた承認の関係がある。愛においては、相手において自分を忘却しながらも、そこに自分を見出す（Rph. §158.Zu.）[19]。人倫の第二段階としての市民社会の基礎をなす市場経済（「欲望の体系」）においては諸個人は労働の相互依存をつうじて生計を支えられるのであり、この意味で現実的な承認がもたらされる。[20]しかし、市場経済においては個人の生計と福祉はさまざまな偶然性にさらされ、また「司法」（法制度）によっては個人の権利（とくに生活権）は十分に保障されない。市民社会におけるこの欠陥を除去するため、「ポリツァイ〔Polizei〕」の社会福祉政策が必要になる。また、商工業者の身分階層において組織される職業団体においては、成員のあいだに労働の結合と生活の相互扶助がある（Rph. §252）[21]。最高の承認は国家において実現される。国家は個人の生活の実体的な基盤であり、個人の権利、生計、福祉を保障するとともに、諸個人を公共生活において統合する。[22]

ヘーゲルは承認論をフィヒテから受容し、それに独自の意味を与える。しかし、両者の承認論のあいだには大きな相違がある。フィヒテは承認を法に限定するが、法的承認は、個人の自由を他者の自由との共存のために制限するという否定的性格をもつ。このような承認の理解は自我のそのものの理解に根ざす。自我の活動にかんして、他我の自由を妨害する面と、そうでない部分とが区別されており、他我の自由との共存のために前者の面の制限が主張される。個人と他者とのこのような関係は弁証法的ではない。これに対して、ヘーゲルにおいては、自我が他我における自己否定をつうじて自分自身を肯定する（否定の否定としての肯定）という弁証法的関係が明らかにされる。

第三節　国家論における対決

三・一　国家における自由とその制限

ヘーゲルの実践哲学はフィヒテの『自然法』に対する対抗を強く意識して、形成された。初期の『差異論文』（一八〇一年）においてはフィヒテの国家論についてつぎのようにいわれたが、このような評価はそのあとも継承される。「理性的存在者の共同体は自由の必然的制限によって制約されたものとして現象する」（Dif.81f.：八四頁）。「共同意志による制限は法律に高められ、概念として固定される」（Dif.82：八五頁）。このことは、それぞれの理性的存在者が他の理性的存在者に対してつぎのように「二重のもの」であることに由来する。それぞれの理性的存在者は他の理性的存在者にとって「自由で理性的な存在者である」とともに、「変様可能な素材、たんなる物件として扱われうるもの」である（Dif.81：八四頁）。このように理性的存在者が物件（非我）の部分をもつため、他の理性的存在者との対立が不可避となる。

ヘーゲルはこれに対抗してつぎのような国家論を構想する。「人格の人格との共同体は……本質的に個人の真の自由の制限ではなく、その拡張と見なされなければならない」（Dif.82：八四頁）。「かりに理性的存在者の共同体が本質的に真の自由の制限であるとすれば、それはまったくそれ自体で（即自かつ対自的に）最高の専制であろう」（Dif.82f.：八五頁）。「力（能力）の面でも行使（実行）の面でも最高の共同体は最高の自由である」（Dif.82：八五頁）。

ただし、フィヒテ自身も「最高の共同体」において「最高の自由」が実現されるといちおう見なしているといえる。フィヒテによれば、共同体において制限されるのは「真の自由」ではなく、「無規定的なものとしての自由」であるので、共同体が直ちに専制となるわけではなく、このことをヘーゲル自身も認めてもいる（Dif.83：八五頁）。この点でのフィヒテの見解のあいまいさをヘーゲルは批判していると解釈することも可能である。しかし、『差異論文』の翌年の『信と知』（一八〇二年）においては、フィヒテの『自然法』における国家は「専制」であると断定される。「法的なものとしての国家の構成は生動性と個体性と絶対的に対立したものである。そこでは普遍的なものは、それ自身固定化される法律として生きたものに端的に対立し、個人性は絶対的な専制のもとにおかれる」(GuW.409：一六〇頁)。

三・二　機械的国家と有機体的国家

フィヒテは理性国家を構想するが、ヘーゲルは『差異論文』においてフィヒテの国家をむしろ「悟性的で非理性的な」国家(Dif.83：八六頁)と特徴づける。それは「生命の乏しい原子的な数多性」に基づく「機械」である。そこでは、「原子にとって疎遠な悟性が法則となり、実践的事柄の点では法と呼ばれる」(Dif.87：九〇頁)。ヘーゲルはこのような機械としての国家に「有機組織〔Organisation〕」としての国家を対置するが、これは「生命の美しい関係」(Dif.82：八四頁以下)、全体と個人との調和に基づく「美しい共同体」(Dif. 83：八六頁)であり、まだ本来の有機的なものではない。[23]

一八〇二〜〇三年の『自然法論文』(『自然法の学的扱い』)においては近代の国家論が経験論(「経験的扱い」)とドイツ観念論(「形式的扱い」)とに区別され、いずれにおいても機械論が採用されるといわれるが、とくにフィヒテにおいて全体と個人とが対立させられ、前者による後者の強制が強調されることが批判される。これに対して、ヘーゲル自身が構想する国家(民族共同体)は「人倫的有機組織」であり、個人はその「肢体」、「器官」であるといわれる(WNR.489：六九頁)。一八〇三年の『人倫の体系』においても、「絶対的人倫」としての民族は「有機的全体」であり、個人はその「契機」であるといわれる(SdS.56：九九頁)。

『自然法論文』と『人倫の体系』においてはシェリングの有機体論の影響のもとで、有機的全体(国家)は「差別」としてのその諸部分(諸個人)を「無差別」へ解消すると説明されるが、後期の『法哲学』においては実体＝主体論の立場から、有機組織としての国家の作用を「人倫的実体」の自己展開として説明する。一方で、人倫的実体はその客観的あり方においては「国家の有機組織」として現象する(Rph.§267Zu.)。それは諸個人に対して「人倫的威力」をもち、「偶然性」としての諸個人を支配する(Rph.§145)。しかし、他方では、近代的国家にとって個人性(個人の自己意識と自発性）は不可欠な要素である。国家において実現される「人倫的なもの」は「無限な形式としての主体性によって媒介された具体的実体」（Rph.§144）であるといわれる。

このような見解に従って、フィヒテの国家論があらためて批判される。そこでは全体と個人とが内的に結合されていないために、全体による個人の強制が強調される。『哲学史』講義においてはつぎのようにいわれる。フィヒテ的な国家は「個人に対する外的で悟性的な否定的威力」をもつ。「国家の全体的遂行は……諸個人の自由が普遍的自由によって制限されなければならないことを主要な規定とする」。「国家が自由の実現として把握される代わりに、桎梏や拘束がますます増大する」（Gph.412f.：『ヘーゲル全集』⑭c 一五六頁以下）。

しかし、フィヒテの『自然法』において示される国家がまったく機械的なものであるとはいえない。フィヒテ自身はただし、しばしば国家を有機体との類比で説明している（Ⅲ‐三・二）。このことは後期のフィヒテにおいてより明確にされる。後期のフィヒテにおいても形式上は契約論が完全には放棄されていない（Ⅷ‐一・三）。ヘーゲルから見れば、フィヒテにおいては有機体論が不徹底であるということになるであろう。

三・三　本来の国家と外的国家

ヘーゲルは機械論的国家（「悟性国家」）を「外的国家」とも特徴づける。「外的国家」は、個人の活動を外部から制限することを基本的機能とする。ヘーゲルによれば、フィヒテにおいて国家の個人に対する外的強制が強調されるのは、もともと普遍的意志と個別的意志とが対立させられるからである。このことはすでに『差異論文』と『自然法論文』においても指摘されている（Dif.86：九一頁／WNR.471：四八頁以下）。ところで、『自然法論文』においては共同意志に関連して、フィヒテの監督官制が批判される。フィヒテにおいては政府（現実的権力）は共同意志に基づくが、その実際の活動が共同意志とは一致せず、私的意志に依存する危険性が生じる。そこで、国家権力を生じさせる「第一の共同意志」とは別に、国家権力を監視する「第二の共同意志」が必要となる。「可能な権力」をもつこの意志を体現するのが「監督官」である（「第一の共同意志」と「第二の共同意志」との、「現実的権力」と「可能的権力」とのこのような区別はヘーゲル独自のものである）。監督官は、政府が共同意志に一致していないと見なすばあいに、人民集会を召集し、これについて人民の判断を求める。しかし、政府が私的意志に基づくことがあるのと同様に、監督官も私的意志に基づくことがありうる。そこで、人民が集会において、政府と監督官とのいずれが共同意志に一致するかを判断することになるが、人民も私的意志の集合にすぎない（WNR.474：五一頁）。

　ヘーゲルは後期には、外的国家の基礎が市民社会にあることを明確にする。①まず市場経済社会（「欲望の体系」）は分業と交換の体制（「全面的依存」の体系）であり、そこでは個人の欲望の満足（そのための労働）は他人の欲望の満足（他人の労働）と相互に依存する（Rph.§183）。この体制は原子的個人の機械的結合、「原子論の体系」（Enz.§520）、「機械制の体系」（Enz..533）であり、「外的国家」という性格をもつ（Rph. §183）。②つぎに「司法」（法制度）は「人格と所有との自由の保証と保全」（Rph.§230）をめざし、このために個人を強制する。この点で司法もやはり「外的国家」という性格をもつ。[24] ③さらに、「ポリツァイ」は個人の生計を保障するために、経済活動を規制し、社会福祉政策を実施する（Rph.§231）。ポリツァイによる経済社会（市民生活）に対する外部からの働きかけも「外的国家」と特徴づけられる（Enz.§534／Vgl. Rph.§231, Rph.§249）。ヘーゲルによれば、フィヒテの国家は「ポリツァイ」に相当する。しかし、国家が警察（狭義のポリツァイ）として市民生活に過度に介入するというフィヒテの見解をヘーゲルは『差異論文』以来、批判する（Dif.83：八七頁／WNR.519：九七頁／WNR.297：三四七頁／WNR.302：三五二頁／Rph.§170）[25]。

　ところで、「外的国家」は「強制国家〔Notstaat〕」とも呼ばれるが（Dif.84：八六頁／Rph.§183）、これはフィヒテの『自然法』における用語（NR.302：⑥三五二頁／Vgl. SL.238：⑥二八八頁）を念頭においたものである。フィヒテはこの用語を、本来の「理性国家」に到る過程に属す「当座」の国家という意味に理解しているが、ヘーゲルは、〈Not〉がもつ「緊急」、「間に合わせ」、「苦境」などの否定的意味を踏まえつつ、フィヒテにおける〈Notstaat〉の強制的性格を強調する。しかし、ヘーゲルは外的国家をとくに自分の「ポリツァイ」論において位置づけ直しているといえる。彼のこの理論は職業身分の近代的再編に基づいて、国家による市場経済の規制をめざすという点では、フィヒテのものを継承しているといえる。しかし、フィヒテの職業身分論はヘーゲルのものと比較して、前近代的要素をより強く残している。両思想家の理論はドイツの官房学を捉え直したものである（Ⅵ-四・三）。

三・四　フィヒテ自我論の再受容

これまで見たように、フィヒテの社会論、国家論に対するヘーゲルの批判は『差異論文』以来一貫している。しかし、ヘーゲルは『イエナ精神哲学Ⅱ』と『精神現象学』においてはフィヒテの『自然法』における個我論を部分的に再評価し、これを摂取しようとする。彼は、ポリスを理想とする有機的共同体のアリストテレス的な原理と近代的個人の自己意識と自発性についてのフィヒテの原理とを結合しようと目指す。このことは、存在論、認識論の分野でシェリング的な実体をフィヒテ的な自我によって媒介されたものとして捉え直すことを関連する。

『イエナ精神哲学Ⅱ』においては方法論上で個人から出発しつつ、「国家の構成」についてつぎのように主張される。「共同意志」は各個人の特殊的意志の「放棄（外化、譲渡）〈Entäußerung〉」によって「生成する」（JG.II.255f.：二〇四頁）。このことは、ルソーとフィヒテにおいて共同意志（一般意志）が特殊意志の全面的な「譲渡〈Entäußerung〉」によって構成されると見なされていることを踏まえたものである。しかし、〈Entäußerung〉の意味はヘーゲルのばあいとフィヒテとのばあいでは異なっている。ヘーゲルにあってはそれはたんなる「譲渡」ではなく、放棄という意味を強くもつ。

ヘーゲルは社会契約論を否定する。近代の通例の国家論においては、「共同体、国家の設立は、各人が合意したと想定される根源的契約に基づくと見なされる」。しかし、「[真の意味での] 普遍意志が第一のもの、本質存在であり、普遍的意志は個人に先立つ」（JGII.257：二〇六頁以下）。

『自然法論文』と『人倫の体系』においては古代ギリシアのポリス共同体が理想とされたが、『イエナ精神哲学Ⅱ』においてはこのような古代の共同体から近代の共同体が明確に区別される。古代においては、「自分自身を絶対的に知る」

という「個体性の原理」は存在していなかった。この原理は近代の「より高次の原理」である（JGII.264：二一四頁）。近代においては、「より高次の抽象、より深刻な対立と陶冶、より深い精神が不可避である」（JGII.262：二一二頁）。近代における分裂と対立をつうじて個人は普遍的な自己知（普遍意志）へと陶冶されるのであり、この自己知に現実的内容を与えるものは近代共同体（国家）である。このような文脈で、つぎに検討するように、フィヒテの自我論が国家論（人倫論）へ編入される。

三・五　近代的個人と人倫的共同体

後期ヘーゲルにおいては、共同体（人倫的実体）を基本としながらも、それを個人（自己意識）によって媒介されたものとして捉え直す方向がいっそう明瞭にされる。『法哲学』においてはつぎのようにいわれる。「人倫的実体」は、「無限な形式としての主体性［自己意識］を媒介とする具体的な実体」である（Rph.§144）。「実体は自分のこのような現実的自己意識のなかで自分を知る」（Rph.§146）。

近代の国家は個人の自己意識と自発性をその不可欠な契機として含む。「近代国家の原理のとてつもない強さと深さは、主体性の原理が自分を完成し、人格的特殊性という自立的な極となることを許すと同時に、この主体性の原理を実体的統一性へ連れ戻すことにある」（Rph.§260）。「国家は実体的意志の現実性であり、この現実性を、国家的普遍性へ高められた［個人の］特殊的な自己意識のなかにもつことによって、即自かつ対自的に理性的なものとなる」（Rph.§258）。

近代の人倫共同体（国家）は古代ギリシアの人倫的共同体とは異なって、二重の意味で個人によって媒介される。一方で、共同体は個人の生計と福祉を保障する。個人の生計と福祉は「特殊性」の原理と呼ばれるが（Rph.§154, §186）、これはイギリス経験論やフランス唯物論を念頭においたものである。他方で、共同体は個人の自己意識、自発的活動によって媒介される。これは「主観性」の原理と呼ばれるが、この原理はとくにフィヒテの『自然法』を念頭においたものである。個人の特殊性と主観性の原理は近代の市民社会をおいて形成される（Rph. §182／Enz. §535）。そこでは特殊性の面では個人は自分の欲望の充足と福祉の実現のために活動するのであり、また主観性の面では個人は自分の判断に基づいて社会に対して自発的に活動する（Enz. §535）。新しい近代国家はこのような近代的市民の二重の意味の活動を契機として自分へ統合する。このように、国家において「普遍的なものは個人の特殊的利益、知と意志の作用なしには効力をもたない」（Rph. §260）。

ヘーゲルはフィヒテの国家論にたいする厳しい批判にもかかわらず、フィヒテの福祉国家論を継承しているとともに（X-三・三）、彼の陶冶国家論をも受容しているように思われる。疎外をつうじた人間の陶冶（自己形成）は『精神現象学』のモチーフであるが、いかに個人が国家の自覚的、能動的な担い手として陶冶されるかは、後期へ到るまでヘーゲルの根本的問題であり続けた。彼はとくに市民社会（市場経済）を社会的陶冶の場として位置づけるが、このような下からの陶冶の限界を指摘し、国家による上からの陶冶（強制をつうじた陶冶）の必要性を主張する。この点では、国家による強制と陶冶についてのフィヒテ（とくに後期）の見解と共通の一面が見られる。

第XI章　ペスタロッチの教育論とフィヒテの陶冶論

第一節　ペスタロッチとの出会い

一・一　フィヒテとペスタロッチの接点

フィヒテは『ドイツ民族へ』において民族教育との関係でペスタロッチの教育法をとくに高くに評価している。新しい教育法はペスタロッチによって「すでに現に見出され、実現されて」おり、「われわれは、すでに提示されているものを受け入れるほかにすべきことはない」（RdN.277：⑰二四頁）。「ペスタロッチによって考案され、提案され、彼の指導のもとですでに成功を見ている教育法はわれわれの実行と結びつけられるべきである」（RdN.401：⑰一四〇頁）。フィヒテはペスタロッチの思想のなかに教育論に関する自説との一致点を見出しただけではなく、知識学との根本的一致をも見出した（Ⅶ・四・六）。

フィヒテとペスタロッチとの出会いは三つの段階をたどる。まず、フィヒテは、人生の方向を模索していた一七八八年にペスタロッチの社会批判の小説、『リーンハルトとゲルトルート』（全四部、一七八一～八八年）から刺激を受けた。フィヒテは随想『眠れぬ夜の断想』（一七八八年七月）において、人民の抑圧、政治的、道徳的退廃に対する批判としてはこの小説が「最も優れている」と評価したうえで、これらの問題について「より立ち入った考察が必要であった」と注文を加えている（GA.II.1.103f.：②四頁）。彼はこの小説によって啓発され、「われわれの統治機構の堕落の全体を、あるときにはその滑稽な面から、あるときにはその恐ろしい面から示し、またそのような堕落の必然的結果を自然な筆致で、誇張なく表現し、よりよい統治やよりよい道徳の原則を、それに至るための手段とともに描写するような」（Ebd.）書物を自分で構想し、その一端を随想として残している（GA.II.1.104ff.：②四頁以下）。

フィヒテはそのあと一七八八年八月からスイスのチューリッヒで家庭教師となり、ラーン家の長女のヨハンナと婚約する。彼がチューリッヒに滞在していた時期にフランス革命が勃発した（一七八九年）。彼は職を得るため一七九〇年三月にチューリッヒを離れ、ワルシャワ、ケーニヒスベルクなどに滞在し、一七九二年に『あらゆる啓示の批判の試み』を出版し、続いて『フランス革命』を執筆し（刊行は一七九三年春）、一七九三年六月にチューリッヒに戻り、同年一〇月にヨハンナと結婚する。彼は同年一二月に数日間ペスタロッチと会見し、意気投合する。これがフィヒテとペスタロッチとの接触の第二段階である。

第三の段階は『ドイツ民族へ』におけるペスタロッチの教育論の紹介と論評である。フィヒテは一八〇七年六月から約二カ月間ナポレオン占領下のベルリンを離れ、ケーニヒスベルクに避難するが、そのあいだにペスタロッチの『ゲルトルート児童教育論』（一八〇一年）を集中的に研究し、これをも素材にして、一八〇七〜〇八年に『ドイツ民族へ』の講演を行なった（出版は一八〇八年）[1]。

一・二　フィヒテ思想の懐胎の地――チューリッヒ

フィヒテは一七九三年六月にチューリッヒに戻ったあと、一七九四年の四月まで当地に留まった。この一年弱の期間はフィヒテの哲学の確立にとってきわめて重要な意味をもつ。彼はこの時期に哲学の原理的考察を深化させ、知識学の構想に向かっていく。『「エネムシデス」論評』（一七九三年一二月に刊行）、草稿『根元哲学についての私自身の考察』（一七九三年一二月〜一七九四年一月執筆）があいついで執筆される。一七九三年末〜九四年はじめには知識学の原理が発見され、[2]九四年二月~四月にその説明のために少数の知識人を相手に講義が行なわれた。この講義の原稿が『知識学の概念』(一七九四年五月出版)としてまとめられ、イエナ大学における知識学の講義(同年五月から開始、『全知識学』として刊行)の基礎となった。

このように知識学はチューリッヒにおいて熟成された。フィヒテの二度の同市滞在は彼の思想全体の形成にも大きな影響を与えたであろう。同市は進取の伝統をもつ。一六世紀はじめにツヴィングリが同市を中心に宗教改革を行なった。この街はドイツ圏での啓蒙運動の中心地の一つであった。[3]ルソーの『エミール』と『社会契約論』は彼の故郷のジュネーヴでは焚書とされたが、チューリッヒではその読書は禁止されなかった。

フィヒテは最初のチューリッヒ滞在のさいにラーンの紹介も受けて、多くの知識人、文化人と交流した。[4]とくに同市の著名な知識人であり、愛国主義者であるラヴァーター[5]と知己になり、新しい社会的、文化的動向を知り、ルソーと、当時勃発したフランス革命の推移についても多くの情報を得ることができたと思われる。このことが『フランス革命』等の著述の土台となったであろう。フィヒテは二度目のチューリッヒ滞在のさいに、市民との交際を避け、哲学的思索に専念したと述べているが、[6]孤独に思索を深化させたわけではないであろう。先述の講義は、[7]ラヴァーターよってカント哲学の説明とそれへのフィヒテの意見の表明が要望されたことに応えたものであるが、哲学専門家や学者ではない人びとがカントとフィヒテの哲学に関心を寄せたことはチューリッヒにおける知的環境の高水準を表しており、このようななかでフィヒテは自分の哲学を深化し、発展させることができたのである。

一・三 ペスタロッチの知的素養と民衆教育の試み

ペスタロッチはフィヒテよりも一六歳年長であり、一七六三年にカール大学(チューリッヒ大学の前身)に入学した。同大学は新しい思潮の拠点であり、ペスタロッチは、その代表者のなかでもブライティンガー(ヘブライ語、ギリシア語)、ボードマー(スイス史、政治学)によって感化された。ペスタロッチの哲学への関心がどの程度であったかは不明であるが、同大学の高水準の哲学的雰囲気のなかで知的教養を身につけたと思われる。

ペスタロッチは在学中にルソーに傾倒し（彼の入学の前年に『エミール』と『社会契約論』が出版）、ボードマーの愛国主義の影響を受けた。ボードマーは愛国団体のヘルヴェチア協会を結成し、ペスタロッチもこの団体に加入し、積極的に活動した。ラヴァーターもこの団体の有力メンバーであり、ペスタロッチと親交を結んだ。スイスは小国であるが、多くの特徴のある地域を含み、分権主義の伝統が強く、そこにおける愛国心は複雑な性格をもつ。スイスは中世からオーストリア（ハプスブルク家）の支配を受け、これに対抗する愛国主義が強まった。一方で、分権主義は伝統的な保守主義と結合しやすく、オーストリアよる支配にも迎合的になりがちであった。他方で、愛国主義者たちはオーストリアに対抗してスイス諸地域の同盟を訴えた。急進的な愛国主義者たちはフランスにおけるアンシャン・レジーム打破の運動に期待を寄せ、フランス革命のあと一七九八年にナポレオンの支援を受けて、革命によってヘルヴェチア共和国を樹立した。

ペスタロッチは当初は牧師をめざしたが、愛国主義運動への積極的な参加によって、進路を変更した(8)。彼は大学を二年あまりで中退し、農業活動をつうじた社会改革の道に歩む。一七六九年に彼はチューリッヒの有力な商人、シュルスの娘、アンナと結婚する(9)。彼はチューリッヒの北西部に土地を購入し、農場経営に着手するが、失敗する（一七六九～八〇年）。彼は邸宅地、ノイホーフに貧民学校を設立し（一七七四～八〇年）、そこで最初の教育実践を行なった。この経験は『隠者の夕暮』（一七八〇年）にまとめられた。

そのあとペスタロッチは文筆活動に入り、小説『リーンハルトとゲルトルート』を出版した。その第一部はヨーロッパ全体でも有名となった。この小説は当時のスイス農村の生活状態を批判的に描写し、その生活改善を呼びかけたものである。その副題は「民衆のための書」であり、「穏やかな同情あふれる人間性」に基づいて「民衆のための真理」を示すことがその目的であった。この著作は先述のように若きフィヒテにも刺激を与えた。ペスタロッチは引き続いて、第二部（一七八三年）、第三部（八五年）、第四部（八七年）を出版し、第三部と第四部では社会制度と慣習の改革と、教育改革による人間のあり方の変革をめざした。

一・四　フランス革命と教育実践

『リーンハルトとゲルトルート』の完結の二年後の一七八九年にフランス革命が勃発した。同書に含まれた封建制についての批判的叙述が評価され、ペスタロッチは一七九二年にフランス革命政府（立法議会）からフランス名誉市民の称号を授与された。彼は『隠者の夕暮れ』や『リーンハルトとゲルトルート』においては家父長的関係のもとでのよき農村共同体の確立をめざしており、貴族制を容認し、開明的な君主による上からの改革を構想していた。しかし、フランス革命によってペスタロッチの立場は変化する。一七九三年に恐怖政治が始まったが、ペスタロッチはフランス革命を擁護し、スイスにおける社会の変革の必要性を主張した。

一七九二年～九三年に『上層階級および下層階級のヨーロッパ人のフランス革命に対する市民的感情についての一自由人の見解表明』を執筆した。この論稿はペスタロッチの死後に『イエスかノーか――フランス革命の原因について』として出版された（以下『革命の原因』と略記）。彼はこの論稿において暴力的行為を非難しつつも、革命の原因が「人民の諸権利」に対する「ヨーロッパの宮廷の全面的な権利要求」にあると指摘し、共和制を擁護する。このような見解は同時期のフィヒテの『ヨーロッパ諸侯に対する思想の自由の返還要求』（一七九三年）と共通性をもつ。ペスタロッチは国家体制の変革にとっての「民衆教育〔Volkserziehung〕」の意義を強調する。

『革命の原因』は出版元を見出すことができなかった。ペスタロッチはこの論稿の立場をさらに理論的に深化するため、『人類の発展についての自然の歩みに関する私の探求』（以下『探求』と略記）を準備した。後者は「政治の哲学」あるいは「政治の基礎」の書とされるが、政治や社会との関連で人間の本性・自然を考察し、教育による人間の内面の根本的改造をめざすものであった。[10] この論稿は一七九七年に出版されるが、その難解な内容のため、一部の知識人（ヘルダーら）からの評価を除き、世間の理解を得ることはできなかった。ペスタロッチはノイホーフのあと社会改革の運動、民衆の啓蒙運動に取り組んだ。また、時間的余裕を利用して、集中的に読書を行ない[11]、これを基礎にして、『探究』を執筆した。フィヒテは一七九三年一二月にペスタロッチと会談したさいに、この著作の執筆を奨励した。

ペスタロッチはそのあと、ナポレオンの支援を受けたスイス革命を支持し、新国家のヘルヴェチア共和国に協力し、さまざまなパンフレットによって革命の意義をアピールした[12]。革命政府に対して、オーストリアの支援を受けた反対運動が強まり、革命政府はその鎮圧に乗り出し、その一環としてシュタンツにおいて友軍のフランス軍による住民の弾圧が生じた。悲惨な状態のなかで孤児院が設立され、そこへペスタロッチが派遣された（一七九八～九九年）。そこでの約半年の経験はその後の彼の教育実践の基礎となった。この経験の報告は『シュタンツ便り』として発行された（一七九九年）。その後ペスタロッチは革命政府の要請によってブルクドルフ（ベルンの近く）において教育実践を行ない（一七九九～一八〇四年）、その成果が高く評価されるようになった。彼はこの経験を踏まえて一八〇一年に『ゲルトルート児童教育論』（正式書名は『いかにゲルトルートはわが子を教えるか』[13]）を出版した。

しかし、革命政府の強引な政策へのさまざまな人々の反発、政府内部の意見対立に加え、ナポレオンの保守派との妥協によって革命政府は窮地に追い込まれ、一八〇三年にヘルヴェチア共和国は崩壊する[14]。革命政府の援助が打ち切られたため、ブルクドルフの学園の維持は困難になり、ペスタロッチは一八〇五年にイヴェルドンに同市の援助によって、学園を開設した。約二〇年にわたるこの学園での実践はその後世界に大きな影響を与えることになる。この間に政治的、社会的事情は大きく変化する。一八〇一四年にナポレオンは追放され、ウィーン会議をへて、一八〇一五年にメッテルニッヒ主導によってオーストリア、ロシア、プロイセンによる「神聖同盟」が発足する。このような社会的変化に加えて、学園内部の意見対立のために一八二五年に学園は閉鎖され、ペスタロッチはノイホーフに戻り、一八二七年に死亡する。『白鳥の歌』（一八二六年）は彼の教育実践を回顧、総括したものである。

一・五　フィヒテとペスタロッチの会見

フィヒテは一七九三年一二月八日から数日間ペスタロッチと会見した。[15] ペスタロッチはこの会見についてつぎのように述べている。「私は彼［フィヒテ］との会見をつうじて、私の経験の歩みがいくつかの本質的な点でカント哲学の成果に近づいていたことを確認することができ、うれしく思う」。[16] フィヒテは一七八八年夏に『リーンハルトとゲルトルート』から刺激を受けたが（XI‐一・一）、そのあとカント哲学による研究を進展させるなかで（一七九〇年以降）、この小説とカント哲学との共通点に気づき、このことをペスタロッチに伝えたと思われる。この小説はカント哲学を直接に考慮せずに執筆されたが、そこでの自由と批判の精神がカントの立場と一致していることにフィヒテは注目したのであろう。この小説がフランス革命政府から表彰されたのもその自由と批判の精神によってであった。

哲学との関係で重要なのは、この会見の当時ペスタロッチが準備していた『革命の原因』と『探求』である。フィヒテはペスタロッチからこれらの論稿の構想を聞かされ、自分の見解との一致を認め、またペスタロッチも同様であったであろう。フィヒテはペスタロッチに対し、政治的著作の『革命の原因』の出版よりも教育理論書の『探求』の出版を優先するよう助言した。[17] フィヒテはとくに後者の構想における自発性と自己活動の原理に注目したと思われる。『探求』は一七九七年に出版されるが、他の著作とは異なって、哲学的概念を多く用いている。このことは、フィヒテの指摘によって哲学理論との関係を考慮したためと思われる。この会談においてフィヒテはカント哲学へのペスタロッチの接近を指摘した。フィヒテは本心ではむしろ自分の自我論への接近を指摘したかったのであろうが、当時まだ自説を確定していなかったため、カントを前面に出したのであろう。

一・六　フィヒテとペスタロッチの共通性

フィヒテとペスタロッチとの思想の共通性について論点を整理しておきたい。このことによって、彼らが最初に会見したとき、どの点で意気投合したのか、また、フィヒテが『ドイツ民族へ』においてペスタロッチの教育論を評価したとき、後者のどの側面に注目したのかをよりよく推察することができるであろう。

まず、二人はいずれもたんなる理論家ではなく、強い実践的姿勢をもち続けた。フィヒテは青年時代に強い実践的関心から出発し、知識学の確立と展開の段階でもその高度の理論活動は実践的関心によって支えられている（I‐二・一）。ペスタロッチは青年期には社会的改革者をめざし、のちにそれを教育実践と結合した。教育に対する彼の考察は彼の哲学的素養に基づいているが、彼は基本的には実践家であろうとした。

二人の思想家における第二の共通性は、いずれもルソーの影響を受け、自由を重視していることにある。ペスタロッチは青年期に、自由と独立を求めるルソーの思想に従って行為しようとした。教育においても、子どもの自主性を尊重するルソーの思想を受容するが、子どもの自由な自己活動をいっそう強調した。フィヒテは自由についてのルソーの思想を内面化し、自我論として捉え返す。フィヒテは教育においてもこの理論を適用し、子どもの自己活動を重視する。彼は『ドイツ民族へ』の直前にペスタロッチの教育論について集中的に研究を行なったが、そのさいに、ペスタロッチの思想のなかに自分の知識学の原理が分かりやすく表現されていると見なした（XI‐三・一）。一七九三年の両者の会見のさいには、知識学の原理はまだ確立されていなかったが、この点での一致が両者のあいだで予感されたと思われる。

第三に、社会改革にかんしても二人の思想家はルソーの共和制論を継承する。ペスタロッチはこの理論を直接に受容するが[18]、フィヒテは社会契約説を独自の仕方で（監督官制を基軸に）変形する。二人の思想家はともに共和制と人民主権の実現については暴力と混乱を避けるために、上からの改革に期待した。

そのさいに両思想家は、社会の改革のためには、それを担う人民の陶冶が重要となると見なし、教育の役割を強調する。二人の思想家の第四の共通点はここにある。フィヒテの『ドイツ民族へ』におけるペスタロッチの評価は根本的にはこの点に関係する。

第五に、二人の思想家は国家の統一と独立のために、祖国愛を尊重する。しかし、両人のあいだには、スイスとドイツと歴史や実情の相違を反映して、愛国心をめぐって相違もある。ペスタロッチは民族の文化的統一を政治的統一の基礎とは必ずしも見なさず、また、スイスの伝統的な連邦制に対して批判的である。これに対してフィヒテはドイツの国家的統一と独立の前提として文化（とくにドイツ語）の共通性を重視する。また、国家的統一にかんしては伝統的な連邦制を評価する（Ⅶ‐三・四、Ⅸ‐三・五）。

第二節　直観と自己活動――ペスタロッチの教育思想

二・一　直観教育

フィヒテは『ドイツ民族へ』第九講においてペスタロッチの教育論（狭義には教育方法論）を高く評価している。フィヒテのペスタロッチの教育論への言及は『ゲルトルート児童教育法』をおもな対象としているので、これを中心にペスタロッチの教育論の特徴を確認したい。

ペスタロッチの教育論の特徴は、とくに知的陶冶において直観から出発することを強調する点にある。このような教育法はのちに「直観教育」と呼ばれるようになる。子どもの「直観を概念へ高める」過程についての「普遍的でひじょうに適切な法則」をペスタロッチが示したとフィヒテは見なす（RdN.410：⑰一四二頁）。

ペスタロッチによれば、直観は「すべての認識の絶対的基礎」である（『ゲルトルート児童教育法』邦訳、一六三頁）[19]。ところで、教育において直観（感覚）を重視した先駆者はコメニウスである。ルソーも、子どもが自然との接触、感覚から出発して観念を形成することを指摘した。このような見解は経験論的傾向をもつ。しかし、ペスタロッチは概念の役割にも注目する。直観はそれ自体では「漠然とし、曖昧なもの」であり、それを「明瞭で明晰な概念」へ高めることが必要である。曖昧な直観から明瞭な概念への移行という理解はライプニッツ（およびヴォルフ学派）の合理論によって強調された。これに対して、ペスタロッチは直観から概念への移行を人間の精神の発達の法則、「自然の歩み」に従って、計画的、段階的に進めることを重視する。この教育方法がペスタロッチ固有の意味で「メトーデ」と呼ばれる。

ペスタロッチによれば、直観と概念とは分離された認識の段階ではない。直観は一般には曖昧なものであるが、直観のなかには、一定の秩序を含むようなものもある。このような直観を踏まえることによって、曖昧な直観から明確な概念へ到達する「最短の道」が得られる（同、一八五頁）。「どの認識部門についても、その対象が属す部門の最も本質的な特徴を明瞭にまた顕著にもつような対象を……まず子どもに慎重に示さなければならない」。「本質的特徴を明瞭に顕著に備える」ような対象についての直観をつうじて「事物の多様な関連とその多様な類似性」を子どもが感取できるように、大人はまえもって直観の素材を「配列する」必要がある（同、一七二頁）。

この点で子どもの認識の発達は大人による適切な人為的働きかけを必要とする。これが「術（Kunst）」としての教育である。[20] ペスタロッチはつぎのようにさえいう。「自然は無分別で盲目的である。われわれが人類の指導を自然の手からもぎ取ることを自然は求めている」（同、一八五頁）。ペスタロッチは一方で、ルソーの見解を受容し、子どもの経験と直観から出発し、「自然の歩み」に従った教育を主張するが、他方で、認識の発達を自然成長的なものではなく、人為的な働きかけによってもたらされるものと見なす。ここでは教育（認識の発達）における自然的な要素と人為的要素との総合が試みられている。

二・二　自己活動の原理

ペスタロッチの教育論の特徴としてさらに「自己活動（Selbsttätigkeit）」の原理が挙げられる。[21] ペスタロッチによれば、子どもの素質や能力を引き出し、これらを調和的に発展させ、促進することが教育の目的であり、その実現のためには子どもの「自己活動」が基礎におかれなければならない。一七九三年にペスタロッチとフィヒテが一致したのはまずこのことについてであろう。

『ゲルトルート児童教育法』においては「自己活動」という用語はほとんど用いられないが、他の論稿においてはつぎのようにいわれる。子どもの「つねに生き生きとした活動」を子どもの「陶冶の手段」として利用しなければならない（『シュタンツ便り』邦訳、一四頁）[22]。「陶冶は子ども自身を出発点とする」。「それはその最初の刺激や最初の自由な活動の余地を子どもの力のなかに、またそれらの力を発展させようとする根本的衝動のなかに求められる」（『方法における精神と心情』邦訳、一〇一頁）[23]。「自己活動をつうじて自立的となるための努力、また自己活動を活気あるものとする個々の完成をつうじて自己活動の目的としての全体の完成にますます接近するための努力」が必要である（同、一一八頁）。ここで、フィヒテも重視する「根本的衝動」という用語が使用されていることも興味深い。このように、ペスタロッチによれば、直観のさいにすでに認識主体が能動的に作用しているのであり、直観はたんに受動的なものではない[24]。彼のこのような見解はカントのものよりもフィヒテのものに近い[25]。

さらに注目されるのは、ペスタロッチが自己活動の中心に自我をおいていることである。『ゲルトルート児童教育法』においてはつぎのようにいわれる。「君の直観のすべてが集中する中心である君自身が君自身にとって君の直観の一つの主題である」（『ゲルトルート児童教育法』邦訳、一〇一頁）。「君自身であるすべてのものは、君にとって外部に存在するものよりも容易に明瞭かつ明晰にすることができる。君にとって外在的なもののみが君にとって混沌とした直観となる可能性をもつ」（前掲箇所）。

この点で自己認識は外界の認識に優先し、その根底をなす。「自己認識こそは、あらゆる人間的教育の本質が出発点としなければならない中心である」（『方法』邦訳、一四頁）[26]。「子どもの自我は自己活動的な精神的発達の中心」である。子どもの精神はその「自己活動や自己意識の対象」であり、「自己認識が自己対象である」（『基礎陶冶の理念』一八〇九年、邦訳、二八八頁）[27]。ペスタロッチがここでいう自我は、フィヒテにおけるような原理的意味をもたないにせよ、フィヒテの理論と親近性をもつといえる[28]。

二・三　身体陶冶と労作教育

フィヒテは、ペスタロッチが『ゲルトルート児童教育法』において身体的陶冶に言及していることを評価している

（RdN.410：⑰一七四頁）。ここでいわれる身体的陶冶は狭義の体育ではない。それは身体のさまざまな運動の能力を発展させ、労働（職業）における能力の基礎を形成するものである。[29] ペスタロッチはつぎのようにいう。「打つ、運ぶ、投げる、押す、引く、回す、ねじる、振るということはわれわれの身体力の最も主要な最も単純な表現である。これらは相互に本質的に異なるが、どれも共通してまたそれぞれが独立に、人間の職業の基礎となるすべての可能な技能を……含む」（『ゲルトルート児童教育法』邦訳、二〇〇頁／RdN.410：⑰四七頁も参照）。

このような身体的陶冶も知的陶冶と同様に、段階を踏んで行なわれるべきものであるが、これについては従来考察がきわめて不十分であった。知的陶冶において諸規則、すなわち「直観のＡＢＣ」があるように、身体的陶冶においても「技能のＡＢＣ」が必要である。しかし、ペスタロッチ自身においても「技能の諸規則」、「技能のＡＢＣ」は探究中であり、「まだ完成されていない」（『ゲルトルート児童教育法』邦訳、二〇〇頁）。

ペスタロッチは身体的陶冶の特徴としてつぎの点を指摘する。身体的陶冶においては知的陶冶のばあい以上に子どもの自己活動が重要になる。「技能の基本は、自己教育にかんしては、認識の出発点をなす基本よりも、おそらくははるかに徹底したものである」（前掲箇所）。『方法の本質と目的』（一八〇二年）においてはより明確につぎのようにいわれる。身体的陶冶は知的陶冶と同様に「子ども自身を出発点とする」。それは「その最初の刺激や最初の自由な活動の余地を子どもの諸力のなかに、またこれらの力を発達させせようとする根源的衝動のなかに求められる」（『方法の本質と目的』邦訳、一〇一頁）[30]。

子どもは実際生活のなかで実際の場面に応じて身体的能力を適用し、このことをつうじて能力を発達させていく。「われわれの力や技能を適用するさいには」、「人間が生涯にわたって行ない、負担し、配慮し、世話をする義務を負っている事柄」を考慮しなければならない（『ゲルトルート児童教育法』邦訳、二〇一頁以下）。

身体的陶冶は人間生活に根ざしており、人間形成の基礎となる。それは「徳への感性的陶冶」（同、二〇三頁）をもたらし、徳の「感覚的基礎づけ」ともなる（同、二〇二頁）。身体的陶冶は労働（職業）のための能力とも緊密に結合し、その基礎となる。とくに民衆の子どもを社会的に自立させ、社会の担い手として形成するためには、労働能力の育成が重要となる。工業にかんしては当時進行中のマニュファクチャーへの対応が切実な課題となっていた。ペスタロッチは学習と労働の結合をめざし、学習のなかに労働を導入した。この教育法はのちに「労作教育〔Arbeitserziehung〕」と呼ばれるようになった(31)。

二・四　道徳教育と宗教教育

ペスタロッチは知的陶冶、身体的陶冶を道徳的陶冶と調和させることを主張するが、そのさいに道徳的陶冶の根本的役割を重視し、これと関連して宗教的陶冶の意義を強調する。『ゲルトルート児童教育法』の第一三信においては道徳的陶冶について、一四信においては宗教的陶冶について言及される。

道徳における基本的な精神的作用は理性ではなく、心情（情操）であり、とくに愛が重要となる。職業においては知的、身体的能力が必要であるが、人間関係、社会関係においては愛が基本的な役割を果たす。『方法における精神と心情』（一八〇五年）においてはつぎのようにいわれる。「人間は愛の表象をつうじてのみ、自分の全体に内的調和へ高まる」（邦訳、一一八頁）。

道徳と宗教において最も重要なのは愛であり、これに関連して信頼、感謝、従順が問題になる。道徳においては人間相互の愛が、宗教においては神に対する愛が基本となる。「私は神を愛し、神に感謝し、神を信頼するまえに、まず人間を愛し、人間を信頼し、人間に感謝し、人間に従順にならなければならない」（『ゲルトルート児童教育法』邦訳、二〇五頁）。

したがって、道徳的陶冶教育の基本は愛の育成にあり、これが知的陶冶と身体的陶冶に優先する。「知的な教育手段を道徳的な教育手段へ従属させることは、われわれ自身をわれわれの本性がもつ内的品性を求める感情へ……高めるという教育の究極目的を認めることにほかならない。この感情は思考作用のなかでわれわれの精神力によって発達するのではなく、愛の行為のなかでわれわれの心情の力によって発達する」（『方法における精神と心情』邦訳、一二三頁）。愛の形成にとって母親が大きな役割を果たす。愛（信頼、感謝、従順）は「おもに母との関係から生じる」（『ゲルトルート児童教育法』邦訳、二〇六頁）。

人間相互の愛はさらに神に対する愛へ高められなければならない。愛を共通の基礎として、道徳的陶冶は宗教的陶冶と結合するが、むしろ宗教が道徳を支える。「神への信仰は……道徳の基礎教育が内的真理であることの保障を可能とするものである」（『方法における精神と心情』邦訳、一三二頁）。宗教的陶冶においても母が重要な役割を果たす。子どもは、神を愛する母の愛をつうじて神を愛するようになる。「私にとって母が神の代理であり、神が母の替わりに私の心を満たす」。「母よ、母よ。私があなたを愛するときに、私は神を愛する」（『ゲルトルート児童教育法』邦訳、二二一頁）。

第三節　ペスタロッチ教育論の評価と批判

三・一　ペスタロッチ教育論と知識学

フィヒテは、ベルリンからケーニヒスベルクへ避難したさいに、『ドイツ民族へ』の構想を準備し、その一環としてペスタロッチの教育論を集中的に研究した（そのさいのノートが残されている）[32]。フィヒテは『ドイツ民族へ』の第九講話においてペスタロッチの教育論を評価し、これを自分の陶冶論へ統合する。新教育は、「ペスタロッチによって考案され、提案され、彼の指導のもとですでに幸いにも実行されている教育法と結びつけられるべきである」。このことを「より深く根拠づけ、より詳細に規定する」ことをフィヒテは課題とする（RdN.401：⑰一六五頁）。この志向はドイツの民族の統一と独立のための人民の陶冶、人間の全面的改造という文脈におけるものである。

ところで、フィヒテにとってペスタロッチの教育論は子どもの教育や人間の陶冶に関係するだけでなく、人間の活動的あり方の根本を明らかにする知識学にも関係する。フィヒテはケーニヒスベルクから妻に宛てた書簡においてつぎのようにいう。「ペスタロッチの教育法は現在の病的な人類を救済するための真の方法」、さらに「知識学を人類に理解をさせるための唯一の手段である」（「ヨハンナ宛書簡（一八〇七年六月三日）」GA.III.6-6：『全集』補巻、一〇一頁）。また、この書簡のしばらく後に執筆された『愛国主義とその反対』（一八〇六〜〇七年）においてもつぎのようにいわれる。ペスタロッチの教育論のなかに、「カントと知識学を理解することができる世代を形成する唯一の手段」、「人類全体にとっての唯一の救済手段」が見出される（SW.XI.267：⑰四三八頁）。フィヒテはペスタロッチの思想のなかに知識学における自我の能動性についての見解の具体化を見出したと思われる。また、この証言によって、フィヒテの中・後期の知識学が初期の知識学に連続していることが示されてもいる。

フィヒテによれば、ペスタロッチの教育法の実践の結果について教育界や学会では、彼の本来の意図から離れた評価が行なわれている。それはたとえば、この教育法が「盲目的、経験的な模索」、「空虚な遊戯や見世物」になっているという評価である（RdN.403：⑰一六五頁）。フィヒテはこのような評価から独立にペスタロッチの教育法そのものの意味を把握したうえで、これに対して彼なりの評価を行なう。フィヒテによるペスタロッチの紹介と評価はドイツにおける彼の教育法に普及に大いに寄与した[33]。

三・二　知的陶冶の問題点――言語の過大評価

フィヒテは知的陶冶にかんしてペスタロッチの見解をつぎのように理解する。「児童・生徒を直接に直観へ導くというペスタロッチが提案した方策はつぎのようなわれわれの方策と同義である。それはすなわち、児童・生徒の精神活動を刺激して、諸形像〔Bilder〕を描かせ、このような自由な形象化（形成）〔Bilden〕において、児童・生徒に学ぶべきすべてのことを学ばせるという方策である」。「これまでの恣意や、盲目的な手探りの方法や」によってではなく、「確固とした確実な教育術」によって「順序に従って」陶冶を行ない、「児童・生徒の自由な精神活動」を活性化させるというペスタロッチの見解をフィヒテは高く評価する（RdN.403：⑰一六七頁）[34]。

しかし、フィヒテは同時にペスタロッチの知的陶冶の問題点をも指摘する。それはとくに言語（読み書き）の過大評価という点にある（RdN.404：⑰一四二頁）。ペスタロッチは、子どもが読み書きをつうじて明確な言語表現を行なうことによって、直観から概念へ高まることを重視した。しかし、フィヒテによれば、言語は記号であり、他者への意志の伝達のための明瞭さを与えるにすぎず、直観そのものの明瞭さを与えるのではない。言語の習得によって直観が概念に高められるのではなく、逆に、「直観の完成が言語記号に先行しなければならない」（RdN.410：⑰一七三頁）[35]。

ペスタロッチは、言語のほかに数、形を、直観から出発する教育の基礎と見なす。「数、形および言語はもともと教授の基礎手段である。というのは、ある対象の外的属性の総和はその輪郭の範囲で、また数にかんして統一され、言語によって意識されるからである」（『ゲルトルート児童教育法』邦訳、一〇三頁）。しかし、フィヒテによれば、量や数はそれ自体では形式的なものであるから、児童・生徒が生活におけるそれらの意味を直観と知覚をつうじて把握していくことが必要であり、そのために順序正しい過程を児童・生徒に取らせることが知的陶冶の課題となる。そうでなければ、言語や数量の形式に対して内容が「漠然とした傾向と強制」によって与えられることになる。ペスタロッチの方法が、生活内容から遊離した形式的なものとなりがちであるという批判は当時から出され、フィヒテもこれに言及している（RdN.408：⑰一七二頁）。

三・三　身体陶冶と職業教育

さらに身体的陶冶についてのペスタロッチの見解をもフィヒテは高く評価する。「自然に従った段階を踏んで」「児童・生徒の身体的な能力〔Fertigkeit〕の発展」をめざすというペスタロッチの構想にフィヒテは同意したうえで、このような構想が具体化されなかったことを遺憾とする（RdN.410：⑰一七四頁）。たしかにペスタロッチは『ゲルトルート児童教育法』においては「身体の技能〔Kunst〕」について簡単に触れているだけあり、その後の論稿においてこれを具体化してはいない。

フィヒテは身体的陶冶の方法を示すための条件としてつぎの点を挙げる。それは、身体のメカニズムと機能についての基礎的な科学的知見（「身体の解剖学と科学的力学〔身体運動学〕」）に基づき、これらを「高次の哲学的精神」と結合するというものである（Ebd.）。ここでいわれる「哲学的精神」は、身体的陶冶を知的陶冶、道徳的（情緒的）陶冶と調和させるという役割を果たすと思われる。フィヒテによれば、育成されるべき人間は、「人体の基礎にある機能を全面的に完成された形で見出すことができ、またいかにこの機械組織がしだいに……、歩みをつうじて将来の歩みを準備し、容易にし、しかもそのさいに健康、身体の美、精神力を危険にさらさないだけではなく、これらを強め、高めることさえできるかを示すことができる」ような人間である（Ebd.）。

ペスタロッチと同様に、フィヒテも学習と労働との統一を重視し、これを「職業教育」と結合しようとする。しかし、フィヒテから見れば、ペスタロッチの方法は手作業〔Handarbeit〕の点でも学習の点でも中途半端である。一方で、子どもが手作業を行なうばあいには、「すでに完全に手作業の準備が子どもにできている」という条件が十分に整っていなければならないが、手作業が学習時間中に行なわれるさいには、それは副次的なものとならざるをえない。労働をつうじて「精神的訓練」が行なわれる可能性はあるとしても、それは本来の学習ではなく、「気晴らしの遊戯」にすぎない。他方で、学習の中に手作業を取り入れることは学習の「第一の目的」を曖昧にする。教授は「すべての注意力と集中力」を必要とするが、手作業のあいだはこれらが弱められ、学習は副次的となってしまう（RdN.424：⑰一九〇頁）。したがって、学習と労働とはそれぞれ独立に行なわれたうえで、結合されなければならない。一方で、学習の成果を踏まえて、「仕事に必要な知識を獲得していること」が求められる。労働に必要な知識が獲得されるべきであり、労働は精神的性格をもつようになる。他方で、知識は労働のなかに生かされることによって、その現実的な意義が子どもにとって理解されるようになる（RdN.425：⑰一九〇頁以下）。

フィヒテにとっては、社会（民族国家）における労働（勤労）の担い手を形成することが民族教育の目的の一つである。このような見解は、人間は自分の労働によって生計を立てるべきであるというフィヒテの基本見解（『自然法』、『閉鎖商業国家』）に基づく。学校は農耕、園芸、畜産などの作業を導入することによって、それ自身が「小さな経済国家」となる（RdN.425：⑰一九一頁）。それは一つの全体として「自立性と自足性」をもち、児童・児童・生徒の活動はその一環をなす。このように、『閉鎖商業国家』の構想が学校教育と結合されることになる（Ⅶ・四・六）。

三・四　家庭教育と学校教育

ペスタロッチは道徳については感情や情緒を重視し、これを宗教に接続させる。そのさいにとくに重要なものは愛、およびこれと関連した信頼と感謝である（『ゲルトルート児童教育法』邦訳、二〇五頁）。フィヒテも『ドイツ民族へ』の第一〇講話においてペスタロッチのこの見解に関連して、愛に言及している。このばあいの愛は第一に学習への愛（認識の上での愛）であり、感性界を精神界と結合する役割を果たす。第二の愛は、人間相互の愛（実践の上での愛）である。これが普遍的となれば、理性的共同体の基礎となる（RdN.413：⑰一七八頁）。

ところで、フィヒテによれば、道徳にかんして、子どもに内在する「最も根源的で最も純粋な形態」は「尊敬への衝動」である。「正、善、真、自制力」は尊敬に基づく（RdN.414ff.：⑰一七九頁以下）。道徳において重要なのは、尊敬への衝動を育成することである。フィヒテは利己心の克服のために愛よりも、尊敬を重視し、愛を尊敬からの派生と見なす。ペスタロッチは、愛は母親との関係から生まれると主張するのに対して、フィヒテは、尊敬は父との関係において生じると見なす。

ペスタロッチは陶冶、とくに道徳的・情操的陶冶における母親の役割を重視するが[36]、このような見解に対してフィヒテは批判的である。彼によれば、ペスタロッチは「なによりも家庭教育に期待する」が、「とくに労働者階級においては両親の家で教育を始めることも、継続することもまったく不可能であり、教育は子どもを両親から完全に引き離すことによって可能となる」（RdN.406：⑰一七〇頁）。家庭においては、経済上の困難さによって子どもの自己活動と、それをつうじた能力の発達とが阻害されるので、家庭から独立した学校において「公教育」を行なう必要がある。従来は

（とくに有産階級においては）、教育は「両親の私事」と見なされてきた（RdN.429：⑰一九五頁）。「このように［家庭から］分離され、長期にわたって持続的に行われる教育」（RdN.434：⑰二〇一頁）としての「公教育」に対しては抵抗が予想されるが、国家はこの教育をその責任において実施しなければならない（RdN.441：⑰二〇九頁）。

ペスタロッチにあっては家庭教育（とくに母による）が教育の基礎であり、学校教育はこれを補完するという位置にある。彼はルソーの『エミール』におけるように学校教育を否定はしないが、家庭教育を基礎におく点ではルソーの影響下にある。これに対して、フィヒテは、家庭教育から独立した学校教育の役割を重視する。それは子どもを社会と国家の担い手として形成する役割をも果たす。なお、フィヒテは学校の教員の養成のための制度の整備についてはペスタロッチの提案に賛同し、ドイツにおけるその実施を呼びかける（RdN.177：⑰二二〇頁）。

三・五　民衆教育と民族教育

フィヒテのペスタロッチの教育論に対する批判の最大の論点は、ペスタロッチが「下層の貧民〔nieder und gemeiner Pöbel〕」（RdN.405：⑰八頁）としての「民衆（庶民）〔Volk〕」およびその子どもを救済するための教育、「民衆教育〔Volkserziehung〕」を重視し、民族全体の教育を軽視していることにある（Ebd.）。これに対してフィヒテは「本来のドイツの民族教育〔eigentümliche deutsche Nationalerziehung〕」（RdN.277：⑰二四頁）をめざす。彼においては〈Nationalerziehung〉は「人民」の全体を教育の対象とするという意味と、「民族」を教育の内容とするという意味をもつ。民族特性の担い手として人民を陶冶し、人民のなかに「祖国愛」を涵養することが『ドイツ民族へ』の基本的目的とされる。国家の担い手としての「国民」（政治的意味での）の育成もこの教育の目的のなかに含まれるが、優先するのは民族教育（文化的意味での）である。

このように、ペスタロッチにおいて〈Volk〉は人民全体ではなく、教養ある上層の人間から区別された下層の人民（民衆）であり、教育内容必ずしも民族的なものではないとフィヒテは批判するが、厳密に見れば、ペスタロッチも下層人民のための教育だけなく、階級を超えてすべての子どものための教育をめざしており、この点ではフィヒテとのあいだに根本的な対立はないといえる。ペスタロッチが下層人民の教育によって、下層人民と教養階層との教育格差を解消し、結果として「人民（国民）教育〔Nationalerziehung〕を与える」という役割をはたしていることをフィヒテも認めている（RdN.404：⑰一六六頁）。

他方でフィヒテも民衆教育を重視している。彼によれば、ドイツにおいては民族特性を担ってきたのは民衆（人民）であり、それを継承し、発展させるために、民衆教育が不可欠である。「ドイツの民族〔Nation〕においては人間性のさらなる発展は民衆〔Volk〕から生じてきた」。「民族的な重大事はまず民衆にもたらされ、民衆によって配慮され、さらに発展させられてきた」（RdN.278：⑰二六頁）。しかし、これまでドイツの教育は、「教養あるといわれる身分というきわめて少数の人間に施されてきたのであり、共同体がまさに依拠している大多数の人間、すなわち民衆は教育の営みからほとんど完全に排除されてきた」（RdN.276：⑰一八頁）。この点では民衆教育と民族教育は結合する（Ⅶ‐四・六）。

国家の政治的統一と民族の文化的統一（および、それに向けた民族教育）との関係をめぐってフィヒテとペスタロッチのあいだには、ドイツとスイスの事情の相違を背景にして、相違がある。第一に、フィヒテは政治的には、地方自治に基づく連邦制を主張する（Ⅶ‐三・四、Ⅷ‐四・三）。これに対して、ペスタロッチはスイスの国家的統一をめざし、伝統的な連邦制（地方分権）を封建時代の遺物として批判する（XI‐一・四）。したがって、彼がいう民衆教育は統一国家の担い手としての人民（すなわち狭義の国民）の形成を暗黙のうちに含んでいるといえる。また、スイスにおいては文化的多元性が強く（ドイツ圏、フランス圏、イタリア圏）、フィヒテが主張するように民族の文化的統一（言語の共通性）を基礎にして、国家の統一をめざすこと（XI‐一・六）は現実的ではない。フィヒテがペスタロッチによる民族教育の軽視を批判するばあいには、スイスにおけるこの事情を考慮していないように思われる。

現代に生きるフィヒテ　注

第Ⅰ章

（1）「ヨハン・ラーン宛書簡（一七九〇年一〇月一〇日）」（GA. III.1.100）。

（2）「バゲッセン宛書簡（一七九五年四月あるいは五月）」（GA. III-2.298：②四四三頁）。

（3）ドイツにおけるフィヒテ実践哲学の研究史についてはつぎの文献を参照。B. Willms, *Die totale Freiheit. Fichtes politische Philosophie*, 1967. S.1-S13.（『全体的自由――フィヒテの政治哲学』木鐸社、一九七六年、九～一八頁）。H.-J. Becker, *Fichtes Idee der Nation und das Judentum*, 2000, S.245ff.

（4）ドイツにおいてフィヒテの哲学全体（実践哲学を含め）のアカデミックな紹介として定評があるのはフィッシャー〔K. Fischer〕の著作である（『フィヒテの生涯、著作、および教説』、一九三五年）。なお、彼は自由主義的立場から後期フィヒテの思想を否定的に理解する。

（5）フランスにおいてはレオン〔X. Leon〕がフィヒテの実践哲学の一面的解釈に距離をとり、初期から中・後期に至る著作のバランスのとれた紹介を行なった（『フィヒテとその時代』、一九一四年）。そのあとジョレ〔J. Jaurès〕は『フランス革命』のなかに社会主義的要素を見出した（『ドイツ社会主義の起源』、一九二七年）。また、ゲルルト〔M. Guéroult〕は知識学に対するフランス革命の影響を指摘し（『フィヒテにおける知識学の深化と構造』、一九三〇年）、またフィヒテの社会論（とくに『ドイツ民族へ』）のナチス的解釈に対抗して、『フランス革命』における社会主義的要素を重視した（『フランス革命』仏訳、序論、一九三九年）。

（6）フランスにおいて第二次世界大戦後のフィヒテの社会哲学の研究を方向づけたのはヴラコス〔G. Vlachos〕である（『フィヒテの国際思想における連邦主義と国家論』、一九四八年、「革命的諸論文における法、道徳および経験」、一九七二年）。その後の定評ある研究はフィロネンコ〔A. Philonenko〕のものである。彼は知識学をフランス革命との関係で考察し（『フィヒテ哲学における人間の自由』、一九六六年）、また『フランス革命』と『ドイツ民族へ』との接続にも注目している（『フィヒテ初期論集』、仏訳、序論、一九八四年）。ルノー〔A. Renaut〕はフィヒテの『自然法』の自由主義的、共和主義的性格を明らかにしている（『法の体系　フィヒテ思想における法哲学』、一九八六年）。フィヒテ研究の歴史については、エスパニュ〔M. Espagne〕の紹介がある（Die Rezeption der politischen Philosophie Fichtes in Frankreich, in Fichte-Studien, Bd.2, 1990）。

（7）本章・注3の邦訳。

（8）Manfred Buhr, *Revolution und Philosophie. Die ursprüngliche Philosophie Johann Gottlieb Fichtes und die Französische Revolution*, 1965.（ブール『革命と哲学――フランス革命とフィヒテの本源哲学』法政大学出版局、一九七六年）。

（9）Hansjürgens Verweyen, *Recht und Sittlichkeit in J. G. Fichtes Gesellschaftslehre*, 1975. ハーンはフィヒテの国家論を中心にしながら、道徳論、教育論についても論じ、そのさい、フィヒテに

おいていかに政治が道徳的理念によって導かれるかを重視する。なお、ハーンは初期から後期への政治思想の変化の問題を正面から扱っていないが、後期フィヒテにおける学者階級の位置づけに注目する（Karl Hahn, *Staat, Erziehung und Wissenschaft bei J. G. Fichte*, 1969）。バッチャの研究も先駆的研究に加えられる。ただし、考察の角度が社会と国家の関係に限定され、また初期から後期への政治哲学の変化についての分析が乏しい（Zwi Batscha, *Gesellschaft und Staat in der politischen Philosophie Fichtes*, 1970）。

（10）フィヒテ初期、中期、後期全体をつうじた法論と道徳論を包括的に研究したものは鎮西恒也の一連の論文である。「J．F．フィヒテの法及び国家思想――初期思想を中心に」（東洋大学アジア・アフリカ文化研究所『研究年報』第一四号、一九七四年）。「J．F．フィヒテの法及び国家思想――初期思想を中心に」（東洋大学アジア・アフリカ文化研究所『研究年報』第一四号、一九七四年）。「J．F．フィヒテの法及び国家思想――その中期思想を中心に」（東洋大学アジア・アフリカ文化研究所『研究年報』第一五号、一九八〇年）。「J．F．フィヒテの法及び国家思想――後期国家論を中心に（Ⅰ）」（東洋大学アジア・アフリカ文化研究所『研究年報』第一六号、一九八一年）。「J．F．フィヒテの法及び国家思想――後期国家論を中心に（Ⅱ）」（東洋大学アジア・アフリカ文化研究所『研究年報』第一八号、一九八四年）。「J．F．フィヒテの法と道徳――初期思想を中心に（Ⅰ）」（東洋大学アジア・アフリカ文化研究所『研究年報』第一九号、一九八五年）。「J．F．フィヒテの法と道徳――初期思想を中心に（Ⅱ）」（東洋大学アジア・アフリカ文化研究所『研究年報』第二〇号、一九八五年）。「J．F．フィヒテの法及び国家思想――中期思想を中心に（Ⅰ）」（『浜松医科大学紀要』第二号、一九七八年）。「J．F．フィヒテの法及び国家思想――中期思想を中心に（Ⅱ）」（『浜松医科大学紀要』第三号、一九七九年）。フィヒテの各時期の政治哲学全体については杉田孝夫の旺盛な研究が注目に値する。「政治思想としてのドイツ観念論――フィヒテにおける自由と強制」（『都立大学法学会雑誌』第二五巻、第二号、一九八四年）。「フィヒテにおけるフランス革命」（『都立大学法学会雑誌』第二九巻、第一号、一九八八年）。「フィヒテにおける『ドイツ国民』」（田中浩編『現代世界と国民国家の将来』御茶の水書房、一九九〇年）。「フィヒテの Patriotismus 論」（日本フィヒテ協会編『フィヒテ研究』第八号、晃洋書房、二〇〇〇年）。「カントとフィヒテの歴史認識における政治的なもの」（日本フィヒテ協会編『フィヒテ研究』第一三号、二〇〇五年）。「『ドイツ国民に告ぐ』はどのように読まれ、どのように読まれなかったのか」（日本フィヒテ協会編『フィヒテ研究』第一七号、二〇〇九年）。「1812年の法論と1813年の国家論のテキスト問題」（日本フィヒテ協会編『フィヒテ研究』第二〇号、二〇一二年）。

第Ⅱ章

（1）フィヒテは一七九四年につぎのように述べている。「私の体系においては一般的実践哲学は従来のものとはまったく異なる」(「ベッティガー宛書簡（一八九四四年月二日）」（GA.III-2.92)。ここでいわれているのは、フィヒテの「一般的実践哲学」がカントの『実践理性批判』とも、その応用としての『道徳形而上学』とも異なるということであろう。

（2）フィヒテは「ヨハンゼン宛書簡（一八〇一年一月三一日）」においてはつぎのように述懐している。『全知識学』は、「それが書かれた時代の痕跡、および当時見られた哲学思考の様式の痕跡をあまりに多く残している。」それは、「超越論的観念論の叙述であるために必要な明快性を欠いてしまった」が、この点については「『自然法』と『道徳論』のそれぞれの最初の章」が「はるかに推奨に値する」（GA.III-5.8：④五〇四頁）。

（3）その成果はまず『根元哲学についての私自身の考察』（一七九三〜九四年）に見られる。第Ⅲ章・注4、参照。

（4）他者の問題へのこのようなフィヒテの取り組みはカントの道徳哲学に対する批判に根ざすものである。カントは、行為の格率が他のすべての理性的存在者に対して普遍妥当性をもつよう要求するが、カントは他の理性的存在者の存在を自明の前提と見なしたうえで、格率の普遍妥当性について語っているにすぎない。そもそも、ある理性的存在者にとってなぜ他の理性的存在者が存在するのかが説明されなければならない。『自然法』においてはつぎのようにいわれる。「〈汝の意志の格率が普遍的立法の普遍的原理でありうるように行為せよ〉とカントは述べた。しかし、だれがいったい、この立法によって支配される国にともに所属するのか」（NR.80：⑥一〇四頁）。「この問いに回答されないかぎり、前述の「カントの」原理がいかに優れているにしても、いかなる適用可能性も実在性をもたない」（NR.81：⑥一〇五頁）。「ラインホルト宛書簡（一七九五年八月二五日）」においてはカントの『道徳形而上学の基礎づけ』についてつぎのようにいわれる。〈ある格率Aに、もろもろの理性的存在者にとっての普遍妥当性という述語Bが矛盾する〉とカントは述べるが、問題は、「そもそもAをBに関係させることを可能とするものはなにか」である。「このことについてカントは少しも答えていない」。この問題を解決するためには、「私の外部のなんらかの理性的存在者の概念」が「たんなる自我からのみ」「導出され」なければならない（GA.III-2.385）。

（5）フィヒテは『自然法』の執筆期の「ヤコービ宛書簡（一七九五年八月三〇日）」においてつぎのようにいう。「私がいう絶対自我は個人とは明らかに異なる」。「個人を純粋自我から演繹する」ために、「自然法における知識学に遅滞なくとりかかるであろう」（GA.III-2.392）。

（6）本章・注2、参照。

（7）〈Aufforderung〉は「要求」、「指示」という消極的な意味ももつが、フィヒテはそれに基本的には「喚起」、「奨励」、「促進」という積極的意味を与える。〈Aufforderung〉や「促し」の意味については拙著『実践と相互人格性――ドイツ観念論における承認論の展開』（北海道大学図書刊行会、一九九七年）、三二二頁以下を参照。初期フィヒテの「促し」概念については、山脇雅夫「「促し」とはどういう行為か」（日本フィヒテ協会編『フィヒテ研究』第八号、二〇〇〇年）参照。フィヒテの他者論における促し概念に注目した先駆的研究は入江幸男「フィヒテの他者論」（初出、一九八四年、『ドイツ観念論の実践哲学研究』、二〇〇一年、所収）である。

(8)『全知識学』においては、自我の自分自身に対する関係が自己意識をもたらすと見なされているが、その具体的説明はない（WL.97：④九七頁）。

(9) 相互承認は特定の場合に、特定の時点でだけではなく、すべての場合に、将来にわたって行なわれなければならない。さらにまた、相互承認は他の特定の個人とのあいだでだけでなく、他のすべての個人とのあいだで行なわれなければならない。フィヒテはこのことをつぎのような「三段論法」によって説明する。①大前提――「私は自分の側で自ら或る特定の理性的存在者を理性的存在者として扱うかぎりでのみ、私を理性的存在者として扱うようこの存在者に対してあえて要求することができる」（NR.44：⑥六一頁以下）。ここでは、個人と特定の他人とのあいだの相互承認が示される。②小前提――「しかし、私は私の外部のすべての理性的存在者を、あらゆる可能な場合に私を理性的存在者として承認するようあえて要求しなければならない」（NR.45：⑥六三頁）。このことはすべての他人に対して将来にわたって行なわれる。③結論――「私は私の外部の自由な存在者をすべての場合に自由な存在者として承認しなければならない。すなわち、この存在者の自由の可能性の概念によって私の自由を制限しなければならない」（NR.52：⑥七一頁）。個人がすべての他人によっていかなる場合にも承認されることができるのは、個人もまたすべての他人をいかなる場合にも承認するばあいである。

(10)『論理学・形而上学講義』においてもつぎのようにいわれる。「私が、私と並んで［他の］理性的存在者が存在することを想定する」のは、「ある概念が私に伝達されるかぎりのみである。このことは記号によってのみ可能である」（GA.IV-1.190：⑧一八四頁）。

(11) フィヒテは身体の器官について「低次の器官」と『高次の器官」とを区別する。他我の働きかけが「低次の器官」に対するものであるばあいには、それは自我の自由な活動を阻害するが、それが「高次の器官」としての感官に対して行なわれるばあいには、自我は自由を失わない（NR.65：⑥八七頁）。自我に対する他我の促しという働きかけは自我の高次の器官に及ぼされる（NR.77：⑥九七頁）。「低次の器官」の例として触角器官が挙げられ（NR.82：⑥一〇六頁）、「微細な物質」の例としては光や空気が挙げられる（NR.76：⑥一〇〇頁）。「高次の器官」としては目や耳が想定されているといえよう。目や耳は低次の器官（光や音に触発されるたんなる感覚器官）であるとともに高次の器官（この影響を再構成して、その意味を理解する精神的器官）でもある。低次の器官と高次の器官との関係については拙著『実践と相互人格性』、二一七頁以下、玉田龍太朗『フィヒテのイェーナ期哲学研究』（晃洋書房、二〇一四年）、一〇頁以下、参照。

(12) フィヒテの身体論については、ジープ「フィヒテにおける身体性」(Siep: Leiblichkeit bei Fichte, In K. Held, J. Nenningdfeld (Hrsg.), *Kategorien der Existenz*, 1992〔ジープ『ドイツ観念論における実践哲学』哲書房、一九九五年、五五三頁以下〕)、藤沢賢一郎「フィヒテの身体論」(『東京経済大学会誌』第一七〇号、一九九一年)を参照。

(13) フォイエルバッハは身体と他者との関係を重視した。彼はフィヒテの唯心論を批判する。しかし、フィヒテは観念論の立場に立ちつつも、身体と他者との関係について結果としてフォイエルバッハの見解に接近した(拙著『実践と相互人格性』、三二九頁、参照)。木村博の解釈によれば、フォイエルバッハはフィヒテの自我論をたんに否定しているのではなく、それを「徹底する」ことによって、自分固有の立場を確立した(「他者論をめぐるフィヒテとフォイエルバッハ」フォイエルバッハの会編『フォイエルバッハ』理想社、二〇〇四年、一四〇頁以下)。このことはマルクスによるフィヒテ評価についても再検討を促すであろう。マルクスは『フォイエルバッハ・テーゼ』においてフォイエルバッハを念頭においてつぎのように述べている。「これまでの唯物論の主要な欠陥」は「対象、現実、感性」が「感覚的・人間的な活動、実践として主体的に捉えられていないことにある」。そのため「活動的側面」は「観念論によって展開される」(邦訳『マルクス=エンゲルス全集』③、大月書店、四五〇頁)。ここでの観念論はとくにフィヒテを念頭においたものであり、そこでは能動性は精神的なものである点に、その限界があるとされる。しかし、フィヒテは精神の能動性を強調しただけでなく、自我が身体をつうじて感性界を変化させ、加工する(それは労働という形態をとる)ことを明らかにした。この点でフィヒテの意見はむしろマルクスの見解に先行するとさえいえる。

(14) フィヒテは『論理学・形而上学講義』(一七九八年)においては「身体と魂の関連」にかんして、デカルトの見解を継承したライプニッツ=ヴォルフ学派の見解を「独断的」であると見なし、「批判的原理」に基づいてこの問題を「超越論的に」考察しようとする(GA.4-1.375:⑧三三五頁以下)。

(15)『哲学における精神と字句との相違について』(一七九四年)においては自我と他我との関係における「仕事(作品)〔Werk〕」の役割が重視される。感性界の一部には、他の人間が生み出した人工物が属す。精神が物体的世界においてその理念(自我の概念)を表現するが、これは「仕事」という形態をとる。「精神はこの表示をつうじて、他の精神が、自分に内在する精神的理念を自分の活動によって自分自身のなかから展開することに誘因・誘発〔Veranlaßung〕を与えようとする」(GA.II-3.319f.)。

(16)『知識学第二序論』においてはつぎのような批判に言及されている。「自我は、カイウスやセンプリニウスとは呼ばれない他のすべての人格と対立して、まさにそのように呼ばれる私の特定の人格を意味する。ところが、知識学が要求するように、私がこの個別的人格を捨象すれば、〈自我〉によって特徴づけられるようなものは私になにも残されない。私に残されているものは等しく〈それ〉と呼ぶことができるであろう」(ZEWL.501:

⑦四五三頁)。これに対してフィヒテはつぎのように反論する。「知識学の出発点としての知的直観としての自我」と「知識学の結論である理念としての自我」とは混同されてはならない。前者の自我は、その外部の「哲学者に対してのみ存在する」のに対して、後者の自我は、「哲学者が考察する自我自身に対して存在する」。前者の自我においては「個人性にまでまだ規定されていない」が、後者の自我においては「個人性が消失している」。前者においては「自我の形式」のみが存在するが、後者においては「自我の完全な実質」が存在する」(ZEWL.515ff.:⑦四六九頁以下)。

(17) ラウトは先駆的論文「J. G. フィヒテおける相互人格性の問題」(一九六二年)においてつぎのようにいう。「相互人格性はたんに道徳的立場において、自我の定立から出発して要求されるだけでなく、[知識学において] 超越論的に構成的な仕方で条件づけられてもいる。自我は相互人格的な仕方でのみ自分を定立する」(R. Lauth, Le problème de l'interpersonalité chez J. G. Fichte, in *Archive de philosoiphie*, vol.25, 1962/R. Lauth, *Tranzendentale Entwicklungslinie*, 1989, S.195)。

(18) フィヒテの他我論に着目した先駆者はメッツガー (W. Metzger, *Gesellschaft, Recht und Staat in der Ethik der deutschen Idealismus*, 1917, S.121f., H. Weischedel, *Der Abbruch der Freiheit zur Gemeinschaft*, 1939, S.122f., S.195) であり、そのあとフィヒテの他者論の研究を発展させたのはフェアヴァイエン、ジープらである (H. Verweyen, *Recht und Staat in J. G. Fichtes Gesellschaftslehre*, 1975. Siep, *Anerkennung als Prinzip der praktischen Philosophie*, 1979)。

(19) マルクスは『資本論』において商品交換にかんしてつぎのように述べている。「人間は鏡をもってこの世に誕生するのでもなく、〈私(自我)は私〉であるというフィヒテ流の哲学者として誕生するのでもないのであるから、人間は最初にまず他の人間のなかに自分を映して見る」(『マルクス=エンゲルス全集』㉓a、大月書店、七一頁)。しかし、フィヒテはむしろ、人間は本性上他人を「鏡」とすると見なしている。一九七〇年代においてもたとえばハバーマスはフィヒテの説を、「自我の孤独な反省」に基づく「独話論的 [monologisch]」なものと見なしていた(ハバーマス『イデオロギーとしての科学と技術』邦訳、紀伊國屋書店、一九六八年、八頁以下、ハバーマス『近代の哲学的ディスクルス』邦訳、岩波書店、一九八五年、Ⅰ五三、六二頁、Ⅱ五六〇、五七四頁)。

(20) ハバーマスは『ポスト形而上学の思想』(一九八八年)においてようやくフィヒテの相互主観性論を考慮するようになるが、フィヒテは「意識哲学」に拘束されているため、そのポテンシャリティを汲みつくすことができないと見なし、その限界を指摘することに重点をおく(邦訳、未來社、二四三―二四六頁)。

(21) フィヒテも、自我性を外的事物に「転移する」ことによって他我が生じると説明することがあり(NR.74:⑥九六頁/NR.80:⑥一〇四頁)、これはリップスの投射論に近い。しかし、この説明は簡略化されたものであり、フィヒテの本来の見解ではない。

(22) ブーバーにおいては自己に対する他者の優越性が強調される（「汝の根源性」）。これに対して、『自然法』におけるフィヒテの見解によれば、自己と他者とは促しをつうじて相互連関にあり、いずれか一方が他方に優先するのではない。「対立をつうじてこのような区別において主体によって自由な存在者としての自分自身の概念とその外部の自由な存在者としての他の理性的存在者とが相互に規定される」(NR.42:⑥五八頁)。拙著『実践と相互人格性』二〇八頁、三二八頁以下、参照。レヴィナスの他者論とフィヒテの他者論については、子野日俊夫「フィヒテ後期倫理学の他者論」（日本フィヒテ協会編『フィヒテ研究』第九号、晃洋書房、二〇〇一年）、馬場智一「承認と答責」（木村博編『フィヒテ』創風社、二〇一〇年）、参照。

(23) とくに主意主義、相互行為論、社会システム論のあいだの関係についてのT・パーソンズの研究が重要である。T. Parsons, *The Social System*, 1951（『社会体系論』青木書店、一九七四年）。

(24) J. Habermas / N. Luhmann, *Sozial Theorie oder Sozialtechnologie?*, 1971.（『批判理論と社会システム理論』上・下、木鐸社、一九八四、八七年）。

(25) リベラルの主張としては、J. Rawls, *Theory of Justice*, 1971（『正義論』紀伊國屋書店、一九七九年）、リバタリアンの主張としては、R. Nozick, *Anarchy, State and Utopia*, 1974（『アナーキー、国家、ユートピア』上・下、木鐸社、一九八五年）。コミュニタリアンからの批判としてはM. Sandel, *Leberalism and the Limits of Justice*, 1982（『リベラリズムと正義の限界』勁草書房、二〇〇九年）。

第Ⅲ章

(1) フィヒテはライプツィヒ大学卒業のあと困窮生活を送っていたが、一七八八年にスイスのチューリッヒでの家庭教師の紹介を受け、そこへ出発する直前にこの断想を執筆した。この時期はフランス革命の前年に当たる。

(2) フィヒテは一七九〇年にチューリッヒでの家庭教師をやめ、ライプツィヒに戻ったさいに、一人の学生の求めに応じて、カント哲学の個人教授を行なうため、カントの三つの批判書について研究を行なった。

(3) カント倫理学の強い影響を受けた『あらゆる啓示の批判の試み』は匿名で出版されたため、読者にはカントの著作と受けとられたが、それがフィヒテの著作であることをカントが明らかにしてから、フィヒテは一躍その名を知られるようになった。

(4) フィヒテは一七九三年秋からシュルツェの『エネシデムス』の論評の仕事を開始し（翌年二月に公刊）、一七九三年一一月〜九四年一月に『根元哲学についての私自身の考察』を執筆した。一七九四年二月〜四月にはチューリッヒの少数の市民に向けて、知識学の基礎となる講義を行なった（知識学の構想に至る過程については、邦訳『全集』第三巻の訳者解説を参照）。

(5)「バゲッセン宛書簡（一七九五年四月あるいは五月）」(GA. III-2.300：②四四三頁)。

（6）アカデミー全集の編者によれば、『思想の自由』は一七九三年四月に（ライプツィヒの復活祭見本市の開催期に）刊行され、『フランス革命』はその数週間のちに（同年五月末あるいは六月はじめに）刊行された。両著は弾圧を恐れて、匿名で刊行されたが、『フランス革命』がフィヒテの著作であることが知られ、警戒を招いた。

（7）カントは『宗教論』（一七九三年四月）において、「自分自身を裁く道徳的判断力」を「良心」と呼んでいる（KgS.VI.186:『カント全集』⑩二五〇頁）。フィヒテの『フランス革命』における良心論はカントのこの見解から独立のものであろうが、結果的に彼はカント思想の核心を先取りしたといえる。

（8）自然状態のこのような理解はロックの見解に近い。彼によれば、自然状態においては、他人の生命、自由、および財産を侵害してはならないという自然法に従って人々は共存する。国家においては自然状態は解消されるが、国家が解体されれば、自然状態に復帰する（Ⅸ・二一、参照）。

（9）カントも『啓蒙とはなにか』（一七八四年）、『理論と実践』（一七九三年）以来、思考の自由と言論の自由とが不可分であると主張した（KgS.VIII.36, 39, 304:『カント全集』⑭二六、三〇、二〇九頁）。

（10）カントは一七九三年五月のフィヒテ宛の書簡において、『道徳形而上学』を計画中であり、フィヒテがこれに先んじることを希望すると述べているが（GA.IV-I.408:⑩二八五頁）、それはとくに法論の部分を念頭においたものであろう。フィヒテはこれに返答し、カントの『道徳形而上学』の完成を期待するとともに、自分で「自然法論、国法論、国家学」を計画していると述べている（GA.IV-I.431:⑩二八七頁）。なお、『自然法』の第二巻（国法論、家族論、国際法論）は一七九七年九月に刊行され、その一部にカントの『法論』を意識した叙述が見られる。

（11）このような主張はカントの亜流学者を念頭においたものと思われる。SW版第三巻の編者（I・H・フィヒテ）の序論によれば、フィヒテの批判はフーフェラント〔G. Hufeland〕やシュミット〔C. Chr. Schmid〕に向けられたということである。カント派に属す彼らは、法を、道徳によって許容されたものと見なして、道徳から説明しようとした（SW.III. S.VIII-XI）。

（12）ただし、この命題は一度受容されれば、当人にとっては定言命法となりうる（NR.93:⑥一二〇頁）。また、この命題は「自分自身との絶対的一致」という道徳法則（根本的な意味での）によって良心にとって定言命法ともなる（NR.10:⑥二〇頁）。

（13）フィヒテは『自然法』において、カントが『永遠平和論』において法法則を道徳法則から導出したかどうかは不明であると見なしながら、自説がカントの見解と「合致する」と主張している（NR.13:⑥二三頁）。なお、カント自身は許容法則を占有にかんするものとして限定的に理解している（EF.348:『カント全集』⑭二五九頁／Vgl. MS.267:『カント全集』⑭九七頁）。

（14）ショットキーは『自然法』における国家の有機体論的説明は「比喩的な」ものにすぎないと理解する（R. Schottky. *Untersuchung zur Geschchite der Staatstheorie im 17. und 18.*

Jahrhudert. S.248)。この点では、個人主義的、契約論的立場が維持され、『フランス革命』の見解と接続するとされる。しかし、他方でつぎのようにもいわれる。『フランス革命』のばあいとは異なって、『自然法』においてはルソーの影響のもとに「全体的な法国家」への傾斜が生じ、この傾向は一八〇〇年以降（とくに『閉鎖商業国家』）に顕著になる（S.222, S.247）。これに対して、ヴィルムスは、『自然法』における国家観は「有機体論」という性格をもたず、フィヒテの表現は「社会的相互依存」を意味するにすぎず、個人主義を放棄するものではないと主張する（『全体的自由』、一五二頁）。三島淑臣はつぎのように述べている。『自然法』においては「個人主義的＝原子論的国家観」が「全一的＝有機体的国家観」に変化するが、これは「全体主義的国家観」ではなく、そこでは、「個と全体を通じて同じ一つの理性が貫徹すべきこと」が主張されている（「自由と革命」『法政研究』（九州大学）三八巻、二・四合併号、一九七二年）。『フランス革命』と『自然法』のあいだの転換の有無についての諸説については、杉田孝夫「政治思想としてのドイツ観念論」（『都立大学法学会雑誌』第二五巻、第二号、一九八四年）、参照。

（15）カントが立法権と執行権を区別したことをフィヒテは、『自然法』に先立つ「カント『永遠平和論』論評」において批判している（RzEF.225：⑥四六四頁）。

（16）フィヒテは議会や議員には言及していない。フィヒテにおける〈Repräsentation〉を「代議制」と、〈Repräsentant (en)〉を「代議士」と、一律に訳す（邦訳『フィヒテ全集』第六巻、一九七頁など）ことは適切ではない。

（17）フィヒテは、人民集会の開催の困難であることを理由に、公共体の設立のためには人民集会の開催とそこにおける全員一致は必要でなく、各人が共同体への加入を表明すれば、他人とのあいだの同意によって国家を設立したと見なされると主張する。「各人は、……〈自分はこれこれの特定の人民集団とともに一つの公共体において法・権利の維持のために集合したい〉と表明」すればよい（NR.178：⑥二一四頁／Vgl. NR.160：⑥一九四頁）。

（18）『自然法』においては、直接民主制が不法なものとして統治形態から除外されることもある（NR.286：⑥三三六頁）。「君主制〔Monarchie〕」という用語はあまり使用されず、「単独支配制〔Monokratie〕」という用語が基本とされる（NR.285f.：⑥三三六頁）。単独支配制の方が広い意味をもち、君主制は世襲の単独支配制を指すと思われる（NR.163：⑥一九七頁／NR.288：⑥三三八頁）。なお、「専制〔Despotie〕」は独裁君主制とは異なった次元にあり、執行権を委任された者が公共体に責任をもたないような体制を意味する（NR.160：⑥一九四頁）。

（19）フィヒテによれば、大きな国においては、広範囲な地域の人々が一か所に集合する必要はなく、それぞれの地域で適切な規模で審議できればよい（NR.173：⑥二〇八頁）。人民集会の形態や方式はさまざまであり、固定されない。それは「政策論の問題」であって、「法論の問題」ではない（Ebd.）。

（20）監督官制が機能するためには、人民の力がその背景に必要となることをフィヒテは指摘している。監督官が権力管轄者の行為を不当と見なし、この権力の執行の停止を命じても、また人民集会の開催を召集し、そこにおいて権力管轄者の解任が決議されても、権力の管轄者がこれに抵抗し、これを妨害するばあいがあり、そのばあいには人民は、このような抵抗と妨害を排除する力をもたなければならない。「人民の力は執行官が手中にする権力よりも優越していなければならない」（NR.177：⑥二一三頁）。「公共体が集会を開催するばあいに、いたるところで……これに反抗しようとするあらゆる試みに対してしかるべき抵抗ができるほど、多数の人間が集合する」（NR.178：⑥二一三頁）。ここでこそ、革命を遂行する人民の力が発揮されるといえる。

（21）ヘーゲルも、人格がその意志を事物におき入れることが所有の基本であると見なしている（Rph.§44. §45）。

（22）フィヒテは、自説によって、ある事物に対する所有権は「造形によってのみ根拠づけられるのか」、「それを占有する意志によってすでに根拠づけられるのか」という論争に決着がつけられると述べる（NR.116：⑥一四五頁）。しかし、『フランス革命』においては、このような見解とは異なり、ロックにおけると同様に、労働による造形（加工）が「所有の真の権利根拠」と見なされていた（FR.118：②一六三頁）。

（23）『フランス革命』においては、これとは異なって、各人は原素材（土地）に対して「専用権〔Zueinigungsrecht〕」をもつにすぎず、加工された素材についてのみ所有権をもつと述べられていた（FR.120f.：②一六五頁以下）。ヘーゲルは『法哲学』において、フィヒテが、「占有できるのは物件の形態のみで、素材ではない」と主張したことを批判するが（Rph.§52.Zu.）、そのさいに『フランス革命』のこの叙述を念頭においていたのかもしれない。

（24）ヘーゲルは職業身分を「実体的身分」（農業身分）、「商工業身分〔Stand des Gewerbs〕」、「普遍的身分」（役人、軍人等）に区別する（Rph.§203-§205）。そこでは工業身分と商業身分は一括される。

（25）フィヒテによれば、職人は、労働の素材（労働手段）を所有する階層（「製造者〔opifices〕」）と、これを所有しない階層（被雇用労働者〔operaii〕」）とに区別される（NR.233：⑥二七五頁）。ここでは手工業における親方と徒弟との区別が念頭におかれているように思われるが、国家が「被雇用職人」には「労働」を、「製作者」には「商品の販売」を保障するといわれるときには（NR.233：⑥二七五頁）、市場経済が念頭におかれているといえる。ヘーゲルは工業のなかに手工業のほかに機械工業（「より抽象的な大量労働」）を含め、産業革命の方向を視野に収めているが（Rph.§204）、これと比較すると、フィヒテが考慮しているのはマニュファクチュアー以前の段階であるといえる。

（26）加藤泰史は、フィヒテにおいては承認が閉鎖的、排他的傾向をもち、このことが国際関係において明瞭に露呈すると批判する（「カントとフィヒテ——ナショナリズムとコスモポリタニズムにおけるカントとフィヒテ」日本フィヒテ協会編『フィヒテ研究』

第一三号、二〇〇五年）。フィヒテの承認論がそれ自体でそのような傾向をもつかどうかについては慎重な検討が必要であるが、国際関係における承認にはたしかに問題点が含まれる。

(27) カントも『法論』において諸国家はもともと自然状態＝闘争状態にあると見なす（MS.343：『カント全集』⑪一九四頁）。ヘーゲルも『法哲学』において国家相互の関係はもともと自然状態＝闘争状態にあると見なし、国際関係を民族のあいだの承認の闘争として理解する（Rph. § 331）。

(28) 国際国家と国際連盟との関係についてのカントの見解は一定していない。彼は『永遠平和論』（一七九五年）においては一方で、国際国家によって諸民族を一つの国民とすることは矛盾であると批判している（EF.354：『カント全集』⑭二六八頁）。しかし、彼は別の個所では、国際国家あるいは「世界共和国」が「積極的理念」であるのに対して、国際連盟はその「消極的代用物」であると述べている（EF.357：②二七三頁）。彼は『理論と実践』（一七九三年）においても「普遍的な国際国家」（KgS. VIII.313：『カント全集』⑭二二二頁）を目指しながらも、それへの過程として諸国家の「連邦〔Föderation〕」（KgS.VIII.311：二一九頁）を展望する。彼は『道徳形而上学』（一七九七年）においては、「主権的権力」を含まない諸国家の「同盟」（つまり国際連盟）にのみ言及している（MS.344：『カント全集』⑪一九四頁）。

第Ⅳ章

(1) 〈Sitte〉に「人倫」という訳を当てる論者もあるが、カントとフィヒテにおいてはヘーゲルにおけるように〈Sitte〉がつねに、個人道徳から区別された共同体倫理という意味に理解されているのではない。なお、カントとフィヒテにおいては〈Moral〉は「道徳学」という意味に用いられることが多い。

(2) フィヒテは一七九六年夏学期、一七九六～九七年冬学期、一七九七～九八年冬学期、一七九八～九九冬学期（一七九八年三月の『道徳論』の発行のあと）に道徳学（あるいは倫理学）の講義を行なった。邦訳『フィヒテ全集』第五巻に所収の『道徳論講義（道徳についての講義）』は最初の講義の記録と想定される。

(3) ヘーゲルは初期の『フィヒテとシェリングの哲学体系の差異』、『信と知』以来、実践哲学の分野ではとくに『道徳論』を念頭においてフィヒテを批判している。しかし、ヘーゲルが用いる衝動、欲求、選択意思、目的、感情等の概念はフィヒテの『道徳論』における諸概念を捉え直したものであろう（X - 一、参照）。

(4) 本章・注7、参照。

(5) フィヒテは格率と法則との関係をつぎのように独自に理解する。「意志の格率が普遍的立法の原理として妥当するように行為せよ」とカントは求めるが、このことは、格率が普遍的立法の原理として妥当性をもつかどうかを吟味するための「発見的な」役割を果たすにすぎず、普遍的法則の実質を与えるという「構成的な」役割を果たすのではない。フィヒテにおいては格率と法則との関係は逆転される。「なにかが普遍的立法の原理でありうるがゆえに、それが私の意志の格率であるべきであるというのではなく、逆に、なにかが私の意志の格率であるべきであるがゆえに、これは普遍的立法の原理となる」（SL.234：⑨二八三頁）。

（6）フィヒテも言及しているように（SL.173：⑨二一二頁）、カントも『宗教論』において、良心を「自分自身にとって義務であるような意識」と見なしている（Rlg.185：『カント全集』⑩二四九頁）。

（7）ヘーゲルによれば、ロマン派が強調する信念はフィヒテ哲学の影響によって生じた。フィヒテが主張した自我の「絶対的確実性」はF・v・シュレーゲルによって極端化された（Rph. §140. Zusatz）。ここではとくにフィヒテの『道徳論』が念頭におかれているといえる（X‐一・四、参照）。

（8）一七九六年夏学期の『道徳論講義』（邦訳『全集』第五巻に所収）の構成と基本内容は『道徳論』のものとほぼ同一である。

（9）カントによれば、「選択意思〔Willkür〕」が「行為との関係」で見られた「欲求能力」であるのに対して、意志〔Wille〕は、「選択意思を行為へ直接に規定する根拠との関係」で見られた「欲求能力」である（MS.213：『カント全集』⑪二五頁）。

（10）フィヒテがカントの道徳形而上学を「形式的で空虚な」ものと見なしたのは、刊行されたカントの『道徳形而上学』を考慮できなかったためでもあろう。

（11）カントは『道徳形而上学』の「徳論」の役割を、「純粋な義務の原理を経験のさまざまな場面に適用することによって、この原理をいわば図式化して、道徳的‐実践的な使用のために明示する」ことに見出すが、このような「適用の仕方」は体系に「付加されうる」にすぎないと述べる（MS.469：『カント全集』⑪三五九頁）。

（12）ヘーゲルは『信と知』において、道徳的原理と感性界におけるその作用にかんしてカントとフィヒテを批判している。「内容が諸義務や諸権利としての学のために提示されなければならないばあいには、……さまざまな義務や権利の内容は、とくにカントが行なったように、経験的にかき集められるか、あるいは、フィヒテが、いかなる身体ももたない或る理性的存在者から恣意的に出発したように、或る有限な出発点から開始して、つぎつぎにさまざまな有限なものへと演繹されるかである」（GuW.416：一五〇頁）。しかし、フィヒテについてのこの指摘は正確ではない。

（13）ドイツ語の〈Handlung〉は〈Hand〉（手）に由来し、「身体をつうじた作用」という意味をもつ。

（14）クヴァンテはヘーゲルの『法哲学』における行為論は現代の行為論にとって先駆的であることを明らかにしているが（『ヘーゲルの行為概念』、一九九三年、邦訳、リベルタス出版、二〇一一年）、フィヒテの道徳論における行為論はさらにこれに先行する。

（15）衝動にかんして『全知識学』においてはつぎのようにいわれる。衝動は、自我を活動に「駆り立てる」ものであり、自我の「内部に基礎づけられた」もの、「確立された持続的なもの」、「原因性の外的発現へ向かうもの」である（WL.296：④一六頁）。また、衝動はまだ充足されていないかぎり、「欠乏（欲求）〔Bedürfnis〕」となり、その感情は「憧憬」となる（WL.302：④三二五頁）。

(16)『全知識学』においては自我の「衝動のための衝動」、「絶対衝動」に言及されている（WL.327：④三五一頁）。『道徳論』における「純粋衝動」は絶対衝動の形態であるが、感性界において自然衝動との関係におかれる。

(17)「原初衝動〔Utrieb〕」、「根源的衝動〔ursprünglicher Trieb〕」のほかに「根本衝動〔Grundtrieb〕」（SL.143：⑨一七六頁）という用語も用いられるが、これらの区別は明確ではない。『全知識学』おいては、外部の実在性へ向かう衝動は「根源的衝動〔ursprünglicher Trieb〕」といわれた（WL.302：④三二四頁）。『道徳論』における衝動の役割については、清水満「フィヒテ『道徳論』における衝動の概念」（日本フィヒテ協会『フィヒテ研究』第一二号、晃洋書房、二〇〇四年）、玉田龍太朗「『新たな方法における知識学』における衝動の問題」（『フィヒテのイェーナ期哲学の研究』晃洋書房、二〇一四年）、参照。

(18)『道徳論』においては、「目的〔Zweck〕」を「構想する（抱く）〔entwerfen〕」という表現が多用される。なお、〈Zweckbegriff〉の〈Begriff〉それ自身が「本質を把握したもの」としての「概念」という意味だけでなく、「構想されたもの〔Entwurf〕」という意味をもつ。

(19) この見解はラインホルトの見解を踏まえたものである（SL.159：⑨一九六頁）。「両者の行為〔道徳的行為と非道徳的行為〕の規定根拠は人格の選択意思のなかに……、したがって意志の自由のなかにある」（『カント哲学についての書簡』第二巻、一七九一年）。

(20) この点の説明について『自然法』と『道徳論』とのあいだには多少の相違がある。『自然法』においては、まず他我が自我の活動を促すために、その自由を制限すること、つぎに、他我が自我に対してこのように行為するのは、自我も他我に対して同様に行為するばあいであることが明らかにされた（NR.43：⑥六五九頁）。これに対して、『道徳論』においては、自由の相互制限は自我の側から始まると見なされる。

(21)『道徳論』においては、他我の承認が他我の活動の産物としての「人工物〔Kunstprodukt〕」を媒介するといわれる（SL.223：⑨二七一頁）。人工物は他我の目的の実現である。『哲学における精神と字句の相違について』においては相互承認が「仕事〔Werk〕」を媒介にするといわれていた（第V章・注5、参照）。

(22) フィヒテによれば、各人が道徳法則（理性一般）の手段や道具にすぎないことは、自分の人格における「人間性の尊厳」を否認するものではない。各人は等しく道徳法則の手段であるから、各人は他人によってその任意の目的のための手段として扱われてはならない。このかぎりで、各人は他人にとって目的である（SL.256：⑨三〇八頁）。

(23) フィヒテは初期からカントの道徳的共同体の思想に注目し

ていた。彼は『あらゆる啓示の批判』（一七九二年）の執筆のさいにカントの『純粋理性批判』における「各人の自由が他人と共存しうるための法則に従った最大の人間の自由の体制」(KrV. B372)の構想に啓発されたと述べている(「カント宛書簡(一七九三年四月二日)」GA.III-1.372)。この構想はプラトンの国家論を念頭においたものであるが、『道徳形而上学の基礎づけ』において「目的の国」としてより具体的に説明される。フィヒテは「倫理的共同体〔ein ethisches Gemeinwesen〕」の具現を「教会」に求める。このことはカントの『宗教論』の見解を念頭においたものと思われる（Rlg.96f.:『カント全集』⑩一二八頁以下）。フィヒテによれば、倫理的共同体としての教会は、特定の信仰をもつ限られた者によってではなく、すべての人間によって構成される。教会の特徴は、それが「象徴」のもとに人びとの結合をもたらすことにある。倫理的共同体は、万人が一致できるものから出発しなければならず、象徴という感性的形態をとって示される必要がある（SL.242:⑨二九二頁）。象徴は、諸個人の共同の信念を形成するための「手段」である。

(24) 一九八〇年代にアーペルとハバーマスは討議倫理学を提唱した。アーペルは討議のモデルをパースの「科学者共同体」に求める。ハバーマスはこれを言語コミュニケーションの場として捉え返し、道徳の領域に適用した（『道徳意識とコミュニケーション行為』、邦訳、岩波書店、一九九一年）。討議において他者を対等な相手として承認すること、討議をつうじて主張の妥当性を吟味しあうことをハバーマスは主張する。フィヒテの見解はこの構想に先行する。

(25) カントは、人間の自分に対する義務が他人に対する義務に優先することの根拠としてつぎの点を挙げる。「私は私自身を義務づけるかぎりでのみ、私が他人に義務を負っていると認めることができる」（MS.417:『カント全集』⑪二八六頁）。この主張に対する批判としては、拙論「「自然に関する義務」と「自然に対する義務」」（日本カント協会編『日本カント研究』第六号、理想社、二〇〇五年）参照。

(26) カントは人間の自分に対する義務と他人に対する義務のそれぞれを完全義務と不完全義務とに区別するが、フィヒテにおいては完全義務と不完全義務との区別はない。

(27) フィヒテはつぎの理由で自殺を禁止している。彼によれば、人間は生きることによって、道徳法則の道具となるが、自殺はこのことを否定するものである（SL.263f.:⑨三一六頁以下）。

(28) カントも、他人の幸福の促進が実践的愛を意味すると見なす（MS.450:『カント全集』⑪三二三頁）。

(29) フィヒテは窮余の嘘を批判する。善い目的のための手段として、それ自体では悪である嘘も許容されるとしばしばいわれるが、フィヒテによれば、なにが善い目的であり、その手段として嘘を正当化するかの判断は恣意的に行なわれる（SL.287:⑨三四四頁）。カントは『道徳形而上学』においては、誠実（嘘の禁止）を自分に対する義務と見なす（MS.429:『カント全集』⑪三〇二頁以下）。彼は『人間愛からの嘘』において、嘘の禁止は例外を容認しないという立場から窮余の嘘を批判する（KgS.

VIII.426：同⑬二五五頁以下）。なお、この論文において挙げられたつぎの事例にフィヒテは批判的に言及している。友人を殺害しようとする追手に、友人の居場所を威嚇的に尋ねられるばあいにも、この追手に嘘を伝えてはならないとカントは主張する。しかし、フィヒテによれば、このばあいに、追手に真理を告げるか、嘘を告げるかという二者択一を持ち出すことは単純化である。自分の生命を危険にさらしながらも、追手の脅迫的質問に回答しないことなども可能である（SL.289：⑨三四五頁以下）。

（30）ヘーゲルも『法哲学』においてつぎのように述べている。個人の自己労働に基づく生計の維持は国家の福祉政策によって保障されなければならないが、これが不十分であるかぎりは、慈善のような道徳的援助が必要になる（Rph.§207. §242）。

（31）フィヒテは芸術の意味についても述べている。芸術は、悟性と心胸の合一による「全体的人間」の形を目指す。また、それは「超越論的な観点」を「通常の観点」へ結合する（SL.533：⑨四二〇頁）。道徳も超越論的な観点に基づくが、そこでは道徳法則は「概念に従った」自立を求める。これに対して、芸術的感覚は「概念なしに」自ら現れる（SL.534：⑨四二一頁）。ここでは判断力や構想力に言及されていないが、カントの美学が念頭におかれているといえる。

（32）フィヒテによれば、愛は自然衝動と理性との結合であり、道徳的性格をもつが、道徳的義務とはならない（SL.329：⑨三九三頁／Vgl. SL.334：⑨三九八頁）。義務が生じるのは、自然衝動と理性とが対立する可能性があるばあいである。

（33）この点についてフィヒテはつぎのようにいう。『知識学』の「不十分な点」は「原理」ではなく、「導出」にある（「J・E・C・シュミット宛書簡（一七九九年三月一七日）」（GA.III-3.213））。『知識学』は、「それが書かれた時代の痕跡、および当時見られた哲学思考の様式の痕跡をあまりに多く残している」。『知識学』は「超越論的哲学の叙述であるために必要なものよりも不明確になっている。しかし、この点ではるかに推奨に値するのは『自然法』と『道徳論』（とくに『道徳論』）の最初の部分……である」（「J・ヨハンゼン宛書簡（一八〇一年一月三一日）」（GA.III-5.9：④五〇四頁））。また、一八〇一年一月の『知識学の六年この方』においてはつぎのようにいわれる。『自然法』と『道徳論』においては、「哲学一般について自分の思想を明瞭に説明するという点で成功したと思っている」（GA.I-7.153l：⑫三頁）。

（34）『新方法による知識学』の講義は一七九六～九七年冬学期、一七九七～九八年冬学期、一七九八～九九年冬学期に行なわれた。ヤコブ版、アカデミー版（邦訳『全集』第七巻も同様）が依拠するハレ手稿は前者二つの講義のいずれかにかんするものであると推定される。

（35）この点では、Ⅱ章・注17のラウトの論文が先駆的である。

（36）『新方法による知識学』における促し論については、池田全之『自由の根源的地平』（日本図書、二〇〇二年）、三三頁以下、参照。

第Ⅴ章

(1) 隈元忠敬は知識学の発展過程を詳細に研究し、中期と後期とをつぎのように区別する。フィヒテは初期には自我からは存在（絶対者）へ向かったが（「上りの道」）、一八〇〇年の『知識学』において存在に到達し、一八〇四年の『知識学』においては絶対者の内部構造を解明し、自我を絶対者の現象として把握する方向（「下りの道」）を切り開いた。一八〇六年の『幸いな生への教示』は絶対者の現象（「下りの道」）を叙述している点で、知識学を具体化している。一八〇六年以後の知識学のバージョンは「下りの道」を叙述する（隈元忠敬『フィヒテ知識学の研究』協同出版、一九七〇年、五二頁、二四四頁、三五一頁以下）。隈元のこのような説明では中期と後期との区別は一八〇四〜〇六年におかれる。ただし、氏は一八一〇年以後を後期に分類してもいる。その理由は、存在（絶対者）の自我への現象についての考察の詳細な展開が行なわれるのは一八一〇年以降であるという点に求められる（同「フィヒテ晩年の哲学」日本フィヒテ協会編『フィヒテ研究』第一七号、晃洋書房、二〇〇九年、二〇頁以下、同「知識学の変遷」長澤邦彦・入江幸男編著『フィヒテ知識学の全容』晃洋書房、二〇一四年、二〇頁以下）。

(2) 福吉勝男は初期の知識学に対するフランス革命の影響を強調し、中期と後期との区別にかんしてはナポレオンのベルリン占領のインパクトを重視する。氏は知識学にかんしては隈元説を踏まえながら、一八〇四年に中期から後期への転換点を見出すが、フィヒテ哲学全体にかんしては一八〇七年に転換点を見出す（福吉勝男『自由の要求と実践哲学』世界書院、一九八八年、一七頁、二二頁、一二九頁）。

(3) 福吉勝男は、知識学と実践哲学を結合するものとして「全人的改造」の問題を重視するが、この問題に本格的に取り組まれるのは一八一三年（『知識学入門』）になってであるとも述べている（前掲書、一二九頁）。

(4) 邦訳『フィヒテ全集』第一一巻ではSWの頁の表記が欠けている。

(5) 具体的には自我と他我とのあいだで「仕事（作品）〔Werk〕」にかんする相互承認が行なわれるといわれる（BM.301：⑪五四三頁）。イエナ期の『道徳論』においても、自我と他我のあいだで「人工物〔Kunstprodukt〕」をつうじて相互承認が行なわれるといわれた（第Ⅳ章・注21、参照）。諸自我のあいだの相互認識については、美濃部仁「『人間の使命』におけるフィヒテの生命論」（日本フィヒテ協会編『フィヒテ研究』第一一号、晃洋書房、二〇〇三年）、四九頁以下、参照。

(6) 『人間の使命』はヤコービを念頭においている。フィヒテの観念論はスピノザの決定論に論駁できないとヤコービが批判したが（一七九九年の「フィヒテ宛書簡」）、これに対して反論することがこの著作の執筆動機の一つであった。美濃部仁「フィヒテとヤコービにおける知の否定性」（日本フィヒテ協会編『フィヒテ研究』第二一号、晃洋書房、二〇一三年）、一〇〇頁以下、参照。

(7) 『人間の使命』の叙述は錯綜している。その第一巻「懐疑」では実践的自我の自由が主張されながら、決定論との二律背反に直面し、懐疑と動揺に陥るとされる。ここでは実践哲学と自然哲学との関係が問題となる。第二巻「知（知識）」では理論的立場から外界が思考作用の産物として説明されながら（BM.239：④四七四頁）知の立場は空虚にすぎないことが暴露される（BM.246f.：④四八三頁）。ここでは理論的自我について考察されるが、実践的自我との総合は欠けている。第三巻「信（信仰）」では、知と意志を支えるのは無限な意志（神）であることが明らかにされ、この意志に対する人間の関係が信仰であると見なされ、この関係に基づいて精神界、道徳共同体も説明される。

（8）邦訳の頁は『フィヒテ＝シェリング往復書簡』（法政大学出版局、一九九〇年）に基づく（以下『往復書簡』と略記）。

（9）この書簡においては普遍的（絶対的）意識、精神界、個人、神の関係についての新しい理解が示唆されている。普遍的意識（A）は知識学の考察の対象とされてきたものであり、Aにおいては規定されたものとしての個人（C）と、「規定可能なもの」としての精神界（B）とが相互作用する。BはCの「実在根拠」であるが、BはCをつうじて認識され、この限りでCはBの「認識根拠」である。しかし、さらに精神界の根底には神（X）がある。CがAのなかに「取り入れられ」れば、Bが成立する。「個々人の分裂したあり方」の「実在根拠」は、「把握されないまま」与えられる。それは「万人の理念的な紐帯としての神」であり、これが本来の意味での英知界に属す（GA.III-5.46ff.：『往復書簡』一四八頁以下）。この点については、中川明才の考察を参照（『フィヒテの知識学の根本構造』晃洋書房、二〇〇四年、第四章）。しかし、この書簡では、XがBにいかに現象し、さらに、BがCにいかに現象するかはまだ明らかにされていない。

（10）シェリングはフィヒテのつぎのような見解を疑問視する。「光はもろもろの理性的存在者が相互に語り合いながら、相互に顔を見るためにのみ存在し、空気はもろもろの理性的存在者が相互に耳を傾け合いながら、語り合うことができるために存在する」（GA.III-5.86：『往復書簡』一六六頁）。このような批判は『自然法』における見解（NR.76f.：⑥一〇〇頁）を念頭においたものであろう。

（11）中期の『神論・道徳論・法論の諸原理』（一八〇五年）においては、「唯一の自我〔Ein Ich, der Eine Ich〕」が諸自我に分裂し、「数の上で自分を反復する」といわれる（GA.II-7.481：㉑一七一頁以下）。また、諸自我は「閉ざされた体系」において唯一の自我へ統一されるといわれる（GA.II-7.483：㉑一七三頁）。

（12）『神論・道徳論・法論の諸原理』においては、神論は知識学の応用であるが、道徳論と法論は神論から導出されるといわれ（GA.II-7.380：㉑二一頁以下）、宗教が道徳より優位される。

（13）邦訳『フィヒテ全集』第一五巻ではSWの頁の表記が欠けている。

（14）SW版の編者（I・H・フィヒテ）はこの講義の原稿をイエナ期の著作と同様に『道徳論の体系』と名づけたが、アカデミー版『全集』では講義の名前のとおり『道徳論』とされている。SW版には編者による補足が多く含まれる。

(15) 自我を概念の現象ではなく、後者から独立したものと見なすならば、このことは「現象論〔Erscheinungslehre〕」の立場ではなく、「仮象論〔Scheinslehre〕」の立場に基づく（SSL.44：㉑二四〇頁）。

(16) 同時期の一八一二年の『知識学』においては選択の自由についてつぎのようにいわれる。それは、法則（内的必然性）なしに端的に自由であることと、法則に従うことによる自由であることとの選択に基づくが、それは「見照〔Sehen〕」の様式の相異から生じるにすぎない（SW.II.414：⑲三四一頁）。フィヒテによれば、真の意志の真の自由は、「自由の法則」に従うことにある（SW.II.432：⑲三六二頁）。このような見解はカントにおける自己立法＝自律の捉え返しであるといえる。このようにして、「見照」は「実践的で道徳的」となり、このことが「知識学の観念論の頂点」をなすといわれる（SW.II.470：⑲四〇九頁）。

(17) 続けてつぎのようにいわれる。「概念の実践的明瞭性と概念の意欲とはまさに同刻（同時）〔Ein Schlag〕でなければならない。両者のあいだに時間があれば、自我は道徳的ではない」（SSL.50：㉑二四八頁）。フィヒテは、つねに義務を意欲する意志を「唯一の意志」、「絶対的意志」として先取りする。この意志は義務の内容をではなく、義務の形式（義務そのもの）を目指すとされる（SSL.53f.：㉑二五一頁以下）。この点については、船場保之「後期フィヒテ『道徳論の体系』における明瞭な意識と行為の関係について」（日本フィヒテ協会編『フィヒテ研究』第二二号、晃洋書房、二〇一四年）、八七頁、参照。

(18) この点についてフィヒテはしばしばイエナ期の『道徳論』を参照するよう求めている。ＳＷ版の編者は後期の『道徳論』をイエナ期の『道徳論』の叙述によって補完している。

(19) フィヒテは晩年の一八〇一～一四年までに『意識の事実』の講義を繰り返している。

(20) この点について詳細には、邦訳『全集』第一九巻における藤沢賢一郎の注釈（四七九、四八一頁）を参照。

(21) フィヒテの自我論を「自己中心主義〔Egoismus〕」と見なすことはすでに『知識学第二序論』においても批判されていた（ZEWL.517：⑦四七〇頁）。他我認識をめぐる唯物論と観念論的個人主義の限界に対するフィヒテの批判については、入江幸男「『意識の事実』（1810）における諸自我と普遍的思考」（日本フィヒテ協会編『フィヒテ研究』第一六号、晃洋書房、二〇〇八年）、一一頁以下、参照。

(22) 一八一〇年の『知識学の概要』においても、「唯一の自我」は「諸自我の世界へ分裂」し、これらの諸自我は「自分のなかに閉じられ、切り離されたもの」、すなわち「個体」となり、個体のあいだで相互承認が行なわれるといわれる（SW.II.703f.：⑲二二頁以下）。また、『一八一二年の知識学』においても、「唯一の自我」は諸自我に分裂し（SW.X.484：⑲四二六頁）、「諸自我の多様性」となった唯一の自我は「諸自我の共同体〔Gemeine〕」において統一性を回復するといわれる（SW.X.490：⑲四三三頁／SW.X.381：⑲二九七頁）。さらに、『一八一三年の意識の事実』においても、「唯一の自我」が諸個人に分裂し、再び唯一の自我に復帰するといわれる（SW.IX.516ff.：⑳一三五頁／SW.IX.558：⑳一八五頁以下）。入江幸男「『意識の事実』（一八一三年）と知識学の関係」（日本フィヒテ協会編『フィヒテ研究』第二一号、晃洋書房、二〇一三年、四七頁以下、参照。『一八一一年の知識学』においては、「諸自我の世界」に言及され、個々の自我は他の諸自我の系列のなかで自分を「見照する」といわれる（GA.II-12.268：㉓二二八頁）。松岡健一郎「1811年の知識学における自我の総合」（日本フィヒテ協会編『フィヒテ研究』第一八号、晃洋書房、二〇一〇年、八〇頁以下、参照。

（23）『意識の事実』においてはつぎのようにいわれる。諸自我のあいだのこのような相互伝達において重要なのは視覚および聴覚とそのための物質的媒体（光と空気）である（SW.II.638：⑲一四五頁）。イエナ期の『自然法』においても高次の精神的器官として視覚および聴覚が挙げられ、光と空気がそのための物質的媒体と見なされた（NR.76：⑥一〇〇頁）。

（24）『意識の事実』においては自然についてつぎのようにいわれる。第一の自然としての「普遍的で唯一の永遠の自然」が第二の自然としての「普遍的な感性界」を産み出すが、第一の自然それ自身「生」であり、「高度の超感性的自然」であり、「唯一の生」と等しい（SW.II.675f.：⑲一八八頁以下）。第一の自然のこのような理解は『人間の使命』における「根源的自然力」の観念に近いといえる（V‐一・三）。

（25）『一八一三年の意識の事実』においては、「唯一の自我」の表現としての「諸自我の共同体」、「道徳的共同体」は「神の像」であろうとするといわれる（SW.IX.561：⑳一八八頁）。

第Ⅵ章

（1）この言葉は、「確かに口頭で伝えられたもの」に基づくとされるが（GHS.SW.III.S.XXXVIII）、フィヒテの後期に属するものと思われる。

（2）この草稿においては、交易がもたらす「盲目的な自然力」を制御し、「物理的・自然的必然性」を「道徳的・精神的必然性」に転化するという構想が示される（GW.II-5.5-9）。アカデミー版編者はこの草稿を『閉鎖商業国家』執筆の直前の一八〇〇年夏のものと推定している。

（3）〈Politik〉は「実践そのもの」（GHS.391：⑯一〇頁）ではなく、「現実の国家についての統治の学」（GHS.398：⑯一八頁）とされ、それを与えるのは「実践的［実際的］政治家」ではなく、「思弁的［理論的］哲学者」であるとされる（GHS.389：⑯九頁）。したがって、〈Politik〉は理論的なものであり、「政治学」よりもむしろ「政策論」を意味する。カントも『永遠平和論』において〈Politik〉を実際的な政策という意味に用いている（EF.372ff.：『カント全集』⑭二九四頁以下）。

（4）ヘーゲルのポリツァイ論はフィヒテの『自然法』のほかに『閉鎖商業国家』を念頭においていた可能性が高い

（5）『自然法』のばあいとは異なって、『閉鎖商業国家』においては鉱業に言及されていないが、公務員に言及されている。公務員（役人、教師、軍人）も職業身分の一つであるが、経済活動に参与せず、経済を担う人間は課せられる税金によってその生活が支えられるといわれる（GHS.425：⑯五一頁）。ヘーゲルは職業身分を「実体的職業身分」（農民）、「商工業職業身分」、「普遍的職業身分」（役人、軍人）に大別する（Rph. § 202）。

（6）高島善哉によれば、フィヒテは「質的現物経済的な規定」を基本とし、「量的交換経済的規定」を無視しているが、このことは、パンを価値の尺度とし、使用価値（交換価値ではなく）を基本とする点に典型的に示される（『高島善哉著作集』第二巻、こぶし書房、一九九八年、三五八頁。初出、「フィヒテ『閉鎖商業国家』の一研究」、一九三九年）。しかし、フィヒテの説明においてパンの価値が単純に使用価値と見なされているのではない。

（7）『閉鎖商業国家』のPhB版の編者のヒルシュは、フィヒテのこの見解はのちの限界効用説の先駆であると述べている（J. G. Fichte. *Der geschloßne Handelstaat.* Phb.316. S.39*）。

（8）佐藤一弥は『閉鎖商業国家』における価値論について詳細に考察し、つぎのようにいう。フィヒテにおいては物財の価値の尺度が穀類という現物に求められ、質的性格を与えられながら、穀類の内在的価値の尺度は土地と労働の費消量に求められて、価値は「生活価値」を中心に、質的側面と量的側面とから交互規定的に説明されるが、「物財の交換現象」は無視される（「フィヒテの経済哲学（上）」新潟大学『法経論集』第七巻、第三号、一九五八年、四八頁、五八頁）。

（9）フィヒテによれば、アッシニア貨幣などの試みが失敗したのは、紙幣そのもののせいではなく、それが正貨としての金銀と併存し、「第二通貨」の地位におかれたせいである。これに対して、フィヒテが構想する紙幣は兌換的ではないので、このような失敗に陥らないとされる（GHS.491f.：⑯一三五頁）。

（10）たとえば、まず「フランスに旧様式の君主制が成立し」、「このように近代諸国家が形成された」といわれる（GHS.451：⑯八四頁）。

（11）重商主義は三つの段階を経る。第一段階では金銀の蓄積を目指し、第二段階では貿易差額の増大を目指し、第三段階では国内産業の保護による経済力の強化を目指した。

（12）一七世紀にオーストリアから始まり、一八世紀にはオーストリアとプロイセンのいくつかの大学で官房学の講座が開設され、それがドイツ各地に拡大した。プロイセンにおいてはハレ大学とフランクフルト・アン・オーデル大学が官房学の講座を開設した（一七二七年）。

（13）『閉鎖商業国家』に対するシュトルエンゼーの反応は儀礼的なものにとどまり、フィヒテの提言を生かそうという姿勢は見られない。

（14）肥前栄一『ドイツ経済政策史序説』（未來社、一九七三年）、七二頁。

（15）ヘーゲルは、貿易の拡大や植民政策は市場経済の必然的傾向であることを指摘し、経済活動を「自然的境界」に閉じ込めることを批判する（Rph. § 246-§ 248）。その結果として国際的緊張が高まるが（Rph. § 246-§ 248）、それを抑止する方策をヘーゲルは提案できずにいる（Rph. § 333）。

(16) フィヒテはのちの『ドイツ人の共和国』(一八〇七年)においてポーランドなどにかんしてこのように理解されうる主張を行なっている(GA.II-10.389f.)。第Ⅶ章・注35、参照。

(17) 第Ⅶ章・注41、参照。

(18) フィヒテは『自然法』においては、職人のなかに生産手段の所有者と被雇用者とが含まれるといちおう見なしていたが(NR.232:⑥二七四頁)。それは直ちに近代的性格のものではない。ヘーゲルは商工業身分のなかに手工業者と工業家(機械工場の経営者)を含め(Rph. § 204)、工場における賃労働者の窮乏を指摘しており(Rph. § 198, § 243)、フィヒテと比較すれば、近代的立場に立つが、近代資本主義における労使対立には言及していない。

(19) 岡崎勝世は、『閉鎖商業国家』がプロイセンの絶対主義と結合しているという評価をも、それがドイツ・ブルジョアジーの立場を代弁するという評価をも批判し、それは、上からの改革を期待するドイツ・小ブルジョアジーの立場を代弁すると見なす(「フィヒテの国家理念の歴史的位置」『埼玉大学紀要』第一四号、一九七八年)。ブーアは『フランス革命』の見解についてつぎのようにいう。フィヒテの見解は社会主義的ではないが、ジャコバンの「革命的な民主主義的独裁」に替えて、生活(生存)権の実現のための「小ブルジョア的独裁」の確立を目指した(『革命と哲学』、一九六五年、邦訳、一〇三頁)。ブーアのこの解釈は『閉鎖商業国家』により当てはまるといわなければならない。なお、ブーア自身は、『フランス革命』における「極端な自由主義的見解」が『閉鎖商業国家』における「極端な民族主義的見解」へ「転化」すると見なす(前掲書、九〇頁以下)。

(20) ここでの「法的社会主義」という用語は、鎮西恒也がいう「法曹社会主義」とは異なる(鎮西恒也「フィヒテの国家論――中期思想を中心に」東洋大学アジアアフリカ研究所『研究年報』第一五号、一九八〇年、二一四頁以下)。後者は、マルクスがメンガーを批判して使用した用語である。メンガーは正義、法(権利)の理念に従って労働者の生存権を保障する社会主義を構想し、とくに全労働者の収益権を重視した。

(21) ルソーの経済思想は重農主義に対する批判を含み、この点でフィヒテの経済論との関係を考慮する必要があるかもしれない。ルソーはフランス啓蒙主義の集大成の書『百科全書』の「経済学論」の項目を執筆し、そのなかで農業を重視しているが、つぎの点でケネーの重農主義とは異なる見解を示している。ケネーは大土地所有者を基礎としながら、その資本主義的再編を目指すのに対して、ルソーは大土地所有を批判し、小所有者＝農民を擁護する。河野健二「経済思想」(桑原武夫編『フランス革命研究』第四章、岩波書店、一九五九年)、一九四頁以下、二一九頁以下。ルソーは農民の平等な自給経済を目指し、この点でフィヒテの見解とのあいだに共通性がある。

(22) マリアンヌ・ウェーバーはバブーフら共産主義の『閉鎖商業国家』への影響を指摘する(『フィヒテの社会主義とマルクス理論との関係』一九〇〇年)。

(23) 木村周市郎「バーダーの近代社会批判」(伊坂青司・原田哲

史『ドイツ・ロマン主義研究』御茶の水書房、二〇〇七年）。

（24）ミューラーは一八〇一年に二つの論文においてフィヒテの『閉鎖商業国家』を、近代資本主義について無知であるとして、批判した。

（25）原田哲史『アダム・ミューラー研究』（ミネルヴァ書房、二〇〇二年）、三一三頁以下。

（26）南原繁『フィヒテの政治哲学』、一九六頁以下、二三三頁以下（初出は「フィヒテにおける社会主義の理論」一九三〇、三一年）。南原繁のフィヒテ理解については、下畠知志『南原繁 共同体論』（論創社、二〇一三年）、栩木憲一郎「南原繁のフィヒテ批判」（日本フィヒテ協会編『フィヒテ研究』第二一号、晃洋書房、二〇一三年）、参照。

（27）フィヒテにおいて自我はもともと相互人格的であることにリッカートとウェーバーは目を向けないが、この弱点は当時のフィヒテ研究の限界のせいでもある。この点では、南原が一九三〇〜三一年にフィヒテの自我の相互人格性を指摘しているのは卓見である（前掲書、一九頁、初出「フィヒテ政治理論の哲学的基礎」一九三〇、三一年）。

第Ⅶ章

（1）『ドイツ民族へ』のための準備として『ドイツ人の共和国』（GA.II-10.376-426（部分的にはSW.VI.530-545）：邦訳『全集』⑰）、「ペスタロッチ『ゲルトルート』の読解」（GA.II-10.431-457）、『マキアヴェッリ論』（SW.XI.401-453：邦訳『全集』⑰）、『愛国主義とその反対』（SW.XI.221-274：邦訳『全集』⑰）が残されている。

（2）ナポレオン軍を批判した書店主のパルムが銃殺された事件を想起したとフィヒテは語っている（「バイメ宛書簡（一八〇八年一月二日）」GA.III-6.213：⑰五五七頁）。フィヒテは、説教者として戦地の兵士を激励しようと申し出たが（『現下の戦争における雄弁の適用』GA.II-10.507：⑰三三一頁）、この申し出は却下された。彼は一八〇六年の対ナポレオン戦争に向けての講話（『ドイツ戦士への呼びかけ〔Reden an die deutschen Krieger〕』）において「ドイツ人への呼びかけ〔Reden an die Deurschen〕」に言及している（GA.II-10.81：『ドイツ学徒市民、ドイツ戦士に告ぐ』⑰三三七頁）。

（3）邦訳『フィヒテ全集』第一七巻の『ドイツ国民に告ぐ』においてはSW版、GA版の頁が記載されていない。

（4）ケンブリッジ版の英語訳（Gregory Moore の訳）では«Addresses to German Nation»という書名が与えられている。«Reden an die deutsche Nation»の最初の本格的な邦訳は一九一七年に文部省普通学校学務局（実際は大津康）によって行なわれ、そのあと大津訳として刊行された。そこで与えられた『ドイツ国民に告ぐ』という書名訳はそれ以降も継承され、最新の早瀬明訳（邦訳『フィヒテ全集』第一七巻）においても同様である。大津訳は「国民」にかんしても「告ぐ」にかんしても、天皇制国家への臣民の統合を目指す当時の事情を反映しているであろう。「告ぐ」という表現はお上（君主）の下じも（臣民）に対する高圧的態度を想起させるので、適切と思われない。

邦訳の歴史については、杉田孝夫「『ドイツ国民に告ぐ』はどのように読まれ、どのように読まれなかったのか」（日本フィヒテ協会編『フィヒテ研究』第一七号、晃洋書房、二〇〇九年）、早瀬明『ドイツ国民に告ぐ』「解説」（邦訳『全集』第一七巻、三〇五頁以下）、参照。

（5）マイネッケは、〈Nation〉が文化的意味と政治的意味とをもつことを念頭におき、〈Kulturnation〉と〈Staatsnation〉とを区別するが、前者は「民族」に、後者は国民（国家の成員）に対応する。彼によれば、近代においては、〈Staatsnation〉によって支えられた〈Naionalstaat〉が目指され、フィヒテも同様である（F. Meinecke, *Weltbürgertum und Nationalstaat*, 1908＝『世界市民主義と国民国家』I、岩波書店、一九六八年、五、一〇、二一、一一九頁）。A・D・スミスは〈Nation〉を「エトネ〔ethne〕」から区別する。彼によれば、「エトネ」はエスニックな共同体であり、集団の名前、共通の血縁的神話、歴史の共有文化、連帯感などを基本要素とするのに対して、「ネーション」は政治的かつ文化的な共同体であり、固有の境界領域、法制度、市民権、共通の文化をもつ（Anthony D. Smith, *The Ethnic Origin of Nation*, 1986:『国民とエスニシティ』名古屋大学出版会、一九九九年）。ダンは〈Nation〉と〈Volk〉とを区別し、前者が、共有の歴史的由来に基づく「政治的な利益共同体」であるのに対して、後者は、「文化や言語、宗教、歴史などの特徴」を共有する「エスニックな集団」であると見なす（O. Dann, *Nation und Nationalismus in Deutschland*, 3rd. Ed. 1996:『ドイツ国民とナショナリズム』名古屋大学出版会、一九九九年）。

（6）〈Nation〉は〈citizen〉、〈Bürger〉とは異なり、集合名詞である。国家の個々の成員は「国民〔nation〕」ではなく、「市民、公民〔citizen〕」と呼ばれる（たとえばアメリカ合衆国市民、中国公民）。ドイツではたんなる「市民〔Bürger〕」から「公民」が区別され、〈Staatsbürger〉という用語が用いられる（フランスでは〈bourgeois〉から〈citoyen〉が区別される）。日本では戦前から今日まで曖昧な「国民」概念が愛好されてきたが、このことは、市民とその観念の未成熟を背景にしているように思われる。

（7）〈Volk〉というドイツ語の原意は「人間の群」、「兵士の集団」であり、それは広くは「民」を意味する（英語の〈folk〉は〈Volk〉と同一の語源をもつ）。〈Volk〉に対応するラテン系言語は〈populus〉（ラテン語）、〈peuple〉（フランス語）、〈people〉（英語）である。なお、〈nation〉はラテン語の〈nasci〉（生まれる）に由来し、生まれ育った土地、郷土を意味する。したがって、もともとは〈Volk〉よりもむしろ〈Nation〉の方がエスニックな意味合いを強くもっていた。フィヒテもこのようなニュアンスの相違を踏まえていると思われる。

（8）『ドイツ民族へ』においてとくに〈Nation〉と〈Volk〉とが組み合わせられるばあいに、両者の意味の相違が問題となる。その厄介な事例を挙げておこう。「ドイツの民族〔Nation〕においては人間性のすべてのさらなる発展が民衆（人民）〔Volk〕から出発した」（RdN.278：⑰二六頁）。「生きた言語をもつ民族

〔Nation〕」においては「偉大な人民（民衆）〔Volk〕」が「陶冶可能である」（RdN.327：⑰八〇頁）。

（9）杉田孝夫によれば、『ドイツ民族へ』における〈Deutsche Nation〉は、「ドイツ語とドイツ文化及びその歴史を前提とする言語的文化的共同体を構成する」（「フィヒテの Patriotismus 論」日本フィヒテ協会編『フィヒテ研究』第八号、晃洋書房、二〇〇〇年、一二六頁）。

（10）この点については、杉田孝夫「『ドイツ国民に告ぐ』はどのように読まれ、どのように読まれなかったのか」（日本フィヒテ協会編『フィヒテ研究』第一七号、晃洋書房、二〇〇九年、六五～六六頁）を参照。ツェーラーは、ドイツにおいて『ドイツ民族へ』にかんする最近の論文は多くないと指摘している（「政治的解釈学――『ドイツ国民に告ぐ』における歴史の哲学的解釈」、同誌、四一頁）。

（11）九六二年に設立された神聖ローマ帝国は一一世紀中ごろには強勢を誇ったが、その後はその政治的統一は形骸化された。一三世紀以降は封建制の確立とともに、小国分裂（領邦制）が出現した。一三世紀中ごろの大空位時代、跳躍選挙の時代を経て、神聖ローマ帝国は事実上解体へ向かい、三〇年戦争（一六一八～四八年）の後に諸領邦の分立は決定的となった。一八世紀を経て、一八〇六年にはナポレオンの支配によって神聖ローマ帝国は解消された。

（12）この状態はとくに三〇年戦争（一六一八～四八年）を指すと思われる。

（13）すでにフリードリッヒ大王の治世下（一七四〇～八六年）でフランスの模倣が登場したが、三〇年戦争（一六一八～四八年）のあとこのような風潮が拡大した。フランス語が公用語となり、〈フランス流〉がドイツの風俗、生活様式、思考様式に強い影響を与えるようになった。フランス・スタイルの模倣に対してはレッシング（『ハンブルク演劇論』、一七六七年）、ヘルダー（『人間形成のための歴史哲学的異論』、一七七四年）が批判を加えた。

（14）大陸封鎖に対してイギリスでは海上封鎖によってこれに対抗した。この結果、フランス等の大陸諸国の植民地貿易は重大な打撃を受けた。プロイセンにかんしてはバルト海沿岸地域においてイギリスへの穀類の輸出が停止され、経済が破壊された。

（15）フィヒテは、マキアヴェッリの時代にはローマ教皇の支配のもとでも、執筆の自由と出版の自由が認められていたことを指摘している（Mc.413：⑰七四二頁）。

（16）古フランス人のガリア人はケルト民族に属すが、ローマの影響を受け、俗ラテン語としてのロマンス語の一種（ガロ・ロマンス語）を用いていた。しかし、五世紀後半にゲルマン人の侵入を受け、とくに発音の面でゲルマン語の影響を受けるようになった。ゲルマン人は征服地で現地の言語（文化）との融和策をとり、自民族の言語の強制を避けた。フランス人においてはゲルマン言語がラテン化したのではなく、逆にラテン語が部分的にゲルマン化されたというべきであろう。

（17）中世ヨーロッパは「ゲルマンの森」から誕生したという見解はすでに『フランス革命』にも見られる（FR.196：②二四六頁）。

(18)〈deutsch〉という言葉は「その本来の意味では」「端的に」民族を示しているといわれる（RdN.359：⑰一一七頁）。このことは〈deutsch〉が「民族の（民衆の）」という語源をもつことが念頭におかれていると思われる。

(19) フィヒテは、スカンディナヴィア人もゲルマン民族の特徴を保持しているので、ドイツ人であるとさえいう（RdN.311：⑰六三頁）。なお、オランダ人はゲルマン系であり、また、ドイツ北部の沿岸地域に住んでいたアングロ人とサクソン人もゲルマン系であり、ブリテン島に渡った。このことを念頭におけば、伝統を失ったゲルマン系民族として残るのはフランス人（ばあいによってはイングランド人も含む）であろうが、正確にはフランス人はゲルマン系ではない。

(20) ドイツ人の文化的、言語的統一が政治的統一の前提をなすという観念は一八〇〇年前後のドイツ知識人にかなり普及しており、フィヒテもこれを継承している。その典型はヘルダーであり、彼は一八世紀末にネーションを主に文化的な意味で（民族として）理解する。

(21) フィヒテは、「宮廷語や教養語」として「ロマンス語」が作り出されたというが（RdN.336：⑰九〇頁）、今日から見れば、これは不正確であろう。

(22) たとえば〈humanité〉、〈populalité〉、〈liberalité〉はフランス的啓蒙の基本用語であるが、ドイツの民衆にあっては、〈Populalität〉と〈Liberalität〉はそれぞれ「大衆の人気取り」、「奴隷根性からの解放」という意味をもつにすぎず、〈Humanität〉も経験的意味（動物性からの区別という意味）で理解されがちであり、啓蒙において込められた思想的意味とのあいだに乖離が生じた（RdN.270：⑰一三頁／Vgl. RdN.321：⑰六二頁）。

(23) フィヒテがいう「新ラテン語」は複数形ではラテン系諸言語（ロマンス語）全体を意味するが（RdN.323f.：⑰七七頁以下）、単数形で「新ラテン人」の言語と呼ばれるばあいは、とくにフランス語を意味する（RdN.326：⑰七八頁）。ドイツ人はラテン語の本来の意味をラテン系諸民族よりもよく理解できるとさえフィヒテはいう（RdN.325：⑰七七頁）。

(24)『現代の根本特徴』においては国家の形成が三段階に区分される（GzG.150：⑮一五五頁以下）。第一の段階では少数者が多数者を支配しており、そこでは被支配者は自由をもたず、「絶対的不平等」の状態にある（GzG.150：⑮三一二頁）。第二の段階では万人が例外なく国家に服従し、形式の面で「権利（法）の平等」をもつが、各人が実質の面では「諸権利の平等」をもつのではなく（GzG.151：⑮三一二頁）、そこでは財産の不平等が残存する（GzG.154：⑮三一二頁／GzG.161f.：⑮三二一頁）。第三は、万人が人類の「全体の目的」のために寄与するような段階であり、そこでは、万人が「その能力に応じて」全体の労働の成果を分配され、「万人の権利と資産の平等」が保障され（GzG.151：⑮三一三頁）、各人は全体への寄与をつうじて実質的平等を獲得する。

(25) フィヒテはドイツ民族の伝統的思考法の特徴として「徹底

性〔Gründlichkeit〕、真剣性〔Ernst〕、重厚性〔Gegewicht〕」をも挙げている（RdN.470：⑰二〇二頁）。

(26) 加藤泰史によれば、フィヒテは「文化的観念をドイツ国家再建の政治的プログラムの中に組み入れた」のであり、私見のように、ドイツの「文化的統一」と「政治的統一」との差異を「時間的な局面のそれ」と捉えることには無理がある（「〈『ドイツ国民に告ぐ』の歴史性を問う〉をめぐって」日本フィヒテ協会編『フィヒテ研究』第一七号、晃洋書房、二〇〇九年）。たしかに、フィヒテは長期的にはそのような展望をもつが、『ドイツ民族へ』に限定するかぎり、フィヒテは、「文化的統一」を「政治的統一」に先行させるという段階的戦略をとっている。

(27) たとえば、シラーはつぎのようにいう。「ドイツ帝国とドイツ民族とは二つの別なものである」。「帝国が消滅するとしても、ドイツの尊厳は損なわれえない。その価値は……政治的運動から独立した民族の文化と性格のなかにある」（『ドイツの偉大さ』、一八〇一年）。

(28) 〈nationalism〉を「国家主義」と訳すことは不適切である。国家主義に対応するのはフランス語由来の〈etatism〉あるいは〈statism〉である。ナチスズムの正式名称の〈Nationalsozialismus〉は「国家社会主義」でなく、「民族社会主義」である。また、〈Scottish National Party〉は「スコットランド民族党」であろう。

(29) 〈nation〉と同様に、〈patriot〉も同様に「郷土」（広義の「お国」）を意味する語（ラテン語〈patiria〉、ギリシア語〈patris〉）から派生した（本章・注7、参照）。

(30) 帝国愛国主義と領邦愛国主義との関係については、本章・注10の杉田孝夫論文、一一六頁以下、参照。

(31) ダンはこのような愛国主義を「保守的帝国愛国主義」から区別して、「啓蒙的帝国愛国主義」と呼ぶが（ダン『ドイツ民族とナショナリズム』、四一頁）。パトリオティズムについては、本章・注26の加藤泰史論文、四九頁以下、参照。

(32) 『愛国主義とその反対（祖国愛とその反対）』は一八〇六年前半（ベルリン滞在期）から〇七年後半に執筆された。すでに一八〇二〜〇三年に、「怠惰で冷淡な世界市民主義」が批判され、「祖国愛の心情と密接に結合した世界市民主義」が目指されていた（『フリーメイソンリーの哲学』GA.I-8.450：②四〇二頁以下）。また、『エアランゲン大学の内部組織のための考案』（一八〇五〜〇六年）においても、それぞれの領邦についての「鈍重でぎこちない愛国心」が批判され、世界市民主義と結合する「それ自身で明確な愛国心」が主張されている（SW.XI.284：㉒八七頁）。

(33) フィヒテ自身が使用しているのは「ドイツ愛国主義者」という用語である（SW.XI.234：⑰四〇〇頁）。

(34) ゲルナーとアンダーソンはナショナリズムの幻想性に注目する。ゲルナーによれば、ナショナリズムは近代後半に産業、通信、教育の発達に伴って、国家を支える集団的アイデンティティーの意識として形成された（*Naton and Nationalism*. 1983：邦訳『ネーションとナショナリズム』岩波書店、二〇〇〇年）。アンダーソンによれば、「ネーション」は近代の産物であり、「想像された政治的共同体」である。それは文化的伝統から直接に生じるのではなく、人びとの想像に依存する（*Imagined Communities – Reflections on the Origin and Spread of Nationalism*, 1983：邦訳『想像の共同体』ＮＴＴ出版、増補版、一九九七年）。

(35) オーストリアを含まない統一ドイツの構想は「小ドイツ主義」と呼ばれ、非ゲルマン的諸民族の居住地域を除外したオーストリアを含む統一ドイツの構想は「大ドイツ主義」と呼ばれる。非ゲルマン的諸民族の居住地域をも含むオーストリアを包括するドイツ統一が「中欧主義」と呼ばれることもある。フィヒテが『ドイツ民族へ』においてこれらの形態のうちのいずれを展望していたかは明らかでないが、後者の二つの形態については慎重であると思われる。なお、この著作の直前に執筆された『ドイツ人の共和国』（一八〇七年）においては、「空想的物語」のうえのこととされながら、ドイツの領土が拡大され、巨大な国家が構想されているように見える（GA.II-2.389f.）。この点についてはショットキー「フィヒテの民族国家思想」（Richard Schottky, Fichtes Nationalstaatsgedanke, in *Ficht-Studien*, Bd.2, 1990, S.115ff.）、清水満『フィヒテの社会哲学』、三五三頁、参照。フィヒテはユダヤ民族について明確に言及していないが、その反ユダヤ的傾向の有無をめぐって議論がある。この問題については、ベッカー（H.J. Becker, *Fichtes Idee der Nation und das Judentum*, 2000）、船津真「ドイツユダヤ人による受容から見るフィヒテ政治思想」（木村博編『フィヒテ』創風社、二〇一〇年）、参照。

(36) 杉田孝夫もつぎのようにいう。「フィヒテは、Nation のなかにいくつもの Staat の存在を前提しており、Natur を Staat と一対一対応を考えていない。フィヒテはドイツの政治的統一を要請することはせず、あくまで文化的言語的共通性というレベルでのドイツ人を論じ……ている」（本章・注9の「フィヒテの Patritiomus 論」、一二六頁）。ショットキーは、『ドイツ民族へ』のばあいとは異なって、『二二世紀初頭のドイツ共和国』においてフィヒテが「強力な単一国家」を構想していたと述べている（前掲論文、S.113, 126）。なお、ヘーゲルは初期の『ドイツ憲法論』（一七九一～一八〇二年）において、領邦主義と結合した「ドイツ的自由」がドイツ民族の政治的統一を妨害したことを批判し、権力によるドイツの統一を強調し、政治的統一を文化的統一（言語的共通性）に優先させた（早瀬明「神聖ローマ帝国の政治的伝統」日本フィヒテ協会編『フィヒテ研究』第一七号、晃洋書房、二〇〇九年、九九頁、一〇六頁以下、参照）。

(37) ゲンツは民族にかんしてミューラーの見解と『ドイツ民族へ』の見解とのあいだに一致を認めている（マイネッケ『世界市民主義と国民国家』Ⅰ、一四九頁、参照）。

(38) ミューラーはプロイセンの君主の政策を批判し、ベルリンを追われ、ウィーンに移ったという経緯もあって、プロイセンとオーストリアの主導権争いを意識している。

(39) ベルクマンは『フィヒテ　教育者』（一九一五年）を執筆し、さらに『フィヒテ書簡集』（一九一九年）を編集している。ベルクマンに先立って、バックサ〔J. Baxa〕は排外的な民族主義を社会主義と結合する方向で、フィヒテの理論を解釈した（『ロマン派国家学入門』、一九二三年）。第一次世界大戦以前のドイツにおける『ドイツ民族へ』の影響については、リュッベの著作を参照（H. Lübbe, *Politische Philosophie in Deutschland*, 1963：『ドイツ政治哲学史』法政大学出版局、一九九八年）。より広い研究としては、ヴィルムスの著作（『全体的自由』前掲訳、木鐸社）、ベッカーの著作（H.-J. Becker, *Fichtes Idee der Nation und das Judentum*, 2000）、ライスの著作（S. Reiß, *Fichtes Reden an die deutsche Nation*, 2006）、アイヒェレの解説（J. G. *Fichte Reden an die deutsche Nation*, PhB588, Einleitung von A. Aichele, 2008）を参照。日本においては南原繁がローゼンベルクの『二〇世紀の神話』（一九三〇年）を念頭において、ナチズムにおける反理性主義、血統主義、人格的自立の否定はフィヒテの見解とは異なることを明らかにし、ナチスによる『ドイツ民族へ』の利用を批判した（『フィヒテの政治哲学』岩波書店、一九五九年、二四七頁、初出「フィヒテにおける社会主義の理論」一九三九、四〇年）。秋沢修二はマルクス主義の立場からフィヒテを当時のドイツ・ブルジョアジーの哲学者として特徴づけ、『ドイツ民族へ』のファッショ的解釈を批判する。彼は一方で、『ドイツ民族へ』における国民教育論を初期の「理性に依存する自由」の原理に従ったものと評価するが（『現代哲学とファッシズム』白揚社、一九三七年、五二頁）、他方で、一八〇四年以後の後期の知識学は「神秘主義、非合理主義、形而上学」に「変改」したと非難する（五二、六五頁）。ナチスによるフィヒテ解釈の日本における影響にかんしては、栁木憲一郎「フィヒテの政治思想の日本受容」（前掲、木村博編『フィヒテ』、二五四頁）、早瀬明「『ドイツ国民に告ぐ』解説」（邦訳『フィヒテ全集』第一七巻、三一四頁以下）、参照。

（40）南原繁はこの個所に「民族主義と世界主義との綜合」、「世界民的愛国主義」を見出す（前掲『フィヒテの政治哲学』二九九頁以下、初出「フィヒテにおける国民主義の理論」一九三四年）。務台理作もこの点を重視する（『フィヒテ』岩波書店、一九三八年、一六、三五、四三、九九頁）。秋沢修二も、『ドイツ民族へ』における「国民」が「人類」、「人間性」と根源的に結合していることを指摘している（前掲書、五三頁）。マイネッケによれば、愛国主義と世界市民主義との結合は、ドイツ民族の愛国主義を主張するヘルダーらの思想家にも共通なものである（マイネッケ、前掲書、I、三一頁）。

（41）ただし、カントも民族固有の文化の意義をまったく否定しているわけではない。彼はつぎのようにいう。「自然は民族の混合を阻止し、民族を分離させておくために二つの手段、すなわち言語の相違と宗教の相違を利用する。これらの相違はたしかに、相互に憎悪する傾向と戦争のための口実を伴ってはいるが、文化が進展し、また人間が［人間性の］原理にかんして同意に次第に近づいていくにつれて、平和についての協調へ導いていく」（EF.367：『カント全集』⑭二八七頁）。

（42）栁木憲一郎は『ドイツ民族へ』のなかに、「普遍主義的理念の特権的担い手としてドイツ人を把握していると解釈可能な部分」があると指摘する（前掲「フィヒテの政治思想の日本受容」、二五四頁）。第二次世界大戦前に京都学派は、日本が欧米列強に対抗し、大東亜共栄圏の盟主となることを「世界史的理念」の実現として正当化した（同、二四八頁）。

(43)『ドイツ民族へ』における国際組織についての構想が、民族の多様性を基礎とする多元的なものであるかどうかをめぐって、研究者のあいだで解釈の相違がある。シュラーダーはそこに諸民族の多元性を見出すが（Wolfgang H. Schrader, Nation, Weltbürgertum und Synthesis der geistigen Welt, in *Ficht-Studien*, Bd.2, S.19ff.）、ラドリツァーニは、フィヒテは当時国際的な「普遍王国」を構想していたと見なす（Ives Radrizzani: Ist Fichtes Modell des Kosmopolitismus pluraristisch?, in *Ficht-Studien*, Bd.2, S.28ff. S.113ff. S.126）。

(44) 愛国者のアルントはフランスへの敵対心を露骨に表明している（『ドイツ祖国とはなにか』、一八一三年）。

(45) フィヒテは「キリスト教ヨーロッパ」の社会的、文化的共通性にしばしば言及し、それに基づく政治的連合を構想する。しかし、今日のEUにおいてはトルコのような非キリスト教的文化圏の民族も加入の候補となっている。なお、フィヒテは各国の経済的閉鎖と関連して、国際組織のもとでも市民の国家間の移動の制限を主張しているように思われる。しかし、EUにおいては域内の住民の移動の自由が認められ、この自由が域外の住民（イスラム系の難民など）に拡大されつつあるが、これへの反発も生じている。世界市民としての普遍的人権の保障は未決の問題として残されている。

第Ⅷ章

(1) SW版の編者（I・H・フィヒテ）は『法論の体系〔System der Rechtslehre〕』という書名を用いている（邦訳『フィヒテ全集』第二一巻もこの書名に従っている）。このSW版は、フィヒテの講義原稿に編者が多くの補足を行なったものである。GA版では『法論』という元来の講義名に戻され、講義原稿が復元された。H・シュルツはそれに先行し、講義原稿と補足部分との区別を示す版を刊行した（Fichte, *Rechtslehre*, Felix Meiner, PhB163e, 1920, Zweite Auflage, PhB326, 1980）。

(2)『国家論』については、SW版の編者が利用した講義原稿は失われており、どの部分が編者の補足かは明らかでない。

(3) この著作は三部から構成され、編者はそれぞれに、①「〔全般的〕導入」、②「真の戦争概念について」、③「理性の国の設立について」という表題を与えている。フィヒテ自身による一八一三年の講義予告においてはこの講義は『応用哲学に由来するさまざまな内容についての講演』と題され、その内容は、①「理論的なものと実践的なものとの真の関係」、②「真の戦争概念について」、③「世界史の哲学的構成、人類の地上の目的に至るまでの発展」となっていた（SW.IV.S.XXV-VVVI）。②は『ドイツ民族へ』に接続する。③は「理性国家」に向けての歴史哲学である。メディックス版においては講義予告の名称が採用されている（SW.4.V）。なお、『全集』の訳者の柴田隆行はSW版の命名に賛同する。邦訳『全集』第一六巻、「『国家論』解説」、五三〇頁以下、「一八一三年夏学期のフィヒテ講義は『国家論』ではないのか」（日本フィヒテ協会編『フィヒテ研究』第二〇号、晃洋書房、二〇一二年）、六一、六九頁。

（4）『自然法』においては、「個人が個人としての万人と」結ぶ契約（NR.151：⑥一八四頁）、「すべての個人が全体としてのあらゆる個人と」結ぶ契約（NR.204：⑥二四二頁）をつうじて国家は設立されるといわれた。SWの編者は、『自然法』の叙述を採用し、『法論』につぎのような文章を補っている。「共同意志以外のものであることが端的に不可能な意志を見出すこと」が課題である（RL.628：㉑五〇二頁／Vgl. NR.151：⑥一八四頁）。

（5）『自然法』においても、「公的権力の執行を一人あるいは若干の特定の人物に委任しなければならないであろう」といわれた（NR.160：⑥一九四頁）。

（6）ここでは、「〈最も正しい意志をもつ者が支配者となる〉という最初に想定された第二のケース」が選択されるが（RL.634：㉑五〇九頁）、さきの説明ではこれは第一の解決法（RL.629：㉑五〇三頁）とされていた。フィヒテのこの叙述個所には混乱があると思われる。

（7）フェアヴァイエンはフィヒテのこの叙述において、それまで分離されていた法と道徳とが結合されると見なす（H. Verweyen. *Recht und Sittlichkeit in J. G. Fichtes Gesellschaftlehre.* 1979. S.285）。ヴィルムスはフィヒテにおける法と道徳との分離を強調する（『全体的自由』前掲訳、一〇一頁以下）。これに対して、ハーンは、フィヒテにおいては道徳が法の上位にあり、国家が道徳的理念によって導かれるのであり、このことは後期に明確にされると主張する（K. Hahn. *Staat, Erziehung und Wissenschaft bei J. G. Fichte.* 1969. S.123ff.）。

（8）後期フィヒテにおけるこのような転換についてショットキーはつぎのようにいう。「共通意志の担い手としての人民全体が主権をもち、もち続けることについてももはや語られない」。「フィヒテは、本来の主権……を君主あるいは君主たちに帰属させ」ており、「民主主義的傾向から離反する」（Fichte. *Rechtslehre.* Ferlix Meiner. PhB326. 1980. Einleitung. XXX.）。

（9）『国家論』に先行する『政治論草案』においては、強制支配者は陶冶の機能をもつことが明らかにされる。「強制はそれ自体で教育である」（PF.564：㉑四三三頁）。「自由への教育は強制支配者の第一の義務である」（PF.564：五五六頁）。『国家論への付録』においては、「計画的な民族教育と統治と一体である」（SW.VII.579：⑯四三九頁／Vgl. SW.VII.583：⑯四四四頁）といわれる。

（10）清水満は、フィヒテは終始、共和制の支持者であり続けたと解釈する（『フィヒテの社会哲学』、二六六、三三四、四七二頁）。熊谷英人はフィヒテにおける共和制を狭義と広義に区別したうえで、フィヒテは広義の共和制を中期にも維持していると指摘するが、この指摘は後期にも敷衍されるであろう。なお、熊谷は監督官制は中期には消滅すると見なすが、後期においても（少なくとも形式的は）放棄されてはいない（「『共和国』の水脈」日本フィヒテ協会編『フィヒテ研究』第一八号、晃洋書房、二〇一〇年、九一、一九五、九九頁）。

（11）『道徳論』における「理性的存在者の共同体」（Ⅳ‐三・二）、『新方法による知識学』における「理性的存在者の国」（Ⅳ‐五・三）は「理性の国」に相当する。

（12）統治者の選出の仕方は明示されていない。最高支配者は「最高の審判者」のまえで選出されるが、この審判者が「一人の身体的人格」（君主）であるか、「評議会〔Senat〕」であるかは不確定なままにされている（StL.452：⑯二六二頁）。

（13）『国家論』においては、プラトンの哲人王の構想に批判的に言及され、そこでは、王がいかに哲学者になれるのか、またそもそもどの哲学者が王になれるのかが曖昧であるといわれる（StL.458：⑯二六九頁）。

（14）中期の『学者の本質と自由の領域におけるその現象』（一八〇五年の講義に基づき、一八〇六年に出版）においては「本来の学者」のなかに「王および王の側近の顧問官」と「学校の教師および著述家」が含められ、統治者（元首）は人間関係を「絶対的で神的な意志」に基づくものとして理解すべきであるといわれるにとどまる（SW.6.415f.：㉒一七〇頁以下）。

（15）ショットキーは後期フィヒテの政治論を「精神の貴族主義」と特徴づける（J. G. Fichte, *Rechtslehre*, PhB.326, Einleitung, XXXIII）。フェアヴァイエンもショットキーと同様に、とくにフィヒテのこの主張を念頭において、初期の「国家論からの完全な離反」が生じ、「貴族主義的なエリート的原理」が「民主主義的原理」と結合されると見なす（*Recht und Sittlichkeit in J. G. Fichtes Gesellschaftslehre*, S.198ff., S.281, S.342）。

（16）シュミットは独裁について、古代ローマにおける非常措置としての「委任独裁」から「主権独裁」を区別する。後者は人民の革命によって成立する国家がその権力を維持するめの独裁である。これはマルクス主義における独裁を右翼的に捉え直したものである。主権独裁は議会制民主主義とは対立するが、人民の意志に基づくかぎりでは、民主主義の一種であり、正統性をもつ（C. Schmidt, *Die Diktatur*, 1921：『独裁』みすず書房、一九九一年）。

（17）J. Habermas, *Strukturwandel der Öffentlichkeit*, 1990（『公共性の構造転換』未來社、一九七三年）, J. Habermas, *Fakizität und Geltung*, 1992（『事実性の妥当性』上・下、未來社、二〇〇二年、二〇〇三年）, J. Cohen, *Deliberation and Democratic Legitimacy*, 1989, J. Cohen & A. Arato, *Civil Society and Political Theory*, 1992, J. S. Fishkin, *Democracy and Deliberation*, 1991.

（18）マルクスによれば、最小の労働によって生産を行ない、最大の余暇を生み出し、「自由の国」を準備することが経済の最終目的であるが（杉原四郎『経済学原理』Ⅰ、同文舘、一九七三年、一二九頁以下、拙論「マルクスにおける自由の国」『季論21』第七号、本の泉社、二〇一二年）、フィヒテの見解はこの構想に先行する。

（19）フィヒテは『法論』においては『自然法』の見解を踏まえて、財貨の需要と供給のために農産品の価格の安定を重視している。国家は農民に一定の穀類を税として拠出させ、これを倉庫に貯蔵し、必要によって市場に放出し、その価格を安定させる（RL.569：㉑四三〇頁）。

(20) 世界貨幣は一国の経済を攪乱し、それを「盲目的な偶然」、「不可解な自然力」に委ねることになるので、国際通貨として金銀に替えて、各国は紙幣を発行し、管理すべきであるとフィヒテは主張する（RL.578：㉑四四一頁）。

(21) フィヒテはリューマチに悩まされながらも、従軍を一八〇六年に続いて再び申し出たが、認められず、後方部隊の軍事演習に参加した（第Ⅶ章・注2、参照）。彼は軍事演習に参加したあと、サーベルをはずさないまま、講義にかけつけたと伝えられる（メディックス『フィヒテの生涯』、『全集』補巻、四〇〇頁）。

(22) フィヒテはドイツの領邦のなかでとくにプロイセンの役割を重視し、踏み込んだ主張も行なっている。「プロイセン」は「本来ドイツ的な国家である」。「これまでのその歴史の精神は、自由への、国家〔Reich〕への歩みをさらに進めることを余儀なくされる。プロイセンはこのようにしてのみ、さらに存続することができる」（PF.554：㉑五四五頁）。

(23) 黒瀬勉は、後期フィヒテはゲルマン民族中心主義に傾斜しているが、民族主義にまで陥ってはいないと見なす（「後期フィヒテの自民族中心的思考」日本フィヒテ協会編『フィヒテ研究』第四号、晃洋書房、一九九六年）。また、後期フィヒテは民族を国家の上に位置づけることによって国家主義に距離をおいていると述べる（「フィヒテ哲学における戦争とナショナリズム」日本フィヒテ協会『フィヒテ研究』第八号、晃洋書房、二〇〇〇年）。

(24) ここでフィヒテは「国際連盟〔Völkerbund〕」を「国際国家〔Völkerstaat〕」から区別しているように思われる。この点についてSW版の編者は、「国際国家」から「国際連盟」を区別する『自然法』の主張（NR.380：⑥四四九頁）を引用して、講義原稿を補完している（RL.644：㉑五二二頁）。

(25) ドイツの統一を求める運動のなかでスローガンも微妙に変化した。東ドイツにおいて最初に叫ばれたのは、〈Wir sind das Volk〉（われわれは人民である、人民が国家の担い手である）であったが、やがて〈Wir sind ein Vaterland〉（われわれの祖国は一つである）という民族的スローガンになり、西ドイツに運動が拡大するなかで〈Wir sind ein Volk〉（われわれは一つの国民・民族である）という政治的スローガンに変化した。

(26) フィヒテによれば、歴史過程においては、自然は道徳的意志の実現の素材としての「道徳的自然」とされ、道徳（英知界）に自然（感性界）が従属させられるが、このことは神の摂理に従う（StL.469：⑯二八一頁以下）。このような見解は、さまざまな民族は「世界計画」（神の摂理）の実現の「手段」であるというヘーゲルの歴史観（『歴史哲学』講義序論）と共通性をもつ。カントも、自然は世界史の過程で人間あるいは民族のあいだの不和を利用し、世界公民国家という「究極目的」を実現していくという見解を表明している（『永遠平和論』、『普遍的歴史観』）。

(1)ルソーはつぎのように述べていた。「たんなる欲求の衝動〔への服従〕は隷属であるが、自分が指示した法律への服従は自由である」。真の国家においては「義務の声が肉体の衝動と交代し……、理性に相談しなければならなくなる」。「人間を自分の主人とさせる唯一のものである精神的（道徳的）自由」が獲得される（CS.I.8：三六頁以下）。

(2)ルソーの影響を受けたカントの早い時期の遺稿（一七六九年ごろと推定）を紹介しておこう。「市民契約から生じる公的人格は政治体、共和国を意味する。そこにおいてはすべての成員が結合され、最高の権力を伴うと見なされるばあいには、主権と呼ばれ、その意志によって支配されるばあいには、国家と呼ばれる」（KgS.Bd.IX.448／Vgl. MS.311：『カント全集』⑪一五二頁／CS.I.6：三二頁）。

(3)ただし、つぎのように、カントが自然状態をホッブズ的な戦争状態に近いものと見なすばあいもある。「人間は悲惨な体験によって他人の敵対的志向を教えられるまで待つ必要はない。そのすでにその本性からみて、彼を脅かす恐れのある者に対して彼は、ある強制力を加える当然の権能をもつ」。「無法な状態においては彼らは相互に攻撃しあっても、相互にまったく不法を行なうものではない」（MS.307：『カント全集』⑪一四九頁）。ホッブズは『リヴァイアサン』においてつぎのようにいう。「戦争は戦闘や闘争の行為のみにあるのではなく、戦闘によって争おうという意志が十分知られている期間に存在する」。「戦争の本質は実際の闘争のなかにあるのではなく、その戦争状態においては反対〔平和〕に向かうなんらの保証はないばあいのすべての期間におけるその明らかな志向のなかにある」（Lev.§13：（一）二一〇頁）。

(4)ロックは、自然状態において「明示的同意」に基づかずに占有が可能であると述べているが（TG.§28：三四頁）、「暗黙の同意」がどのようなものかについては言及していない。

(5)なお、フィヒテは、「自然法」は抽象的に想定されるにすぎず、実際には国家における実定法を意味するとも主張する。「しばしば理解されているような意味での自然法は存在しない」。「それは公共体〔国家〕においてまたは実定法のもとでのみ可能である」。国家の法（実定法）は、「実現された自然法」であり（NR.148：⑥一八一頁）、国家がそれ自身が「自然状態」となる（NR.149：⑥一八二頁）。このような見解は『フランス革命』におけるものとは異なっている。そこでは、自然法は「理念」であり、現実世界には存在せず、「存在すべき」ものであるといわれた（FR.82：②一二八頁）。また、自然法（自然状態）は国家の設立のあとも廃棄されず、その根底に持続するといわれた（FR.131：②一七七頁）。

(6)ロックによれば、個人が公共体に委譲する権利は、自然法（自然権）を執行する権利である（TG.§89：九〇頁）。この権利は第一に、自他の生命、身体、財産を保護する権利であり、第二に、自然法を侵害する者を処罰する権利である（TG.§6. §7：一二頁以下）。

（7）例えば、一方で、意志が一般的となるためには（経験的な全員一致は必ずしも必要でない（CS.II.2：四四頁）といわれるが、他方で、全員一致のなかに一般意志が表現されるともいわれる（CS.IV.2：一四七頁）。また、人民が十分な情報をもって討議し、全員一致に至れば、一般意志が成立する（CS.II.3：四七頁）、さまざまな特殊意志から、相殺しあう過不足を除去すれば、一般意志が残るとも述べられる（CS.II.3：四七頁）。

（8）ルソーにおいては諸個人の特殊意志のたんなる総和としての〈volonté de tous〉（集合意志）から〈volonté g énérale〉（一般意志）が区別されるが、カントにおいては「全体意志〔Gesamtwille〕」は「普遍的意志〔der allgemene Wille〕」から区別されずに用いられることがある（MS.342：『カント全集』⑪一九二頁）。

（9）フィヒテはルソーにおける「一般意志」論をつぎのように理解し、これに同意する。「二人の人間が、いずれも欺かれることを望まないばあいには、「彼らの意志のこの部分〔欺こうとする部分〕が相殺されて、各人が正当なものを獲得することが彼らの共同意志となる」（NR.107：⑥一三五頁）。ただし、『自然法』における「共同意志」の概念の用法は錯綜している。一方では『フランス革命』のばあいと同様に、「万人の意志」が「共同意志」と同義に理解される（NR.106：⑥一三四頁／NR.152：⑥一八四頁）。しかし、他方で、「全般意志（普遍意志）〔der allgemeine Wille〕」がルソーの「集合意志」に近い意味で用いられるばあい（NR.249：⑥二九三頁以下）、「全般意志」が「共同意志」とほぼ同一視されるばあい（NR.153：⑥一八六頁）、「全般意志」がルソーの一般意志と集合意志との中間のような位置におかれるばあい（NR.258：⑥三〇四頁）、さらに、「共同意志」がルソーの集合意志に対応させられるばあい（NR.155：⑥一八八頁）もある。

（10）フィヒテは所有権については、ルソーの見解をつぎのようなものと見なして、これを批判する。ルソーにおいては、契約によって各人は自分自身とあらゆる権利（所有権も含め）を共同体に譲渡すると主張されるばあいに、各人は契約に先立って造形活動によって所有権をもっていると想定されているが、所有権は「国家契約」によってはじめて成立するのであり、「この契約に先立っては人はなにももたない」（NR.204：⑥二四二頁）。このようなフィヒテの批判は、造形活動に基づいて所有権が成立するとルソーが見なしていることを前提としているが、それは正確ではない。ルソーによれば、土地の耕作などによって先占権（きわめて弱い権利）が生じるが、所有権（真の権利）は契約に基づく国家の設立によってもたらされる（CS.I.9：三八頁）。フィヒテ自身も先占を認め、それが他人に宣言する（他人は契約によってこれを尊重しなければならない）ことによって、所有となると見なしている（NR.133：一六四頁以下）。

（11）ロックは、近代において代議制（代表制）、議会制を主張した先駆者である。しかし、彼がいう代議制は直ちに議会制民主主義を意味しない。立法府の成員は、人民が選出する代議士のほかに、君主および貴族（元老院）を含むばあいがある（TG.

§139：一五〇頁）。

（12）ルソーが批判する主権の分割は、立法権と執行権への分割のほかに、課税権、交戦権への分割、国内行政権と対外的な交渉権への分割がある（CS.II.2：四四頁）。これらの主権の分割はモンテスキューによる立法権、執行権、司法権への分割とは直接には一致しない。

（13）カントにおいては、「元首〔Oberhaupt〕」は立法者としては支配者であるが、統合された人民としては主権をもち、三権を代表するともいわれる（MS.315：『カント全集』⑪一五八頁／MS.320：同⑪一六四頁／MS.328：同⑪一八七頁／MS.372：同⑪二三一頁）。また、統治者は服従民としての人民との関係では、命令者〔Befehlshaber〕と呼ばれる（MS.315f.：同⑪一五八頁以下）。

（14）このようなカントの三権分立論はモンテスキューのものよりも明確である。ただし、カントはモンテスキューに直接に言及してはいない。

（15）なお、カントは『永遠平和論』と『道徳形而上学』とにおいては〈Repräsentation〉（代表制）を異なった意味に用いている。『永遠平和論』においては、執行権の代表者を立法権から区別する制度が代表制と呼ばれ、フリードリッヒ大王（「自分は人民の最高の奉仕者である」と述べた）の立場も代表制に合致するといわれる（EF.351『カント全集』⑭：二六六頁）。これに対して、『道徳形而上学』においては、人民によって選出された「代議士、議員」が代表者であると、いわれる（MS.341：『カント全集』⑪一八〇頁以下）。

（16）ルソーは民主制の成立の四つの条件を挙げている。第一に、国が小さく、人民が容易に集まることができ、相互の交流が親密であること、第二に、習慣がきわめて単純で、多くの事務や面倒な議論を省略することができること、第三に、人民のあいだで財産がほぼ平等であること、第四に、奢侈がきわめて少ないが、まったく存在しないこと（CS.III.4：九六頁以下）。

（17）カントは『道徳形而上学』においては「国家形態」として「君主独裁制」、貴族制、民主制を挙げている（MS.338f.：『カント全集』⑪一八八頁）。ここでは「君主独裁制〔Autokratie〕」は「君主制〔Monarchie〕」から区別される。前者は「すべての権力」をもち、「主権者そのもの」であるのに対して、後者は「最高の権力」をもつが、「主権者を代表する」にすぎない（MS.338f.：同⑪一八八頁）。このばあいの「君主制」は立憲君主制を意味するであろう。なお、「専制〔Despotismus〕」という用語はほとんど使用されない。

（18）プーフェンドルフはロックに先立って、ホッブズを批判し、共同体を設立するための契約（結合契約）と、その統治を単独あるいは複数の人間に委任する契約（服従契約）とを明確に区別している。後者の契約は双務的なものであり、統治者がこれに違反するばあいには、人民は統治者に服従する義務を負わないとされる（『自然法と国際法』、一六七二年）。

（19）カントは一方で、統治者（国家首長）が人民とのあいだの「服従契約」に違反するばあいには、人民は統治者に抵抗し、これを退位させる権利をもつというアッヘンヴァルの主張を批判するが(『理論と実践』KgS.VIII.301:『カント全集』⑭二〇四頁)、他方では、「国家元首は、契約によって人民になんらの責務(拘束力)も課されておらず、市民に不法を加えることはありえない」というホッブズの主張を批判する(KgS.VIII.303:『カント全集』⑭二〇七頁以下)。

(20)ただし、ホッブズも人民の抵抗権を部分的に容認している。個人の生命や身体を他人の攻撃から防衛し、保持することが国家の設立の目的であるから、個人がこれらについての権利をすべて国家に委譲するのではなく、国家がこれらの権利を侵害するばあいには、個人はこれに抵抗することもできるといわれる(Lev.21:(二)九五頁以下)。

(21)首長と人民との契約は、「その不履行によって一方の側にその破棄を正当化とさせるような条件を含む契約ではない」(『法哲学遺稿集』KgS.IX.593)。

(22)カントによれば、改革は行政にかんしてのみ認められ、立法にかんしては認められない(MS.322:『カント全集』⑪一六七頁)。また、執行権の改革は議会をつうじてのみ行なわれる。人民には、政府の行為を変更させるための「積極的抵抗」は認められず、政府の行為に服従しないという「消極的抵抗」のみが認められる。しかも、後者も、議会による政府の行為の拒否という間接的な形でのみ認められる(Ebd.)。

(23)フランス革命の余波によってプロイセンにおいてはフリードリヒ・ヴィルヘルム二世のもとで検閲が強化され、カントの『宗教論』は発禁処分を受け、イエナで出版されざるをえなかった(一七九三年)。彼は国王からの警告に対して、以後は宗教について見解を公的に論じないと述べた。彼はこの事情を背景にして、同年の『理論と実践』において言論の自由を自由の根幹として強調している。国王の死去後プロイセンにおける言論弾圧はやや弱まった。『学部の争い』(一七九八年)においては、カントは『宗教論』出版のさいの言論弾圧への不本意な譲歩について弁明したうえで、フランス革命の世界史的意義を強調している。「生気あふれる人民の革命という巨大な政治的な変化」への共感を表明し、「この革命が悲惨と残虐行為に満ちている」としても、それは共和制に向けて、「よりよい方向」へ人類が進歩すると述べている(KgS.VII.85:『カント全集』⑱一一六頁)。カントは『道徳形而上学』においては、フランスにおいて国王から国民議会へ統治権が移行したことを評価している。「君主の統治支配権は全面的に消滅し(たんに停止されただけではなく)、人民に移行してしまった」(MS.341:『カント全集』⑪一九一頁)。この移行が暴力革命に転化したのは、国王がこのような移行に武力によって抵抗しようとしたからということになるであろう。

(24)個人主義的、自由主義的な立場からルソーの国家論を集団主義的なものと見なした先駆者はヴォーンである。彼によれば、ルソーは『不平等起源論』においては極端な個人主義の立場をとっていたが、『社会契約論』においては集団主義へ転換した(C. E. Vaughn, *The Political Writings of Jean-Jacques Rousseau*, 1915, Intorduction, p.39, p.119)。自由主義を批判する保守主義の立場からルソーの集団主義的性格を指摘したのはカール・シュミットである。彼は、『社会契約論』においては「独裁の正当化」、「自由の専制」が示されると述べている（『独裁』前掲訳、一三八頁）。のちに、タルモンは、ルソーが人民主権の熱狂に基づき、「全体主義的民主主義」（「自由な民主主義」や「右翼全体主義」から区別される）への道を開いたと批判する（J. T. Talmon, *The Origine of Totaltarian Democracy*, 1960, p.1f, p.6, p.43ff）。これに対して、カッシーラーは、ルソーを個人主義の先覚者と見なすことをも、「国家社会主義の」先駆者と見なすことをも批判をした（E. Cassirer, *Das Problem Jean-Jacques Rousseau*, 1932:『ジャン・ジャック・ルソー問題』みすず書房、一九七一年）。杉原寿一は、ルソーの国家論を個人主義か集団主義かのいずれか一方に分類することを批判している（『ルソーの社会思想――個人主義と集団主義』桑原武夫『ルソー』第二版、一九六八年、九六頁以下）。

(25) ヘーゲルは『哲学史』講義においても同様な主張を行なっており（WzB.X.307.:『ヘーゲル全集』⑭c四八頁）、絶対的自由の恐怖政治への転化については『精神現象学』において詳細に叙述している（Phä.416ff.:『ヘーゲル全集』⑤九〇二頁以下）。

(26) ショットキーはつぎのように述べている。『フランス革命』においてはルソーの一般意志の概念は「総合的意味においてはいかなる役割も演じていない」。「一般意志の総合概念」の「リベラルな契機」は抽出されるが、「全体国家的契機」は無視される（Fichte, *Beitrag zur Berichtung der Urteil des Publikums über ide französische Revolution*, PhB282, 1973, Einleitung, XX-XXI）。フィヒテは、ルソーよりもロックに近い立場をとるが、自由意思を強調することによって、「無政府主義にまで先鋭化された自由主義」を主張する（R. Schottky, *Untersuchung zur Geschchite der Staatstheorie im 17. und 18. Jahrhudert*, 1995, S.158）。

(27) ルソーの社会契約論においては法は「経験的、恣意的に考案される」。フランス革命の混乱もこのような見解に由来する（StL.436:⑯二四五頁以下）。このようなルソー批判はヘーゲルのもの（本章・注26）に近い。

(28) ヴィルムスは、初期フィヒテのなかに全体論（「全体的社会」への志向）、自由の極端な重視と権力による強制との結合が含まれていることを指摘している（『全体的自由』前掲訳、一三六頁以下）。ヴィルムスはタルモンの用語を援用し、フィヒテの政治論を「全体的民主主義」と特徴づける（同書、二二頁、一三三頁）。なお、彼はルソーとフィヒテとの関係を重視しない。ヴィルムスの見解がカール・シュミットの影響を受けたものであることについては、清水満『フィヒテの社会哲学』四四九頁以下、同「フィヒテとシュミット」（『北九州市立大学法政論集』第四〇巻、第四号、二〇一三年）、参照。

第X章

(1) 中期ヘーゲルの『哲学的予備学』の「精神現象学」の部分では「欲望〔Begierde〕」という用語とは別に、「欲求〔Bedürfnis〕」という用語がフィヒテにおける〈Bedürfnis〉に近い意味で使用されている。自己意識は「欲望」という形態で対象の自立性の否定によって自分を定立し、この点で「実践的意識」である。これに対して、「欲求」は、自分と対象との対立から生じる「欠如の感情」である。自己意識はこの欠如を埋めるために「衝動」として対象へ向かう（Prop. §25.120：三三頁）。「感じられた必要性」〔Notwendigkeit〕は衝動である」（Prop. §2.118：三五頁）。「欲望においては自己意識は自分自身に対して関係は個別的なものとして関係する」（Ebd.）。

（2）後期の『エンチュクロペディー』の「主観的精神」の最終段階では知性と意志との統一として「理性的意志」（Enz. §481）、「自由な意志」（Enz. §482）が登場し、それに基づいて「客観的精神」（Enz. §483）、「法」（Enz. §486）が成立するといわれる。

（3）『精神現象学』においてはカント道徳がつぎのように批判される。そこでは理性と感性とが分離され、行為をつうじて感性界において理性がなんらかの形で実現されるにもかかわらず、この側面には目が向けられないため、そもそも行為は問題とはされない（Phä.437：『ヘーゲル全集』⑤九三六頁）。これに対して、ロマン派においては、良心が確信する義務を行為をつうじて遂行することが重視される。「良心がはじめて行為らしい行為であり、これまでの道徳性の意識はそこへ移行している」（Phä.447f.：⑤九五五頁）。

（4）ここでの善はカントの「最高善」を念頭においたものと思われるが、両者のあいだには相違がある。ヘーゲルにおいては善は、法・権利の普遍的形式と福祉の特殊的内容とが同格に結合したものである。これに対して、カントの「最高善」においては幸福は道徳性にふさわしく釣り合ってもたされるのであり、主導的なものは道徳性である。最高善は人間の力によってはもたらされず、これを実現するものとして神が「要請」される。

（5）承認を心理的にのみ理解するならば、人倫における生活の承認の意味は把握不可能になる。ヘーゲルは「表象における承認」（主観的承認）と「現存在（生存）〔Existenz〕における承認」（客観的、現実的承認）とを区別する。後者は生活の扶助、保障を意味する。拙著『承認と自由――ヘーゲルの実践哲学の再構成』（未來社、一九九四年）、一二〇頁以下、参照。

（6）フィヒテの『全知識学』においては実践的自我は普遍的なものであるのに対して、『自然法』においては実践的自我（理性的存在者）は個別的なものと見なされる。なお、ヘーゲルには、『全知識学』における自我をも個別的なものと見なす傾向がある。例えば『哲学史』講義においては、フィヒテの自我は「普遍的な自己意識」ではなく、「個別的な現実的自己意識の意味を離れていない」といわれる（HzW.20.408：『ヘーゲル全集』⑲c一五一頁）。

（7）自己意識の本性について中期ヘーゲルの『哲学的予備学』の「精神現象学」の部分ではつぎのようにいわれる。自己意識の純粋な表現は〈自我＝自我〉であるが、この自己関係は内容を欠く。そこで自己意識は自分を実現し、内容を得ようとする。自己意識は「実践的意識」である。自我は自分を自分から区別しながら、そのなかに自分を見出す。自己意識は対象の他の存在を廃棄し、それを自分と同一化する（Prop. §23.177：三三頁）。

（8）ヘーゲルにおいて「欲求〔Bedürfnis〕」、「欲望〔Begierde〕」、「衝動〔Trieb〕」の関係の理解は一義的とはいえない。『人倫の体系』においては「欲求」は主観と客観の分離についての感情であるといわれ（SdS.10：一八頁）、この術語は経済的な意味（労働との関係）でも用いられる。『イエナ精神哲学Ⅰ』においては経済的文脈では「欲望」という術語が用いられる（JGI.220：六〇頁）。『イエナ精神哲学Ⅱ』においては「衝動」が基本的用語とされる。『精神現象学』においては「欲望」が基本とされる。後期の『精神哲学』の「実践哲学」の部分においては、「欲求」は自然的対象との関係で「個別的」であるのに対して、「衝動」は知性を含み、一般的なものに向かうが、まだ個別的なものによって制約され、「特殊的」であるといわれる（Enz.473.Zu.）。なお、フィヒテの『道徳論』においては、〈Begierde〉に近い意味で〈Begehren〉という用語も用いられる。『全知識学』においては「欲求〔Bedürfnis〕」は「欠乏」と見なされたが（WL.302：④三二五頁）、これとは異なって、「欲望〔Begehren〕」は、意識を伴って特定の対象へ向かう衝動と見なされる（SL.127：⑨一五六頁）。

（9）『精神現象学』以前の論稿においては承認の闘争についてつぎのように説明されていた。『イエナ精神哲学Ⅰ』においては承認の闘争は、個別的な現存在（占有）、個別的全体（名誉）をめぐる闘争、生死を賭けた闘争という段階をたどり（JGI.226f.：七二頁以下）、『イエナ精神哲学Ⅱ』においては占有をめぐる闘争、対自存在をめぐる闘争、生死を賭けた闘争という段階をたどる（JGII.209ff.：一五三頁以下／JGII.212ff.：一六一頁以下）とされる。承認の闘争についてはすでに『人倫の体系』においても言及されていた（SdS.46ff.：八二頁以下）。前掲拙著、七九頁以下、一三七頁以下、参照。

（10）後期の『エンチュクロペディー』の「精神現象学」（以下『小現象学』と呼ぶ）においては承認の過程（闘争）に主人と奴隷の関係が続くが、ストア主義、懐疑主義、不幸な意識についての叙述はないまま、「普遍的自己意識」について考察され、つぎのようにいわれる。「普遍的自己意識」においては、「自己意識は自由な自己意識のなかで自分が承認されていることを知る」と同時に、「自己意識が他の自己意識を承認し、それを自由なものとして知る。……自己意識のこの普遍的な映現は、家族、祖国、国家というあらゆる本質的な精神的なあり方の実体についての意識の形態である」（Enz.§436）。『小現象学』においては「普遍的自己意識」が「理性」へ移行するが、「理性」についての考察は簡単に済まされ、さらに「精神」へ移行する（本章・注2、参照）。『哲学的予備学』においても主人と奴隷の関係のあと、「普遍的自己意識」について同趣旨の簡潔な説明があり（Pro.§39,122：四五頁）、さらに「理性」への移行が示される。

（11）古代ギリシアの「人倫の国」においては、「他の自由な自己意識のなかで自分自身を確証するという承認された自己意識」が実在する（Phä.256：『ヘーゲル全集』⑤二一四頁）。

（12）『精神現象学』の「精神」の章における承認論については、

前掲拙著、一〇九頁以下、参照。

（13）とくにホッブズが念頭におかれ、「人間は自然状態を脱却しなければならない」といわれる（JG.II.205：一五四頁）。ヘーゲルにおいて「自然状態」の位置づけは必ずしも一義的ではない。彼は一方で、自然状態を国家の設立以前に歴史的に実在したかのように主張する（Rph.§349）。しかし、他方で自然状態の歴史的先行という見解を批判し、自然状態は、国家の度外視による「仮構」であるとも述べる（『自然法論文』HzW.2.22ff.：二四頁以下／『歴史哲学』HzW.12.58：『ヘーゲル全集』⑩a一一四頁）。

（14）『イエナ精神哲学』における「普遍的意志」は、後期の『小現象学』における「普遍的自己意識」に対応する（本章・注10、参照）。

（15）前掲拙著、九三〜一〇四頁、参照。

（16）後期の「小現象学」の「補追」においてはつぎのようにいわれる。「承認のための闘争は」「自然状態において生じうるにすぎず、これに対して、市民社会や国家にとっては無縁である。というのは、この闘争の成果をなすもの、すなわち承認されたあり方がそこにすでに現存するからである」（Enz.§432.Zu.）。後期の「客観的精神」論においてはつぎのようにいわれる。法（客観的精神）において「自由は世界の現実へ形態化されて必然性の形式を得るが、この形式の実体的連関は……承認されたあり方としての現象的連関である」（Enz.§484）。『法哲学』においてもつぎのようにいわれる。「客観的精神」においては「承認の契機」が「すでに含まれ、前提にされている」（Rph.§71）。

（17）『イエナ精神哲学Ⅱ』と『精神現象学』においては、法は「承認されたあり方」と呼ばれる（JG.II.213：一六六頁／Phä.343：『ヘーゲル全集』⑤七七八頁）。『人倫の体系』においても法は承認の形態と見なされていた（SdS.32：五七頁以下）。

（18）一八一九〜二〇年の『法哲学』講義においては、道徳が承認の関係に基づくことにつてつぎのようにいわれる。「主体的に規定された意志が行為に与える現存在は他人の意志への、またその承認への関係である」（Rph.18/19.§59. Vgl. Rph.17/18. §50. Rph.§113）。

（19）愛の承認は、ヘーゲルがフランクフルト期に重視したものである。『イエナ精神哲学Ⅱ』においては、愛においては個人は「性格」あるいは「自然的自己」として承認されるといわれる（JG.II202.：一四九頁）。

（20）『法哲学』においては、分業と交換の体系（「全面的依存」の体系」）としての市場経済における承認についてつぎのようにいわれる。そこでは「個人の生計と福祉……は万人の生計と福祉……のなかに編み込まれ、これに基づいて、またこのような連関においてのみ現実的となり、保障されている」（Rph.§183）。

（21）職業団体においては成員に「職業上の名誉」が生じる（Rph.§207. §253）。名誉は「自他の表象において承認されている」というあり方を意味する。ここでは社会心理的な次元での承認が重要になる。

（22）「国家は具体的自由の実現である。具体的自由は、人格的権利とその特殊的利益が十全に発展し、それらの権利が……それ自身として承認されるとともに、それらが……普遍的なものを自分自身の実体的精神として承認し、この普遍的なもののために活動することにある」(Rph. §260)。ここには国家と個人とのあいだの垂直的な相互承認、すなわち国家による個人の承認と個人による国家の承認がある。

(23)『信と知』においては、フィヒテはヤコービにおける生きた「個体の生命性」、「個人の人倫的美」(GuW.382:一一六頁)の要素とカントにおける「客観的形式」の要素とを「総合」しようとしたと評価されながら(GuW.321:一三頁/GuW.387:一二五頁)、けっきょくこれに失敗し、両者の要素の一致を「憧憬」や「当為」と見なしたと批判される。カントが「専制政治の体系」、「人倫と美の破壊」をもたらしたことにヤコービは反発するが(GuW.380:一一三頁)、フィヒテもけっきょく類似の立場に陥ったとヘーゲルは見なしているようである。

(24)ヘーゲルにおける「ポリツァイ」は広義のものである。「ポリツァイ」はギリシャ語の「ポリテイア」に由来し、公共体およびその作用を意味する。「ポリツァイ」が治安の維持だけでなく、社会福祉をも含むことは、絶対主義を採用したドイツ地域において、「官房学」によって主張された(Ⅵ・四・三)。ただし、そこでの福祉は君主による家父長的な恩恵と見なされがちであった。ヘーゲルのポリツァイ論はこの伝統を市場経済の欠陥の是正と結合する試みといえる。

(25)ヘーゲルは『法哲学』講義においてつぎのようにいう。一八一七~一八年、および一八二四~二五年のフィヒテの国家は文字どおりの「警察国家」であり(一八一七~一八年講義§240)、その過度の規律によって一種の「ガレー船」である(一八二四~二五年講義§119)。ヘーゲルはとくに、フィヒテの国家の強制的性格が、身分証明書の恒常的携帯を求めることに典型的に見られると批判する(Dif.85:八七頁)。

第Ⅺ章

(1)その時期の『ゲルトルート児童教育法』の抜粋とコメントが残されている(Bei Lektüre von Pestalozzis Buch „Wie Gertrud ihre Kinder lehrt?“. GA.II.10. 431-457)。

(2)フィヒテの甥の証言によれば、自我や事行の原理は「暖炉の傍ら」で「突然思いついた」とフィヒテ自身が述懐した。彼はヨハンナの父のH・ラーンの貨物計量所〔Waagehaus〕兼住宅に居住しており、この出来事はこの建物の一室におけることであったであろう。

(3)チューリッヒではドイツの啓蒙思想(ライプニッツ、ヴォルフ)、フランスの啓蒙思想(ヴォルテール)、イギリスの啓蒙思想(シャフツベリー、ヒューム)が紹介された。スコットランド啓蒙運動を象徴する文明批評誌『スペクテーター』をモデルとした『道徳週報』が発行された。カントもスコットランド学派に注目した(拙著『イギリス道徳哲学とカント実践哲学』梓出版社、二〇一〇年、参照)。

(4)フィヒテが家庭教師を務めたオットー家はチューリッヒの代

表的な旅館を経営しており、そこにはスイス内外から多くの有名人が宿泊した。フィヒテはオットの紹介によってラーン家に出入りするようになり、ヨハンナとの愛に目覚める。

(5) ラヴァーター(ラファーター〔J. K. Lavater〕)はチューリッヒの有名教会の牧師であるとともに、シュトルム・ウント・ドラングの詩人としても活躍し(『スイス讃歌』が代表的)、また骨相学者としてもヨーロッパで有名になった。ゲーテ、カントらとも交流した。

(6) フィヒテは、市民のあいだの論争に巻き込まれないために、部屋に閉じこもったと述べている(「シュテファニ宛書簡(一七九三年一二月中旬)」GA.III-2.27:『全集』③四三三頁)。当時はチューリッヒにおいてフランス革命の影響のもとに改革派と保守派とのあいだで激しい論争が起きていたが、改革派の指導者であるラヴァーターと友好関係にあったフィヒテがこの問題からまったく逃避したわけではないであろう。

(7) フィヒテはこの講義の開始にあたってつぎのように述べている。自分はこの講義において、「聴講者とともにその哲学の原則を考え、見出し、展開するつもりである」(「ラヴァーター宛書簡(一七九四年二月)」GA.III-2.60:④四六八頁)。また、彼はイエナ大学における『知識学』講義のさいにこの講義の原稿を素材にすると語っている(「ラヴァーター宛書簡(一七九四年六月一四日)」GA.III-2.130:④四八九頁)。

(8) ペスタロッチは、ルソーの思想に教条的に追随する急進的な愛国主義運動に対して距離をとるようになる。しかし、彼は、市政府批判の文書を執筆した友人をかくまった疑いを受け、その後の進路選択を制約される。ペスタロッチは大学を中退したため、神学の課程は履修しなかった。チューリッヒにおいてはツヴィングリ派、カルヴァンの影響が強かったが、ペスタロッチ自身は敬虔派(ピエティスト)の影響を受けていたといわれる。彼は教育における宗教的教義の強制に反対した。

(9) アンナの父は商人であるが、教養豊かな市民であり、文学と芸術を愛好し、さまざまな立場の文化人と交流した。クロップシュトックも同家に宿泊している。なお、フィヒテの妻のヨハンナの母はクロップシュトックの妹である。

(10) ペスタロッチの『探究』においては人間のあり方が自然状態、社会状態、道徳状態に区別される。自然状態についてのペスタロッチの理解の特徴は、他者への好意と我欲とが素朴に調和した段階(ルソーがいう自己愛と憐憫とが調和した自然状態)と、これが堕落し、我欲が横行する段階とを区別する点にある。社会状態においては諸個人の我欲のあいだの葛藤が前提にされながら、法によるそれらの相互調整が図られるが、我欲のあいだの対立、貧富の対立は解消されない(これはルソーがいう文明状態に対応する)。道徳的状態において好意が我欲に優先することによって、両者の調和がもたらされる。ペスタロッチの見解とフィヒテの『現代の根本特徴』との共通性(あるいは後者への前者の影響)に注目する論者もあるが、両者の見解のあいだの共通性は少ない。フィヒテは人類の段階を五つに区分しているが(Ⅶ・四・一)、強いていえば、その第一段階がペスタロッチの本来の自然状態に、第五段階がペスタロッチの道徳状態に対応するにすぎない。

(11) ジルバーによれば、ペスタロッチが当時読んだ哲学関係の著作はシャフツベリー、ヒューム、ヴォルテール、ルソー、メンデルスゾーン、カント、ヤコービなどである(『ペスタロッチ』邦訳、岩波書店、一九八一年、一〇五頁)。『ペスタロッチ全集』批判版(Sämtliche Werke, Kritische Aufgabe, 1927ff.)の第九、一〇巻には当時の膨大な読書摘録が残されている。

(12) ペスタロッチはスイスの統一国家、共和制の実現の方法にかんしては柔軟な態度をとり、革命に賛同する平野部の人びとに対しては性急さを戒め、革命に反対する山岳部の人々に対しては、社会改革の必要性を訴えた。

(13)『ゲルトルート児童教育論』は「わが子を自分で教育しようとする母に手紙の形で手引きを与える試み」という副題をもつ。出版者の意向によって、さきに好評を得た小説『リーンハルトとゲルトルート』の女性主人公のゲルトルートが子どもを教育するさいの手引きという筋立てで、このように命名された。

(14) 一八〇二年にヘルヴェチア共和国の憲法制定のための会議が設立され、ペスタロッチはその委員となり、改革案も提案している。憲法制定に向けてスイス各地の合意を得るために、ナポレオンの支持が必要となり、ペスタロッチは代表団の一員としてパリを訪問した。しかし、ナポレオンは、スイスの多数派(革命派)の意向である統一国家を拒否し、少数派(保守派)が主張する連邦制を採用した。

(15) 会見はチューリッヒ近郊のリヒタースヴィルの家(ペスタロッチの従兄の家)で行なわれた。この会見を仲介したのはラヴァーターである。なお、フィヒテの妻とペスタロッチの妻とは少女期から知己の関係にあったので、この関係が会談を下支えした可能性もある。

(16)「フェレンベルク宛書簡(一七九三年末)」(『ペスタロッチ全集』第七巻、平凡社、一九六〇年、四三七頁)。また、つぎのようにもいわれる。「カント哲学の諸原理を参考にしながら、フィヒテは『リーンハルトとゲルトルート』の論評を書いている」(「フェレンベルク宛書簡(一七九四年一月六日)」、前掲訳、四四八頁)。フィヒテは中期に(『愛国主義とその反対』)カント哲学とペスタロッチの思想との関係についてつぎのように述べている。「カントはペスタロッチの[思想の]発展に[直接には]少しも影響を及ぼさなかった」。「しかし、ペスタロッチはカントの精神がなんらかの明確な形で顕現するよりもまえから、たしかにすでに長いあいだこの精神に感動し、魅了されていた」(PuG.: ⑰四四四頁)。

(17) ペスタロッチはつぎのように証言している。「私は自分の政治論を基礎づけようと試みている」。「フィヒテはこの基礎づけのなかにカント哲学の最も本質的な諸原理を見出した」。「私の政治哲学をこの著作よりも先に印刷に付すべきであるとフィヒテは述べている」(「フェレンベルク宛書簡(一七九三年一一月一五日)」、前掲訳、四三一頁)。

(18) ペスタロッチはおそらくルソーの説に従って、民主制を君主制と貴族制とともに批判する。

(19) 邦訳『ゲルトルート児童教育法』明治図書、一九七六年。

(20) このことについてつぎのようにいわれる。「人間が施す術においてのみ人間は人間となる」(『ゲルトルート』邦訳、八九頁)。

(21) ナトルプはペスタロッチの教育論の特徴として「自発性〔Spontaneität〕の原理」を「直観の原理」などとともに挙げる(ナトルプ『ペスタロッチ』邦訳、東信堂、二〇〇〇年)。ただし、ペスタロッチ自身は自発性という用語をほとんど用いず、むしろ「自己活動」という用語を基本とする。ナトルプは自発性を広義に理解しているが、その中心に自己活動があることを明確にしてはいない。教育学界においては自己活動は労作教育との関係で理解されがちであるが、認識そのものが自己活動に基づくことをペスタロッチが明らかにした点を看過すべきではない。

(22) 邦訳『シュタンツ便り他』、明治図書、一九八〇年。

(23) 前注訳書、所収。

(24) ペスタロッチはおそらくロックの見解を念頭において、つぎのようにいう。自分のメトーデは「子どもを、最初に外部から文字が書き込まれる白紙とは見なさず、また、なにかを入れるために、外部の素材によってようやく満たされるべきまったく空の容器とも見なさない。メトーデは子どもを現実的で、生きた、自己活動的な能力と見なす」(『基礎陶冶の理念』、本章・注27の邦訳、二六二頁)。ここでは、認識を受動的なものと捉える通常の経験論が批判され、認識における能動性に目が向けられており、このことがとくに子どもにかんして強調されている。また、コメニウスとバゼドウは感覚を重視するが、認識を受動的なものと見なし、認識の能動性を見逃していると批判される(同書、邦訳、二九一頁以下)。

(25) カントは、直観と概念のいずれも認識にとって不可欠と見なしながら、両者を切断し、直観は、外界からの刺激によって生じる受動的なものであるのに対して、概念は認識素材としての直観を能動的に秩序づけると主張する。カントにおいては自己意識が外界の認識の根底におかれるが、直観の根底におかれているとはいえない。新カント派に属すナトルプもこのことを指摘している(ナトルプ『ペスタロッチ』前掲訳、八八頁)。

(26) 前掲訳『シュタンツ便り他』所収。

(27) 邦訳『隠者の夕暮れ・白鳥の歌・基礎陶冶の理念』(玉川大学出版部、一九八九年)、所収。

(28) ペスタロッチによれば、自己活動が最も顕著なるのは道徳においてである。『探求』においてはつぎのようにいわれる。「人間は……自分ができることを、彼が意欲するものを決定するための法則とする。人間が自分自身に与える法則に服従するときに、人間は、われわれが知るすべての存在から区別される」(『探究』、邦訳『ペスタロッチ全集』第六巻、平凡社、一九五九年、一八二頁)。「一個の人格としての私にまったく固有の義務の動機のみが純粋に道徳的である」(同、一五八頁)。この主張は、道徳法則を意志(意欲)の原理とするというカントの自己立法=自律の思想に近く、フィヒテも強調するものである。しかし、このような見解はやがて影をひそめる。

(29) ペスタロッチは『ゲルトルート児童教育法』においては「技能〔Kunst〕」という用語を基本とするが、それは狭義の技術ではなく、その基礎としての身体的運動の巧みさを意味する。なお、他の論稿においては「基礎的体操〔Elementargymnastik〕」という用語も用いられる。これに対して職業教育は「特殊化された基礎的体操」あるいは「職業体操」と呼ばれる。
(30) 前掲訳『シュタンツ便り他』所収。
(31) ペスタロッチはブルクドルフで教育実践を行なっていた時期に、共和国の立法案のなかに職業教育を位置づけた。『リーンハルトとゲルトルート』においても職業教育の必要が述べられていた。ノイホーフの貧民学校においては当初は職業教育が知的教育よりも優先されていたが、シュタンツ、ブルクドルフにおける経験を経て、知的陶冶の独自の役割に目が向けられ、知的陶冶の方法が具体化される。ただし、そのばあいにも職業教育が軽視されているのではない。学習と労働との結合はイヴェルドンにおいて本格的に実施されるようになる。
(32)『ゲルトルート児童教育法』の抜粋とコメント（Bei Lektüre von Pestalozzis Buch „Wie Gertrud ihre Kinder lehrt?", GA.II.10. 431-457）のほかに『ドイツ人の共和国』においてもペスタロッチに言及されている（GA.II-10.390）。熊谷真人「幻想の共和国」（『国家学雑誌』第一二三巻、三、四号、二〇〇九年）、参照。
(33) ペスタロッチはフィヒテの妻に宛て（一八〇九年三月一〇日）『ドイツ民族へ』にたいする礼状を送っている（邦訳『ペスタロッチ全集』第七巻、五四六頁以下）。
(34) ペスタロッチロッチに先立って、バゼドウらの汎愛派においてはソクラテス的問答法が導入され、ペスタロッチのブルクドルフ学校においても同様の試みがあったが、これをペスタロッチは批判する。ソクラテスの「助産術的教授法」においては、子どもが明確な発言をするために、対象の「本質と特質」を「確実に知る」必要があり、そのまえにこの方法を性急に導入することは有害である（『ゲルトルート児童教育法』五四頁）。フィヒテもこの見解と一致してつぎのようにいう。「比較的新しい教育学」は「機械的な暗記学習」に対して、「ソクラテス的方法」を採用するが、後者はそれ自体で、機械的な暗記学習」であり、さらには「より危険な暗記学習」となる。そこでは子どもは言葉の意味を自分で考えていないのにもかかわらず、考えているように錯覚させることになる（RdN.289：⑰三七頁以下）。
(35) ペスタロッチによる言語教育の過大評価に対しては『愛国主義とその反対』においても批判が行なわれている（PuG..270ff：⑯四四一頁以下）。
(36)「基礎教育は母との素朴な関係から出発して、その手段をすべて母との関係にしっかり間断なく結びつけ、すべての手段をつうじてわれわれの素質の感性を得ることによって、子どものそのすべての素質と神的な力を認識させる」（『方法における精神と心情』邦訳、一三二頁）。

あとがき

1　ますます輝きを増すフィヒテ実践哲学――最近の激動の診断のために

本書は、フィヒテ実践哲学（法論、国家論、経済論、道徳論、教育論など）の生成過程とその理論構造を彼の時代の激動のなかで考察し、その現実的意味を浮き彫りにしようと目指した。

フィヒテは、フランス革命とその混乱の時期を生きた哲学者である。高度に抽象的な彼の知識学にもこのことが間接的に反映されている。近年の内外の動向を見るとき、それが彼の時代の激動とオーバーラップしてくる。彼がその時代において格闘した諸問題のうちで少なくない部分は今日でも未解決であり、彼の問題提起は輝きを増している。

フランス革命の基本目的は、共和制あるいは民主制による人民主権の確立であったが、第二次世界大戦後にこれらの原理は、日本を含む各国に拡大し、二〇世紀末には、それまでの独裁国においても民衆運動によって実現されるようになった。しかし、これらの民衆運動は発展途上国においてだけでなく、欧米諸国においてもポピュリズムを生み出し、短絡的な判断と行動をもたらし、共和制と民主制の精神と逆行する傾向も生じている。フィヒテが人民主権をその担い手の陶冶と一体のものと見なしたが、この課題の重さをあらためて痛感させられる。

とくにEUとアメリカにおける経済統合、経済的グローバル化をめぐる二〇一六年の一連の動き――イギリスのEU離脱、ヨーロッパ各国におけるEU批判の強まり、アメリカにおける新大統領の当選――は、市場経済の拡大の問題を浮き彫りにした。市場経済の無秩序なグローバル化は、その推進を先導してきたアメリカにも逆作用し、経済的、社会的矛盾を先鋭化させた。ＥＵもヨーロッパにおけるミニ・グローバル化の性格をもち、同様の矛盾をヨーロッパ各国に産み出した。市場経済の拡大に対するフィヒテの批判は時代錯誤として一蹴されてきたが、彼の警鐘は今や響きわたっている。

さらに、経済的、社会的、文化的グローバル化（ミニ・グローバル化）への反動から各国で排他的なナショナリズムが強まりつつある。『ドイツ民族へ』は、しばしば誤解されたように、ドイツ・ナショナリズムのアジテーションなのではなく、それぞれの民族が伝統的な生活様式と文化を尊重し、対等に（特定の国家のヘゲモニーによってではなく）連合することの呼びかけである。フィヒテが構想するヨーロッパ連合はＥＵの先駆である。しかし、彼の構想が複数主義的性格をもつのに対して、ＥＵは経済以外の分野でも非複数主義的性格をもち、特定のスタンダードを加盟各国に強制することが反ＥＵの機運を助長したといえるかもしれない。

2　著者の研究歴と本書の構成

本書はフィヒテ実践哲学の包括的な研究書であるが、フィヒテ実践哲学の入門書としても読まれうるよう配慮した。フィヒテの実践哲学については内外で研究の蓄積があるが、単行本はわずかである。著者はフィヒテの実践哲学の理論やその意義についていくつかの点で、これまでの理解とは異なる見解を示したつもりである。現代人の生き方について考えるうえで、本書が研究者、読者にとって一助になれば、幸いである。

本書は、フィヒテを主題とする著者のはじめての単書である。著者の仕事は一九六〇年代末のヘーゲル実践哲学の研究から始まり、カントの実践哲学の研究へと遡り、フィヒテ実践哲学の研究がそれに続いた。著者のフィヒテへの関心は一九八〇年代に始まり、彼の『自然法』における国家論の特徴をルソーとカントのものとの比較で明らかにするという問題意識を著者はそのあとも抱き続けてきた。著者は一九九〇年代にはヘーゲルの承認論との関係でフィヒテの承認論の固有性を明らかにすることを主題とした。一九九六年度にドイツに留学し、ヘーゲル承認論の代表的研究者のジープのもとで、広くドイツ観念論の実践哲学について国際的研究をあらためて知る機会を得た。二〇〇〇年代以降、日本フィヒテ協会の研究大会における三回の報告（いずれも同学会の機関誌に掲載）、国際フィヒテ協会の研究大会における六回の報告（そのうちの四つは同学会の論集に掲載）を機会に、初期から後期に到るフィヒテの法・国家論の展開の研究を重視した。本書は著者のこれまでの論文、学会報告を基礎にしているが、これらに大幅な加筆を行なった。

第Ⅰ章は、書き下ろしである。

第Ⅱ章の二〜四は、「フィヒテ承認論」（1）、（2）、（3）（『札幌大学教養部紀要』第三三号、一九八八年、第三四号、一九八九年、第三七号、一九九〇年）、『相互人格性と自由——ドイツ観念論における承認論の展開』（北海道大学図書刊行会、一九九八年）第Ⅱ部の要約である。

第Ⅲ章は、「国家における自由と陶冶」（日本フィヒテ協会『フィヒテ研究』第九号、晃洋書房、二〇〇一年、「シンポジウム　フィヒテの国家論」）に加筆したものである。

第Ⅳ、Ⅴ章は、Verwandelung der Individualitätslehre bei Fichte, (*Fichte-Studien*, Beiträge der Internationalen Johann-Gottlieb-Fichte Gesellschaft, Bd.29, 2007, Rodopi), Zum intersubjektiven Verständniss des Ich, (*Fichte-Studien*, Bd.35, 2010, Rodopi) を改変したものである。

第Ⅵ章は、国際フィヒテ協会（Internationalen Johann-Gottlieb-Fichite Gesellschaft）の第七回大会（二〇〇九年）における報告、Fichtes »Reden an deutsche Nation« im Licht der Glorbalisierung を素材にしている。

第Ⅶ章は「民族教育と人類性」（日本フィヒテ協会『フィヒテ研究』第一七号、晃洋書房、二〇〇九年、「シンポジウム『ドイツ国民に告ぐ』の歴史性を問う」）に加筆したものである。この論文の要旨は国際フィヒテ協会の第八回大会（二〇一二年）においてDie Bedeutung des geschlossenen Handelsstaats im Zeitalter der Glorbalisierung として報告された。

第Ⅷ章は、「後期フィヒテの国家論」（日本フィヒテ協会『フィヒテ研究』第二〇号、晃洋書房、二〇一二年、「シンポジウム　1812年法論と1813年国家論」）を基礎とする。この論文の要点は Zur Umwandelung der Staatslehre des späten Fichte, *Fichte-Studien*, Bd.29, 2006, Rodopi（日本語版は、「後期フィヒテにおける国家論の転換」札幌大学外国語学部『文化と言語』第六九号、二〇〇八年）に示された。

第Ⅸ章は、「ルソー・カント・フィヒテの国家論」上、中、下（札幌大学外国語学部『文化と言語』第七七号、二〇一二年、第七八号、二〇一三年、第八二号、二〇一五年）を基礎としている。

第Ⅹ章は、『承認と自由――ヘーゲル実践哲学の再構成』（未來社、一九九四年）付論1、Vergleich der Fichteschen Anerkennungslehre mit der Hegelschen, in *Fichte-Studien*, Bd.23, 2003, Rodopi に部分的に対応している。

第XI章は、今回まったく新たに執筆したものである。

3　諸方面への謝辞

フィヒテ死後二〇〇年を過ぎ、フィヒテ研究は国内外で活発化している。本書の基本稿は二〇一六年四月に完成したので、それ以降の研究成果は反映されていない。本書は多くの方々の研究に負っている。とくに日本フィヒテ協会における議論、完結した邦訳『フィヒテ全集』はわが国のフィヒテ研究の水準の高さを示すものであり、本書が、この水準をより高めるうえで、なにがしか寄与できれば、望外の喜びである。

著者は二〇一七年三月末で、三〇年間勤めてきた札幌大学を退職する。著者のフィヒテ研究の中間総括として退職の時期に本書を刊行できたことはまことに幸いである。同大学の恵まれた研究環境（留学制度、海外研究助成制度、出版助成制度、図書館の充実など）がなければ、著者の研究は困難であった。

最後に、研究書の刊行が困難ななかで、出版を引き受けていただいた行路社に心より感謝を申し上げる。同社はドイツ哲学についての研究書を多数刊行し、近年のものとしては杉田聡氏の『カント哲学と現代』（二〇一二年）がある。これに続き、フィヒテの実践哲学の特徴と現代的意味について考えるために、本書を一読いただくことを願っている。

【人名索引】

な行

は行

ま行

や行

ら行

さ行

た行

索引

注の部分はイタリックの頁数で示し、主要箇所は太字の頁数で示す。

【事項索引】

あ行

か行

著者紹介

高田 純（たかだ・まこと）

1946年、北海道生まれ。1970年、北海道大学部哲学学科卒業。1975年、北海道大学大学院文学研究科（哲学専攻）博士課程単位修得。1999年、文学博士（北海道大学大学）。1977年、帯広畜産大学講師。1987年、札幌大学教養部教授。2017年、札幌大学地域共創学群退職。

【主要著書】『ヘーゲル事典』（共著、未來社、1991年）、『承認と自由――ヘーゲル実践哲学の再構成』（未來社、1994年）、『実践と相互人格性――ドイツ観念論における承認論の展開』（北海道大学図書刊行会、1997年）、『環境思想を問う』（青木書店、2003年）、『カント実践哲学とイギリス道徳哲学』（梓出版社、2012年）、『脱原発と文明社会の岐路』（共著、大月書店、2013年）

【主要訳書】グリアン『ヘーゲルと危機の時代の哲学』（共訳、御茶の水書房、1983年）、フィヒテ『道徳論の体系』（共訳、『フィヒテ全集』第9巻、哲書房、2000年）、フィヒテ『真理愛について』（『フィヒテ全集』第3巻、哲書房、2010年）、フィヒテ『根元哲学についての私自身の考察』（共訳、『フィヒテ全集』第3巻、哲書房、2010年）、クヴァンテ『ヘーゲルの行為概念』（共訳、リベルタス出版、2011年）、クヴァンテ『ドイツ医療倫理学の最前線』（共訳、リベルタス出版、2014年）

現代に生きるフィヒテ

フィヒテ実践哲学研究

2017年3月20日　初版第1刷印刷
2017年3月31日　初版第1刷発行

著　者――高田　純
発行者――楠本耕之
発行所――行路社 Kohro-sha
520-0016 大津市比叡平3-36-21
電話 077-529-0149　ファックス 077-529-2885
郵便振替　01030-1-16719
装　丁――仁井谷伴子
組　版――鼓動社
印刷・製本――モリモト印刷株式会社

ISBN978-4-87534-387-5 C3010